游戏的力量

游戏如何塑造我们的世界

[美] 凯莉・克兰西（Kelly Clancy） 著

高宏 译

Playing With Reality

How Games Have Shaped Our World

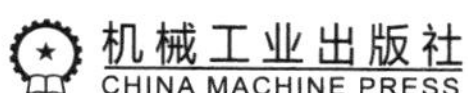

这是一部内容广泛的思想史，揭示了游戏对人类进步的重要意义，以及当我们忘记自己到底在玩什么游戏时所面临的危险。我们通过玩游戏来了解世界，了解自己和他人的思想，并预测未来。游戏是人类的一个重要方面，也是模拟现实的有力工具。游戏也非常有趣。但游戏也可能是危险的，尤其是当我们把游戏中的模型世界误认为现实本身，让游戏化取代人类的决策制定时。本书探索了自启蒙运动以来游戏引人入胜的历史，在军事理论、政治科学、生物进化、计算机和人工智能的发展、尖端神经科学和认知心理学之间编织了一条意想不到的路径。作者向我们展示了游戏与历史的交织。在这部具有启示意义的作品中，作者大胆提出了一个论点：人类对游戏的痴迷是理解我们的本性和行为的关键。

图书在版编目（CIP）数据

游戏的力量 ： 游戏如何塑造我们的世界 / （美）凯莉·克兰西（Kelly Clancy）著 ； 高宏译. -- 北京 ： 机械工业出版社， 2024. 11. -- ISBN 978-7-111-76851-7

Ⅰ. G898.3

中国国家版本馆CIP数据核字第2024HN7627号

机械工业出版社（北京市百万庄大街22号　邮政编码100037）
策划编辑：坚喜斌　　责任编辑：坚喜斌　陈　洁
责任校对：龚思文　张昕妍　　责任印制：刘　媛
唐山楠萍印务有限公司印刷
2025年1月第1版第1次印刷
145mm×210mm · 10.875印张 · 1插页 · 224千字
标准书号：ISBN 978-7-111-76851-7
定价：69.00元

电话服务
客服电话：010-88361066
010-88379833
010-68326294

网络服务
机　工　官　网：www. cmpbook. com
机　工　官　博：weibo. com/cmp1952
金　书　网：www. golden-book. com
机工教育服务网：www. cmpedu. com

封底无防伪标均为盗版

献给下一代——特别是我的儿子西里安（Cillian）以及我的侄子侄女菲奥（Fiona）、基拉（Kira）和罗南（Ronan）。如果说游戏是创造的引擎，我迫不及待地想看看你们将建造怎样的新世界。

译者序

凯莉·克兰西是一位年轻的神经科学家与物理学家，在新冠疫情肆虐的特殊时期，她于静默之中发现游戏蕴含的非凡力量，并在此灵感的启迪下，撰写了《游戏的力量：游戏如何塑造我们的世界》(以下简称《游戏的力量》)一书。这本书不仅是一部关于游戏的深度研究的畅销书，更是一场探索人类行为与未来趋势的思想之旅。

游戏是人类古老的活动之一，其起源可以追溯至七万年前的非洲与中东地区，早于文字的诞生。游戏不仅是人类文明的火花，也是我们社会行为的基础。令人惊奇的是，游戏并非人类特有，从哺乳动物到昆虫，众多生命体在自然界中通过游戏展示它们的进化智慧与乐趣，这进一步验证了游戏作为一种生命本能的普遍性。

游戏的魅力不仅在于激发智力和促进大脑发展，更在于它对社交互动的深刻影响。通过游戏，我们学会了合作、竞争和沟通，这些技能是建立和谐社会的基石。游戏同时也是创造力与快乐的源泉，提供了无数可能，让我们的想象力自由飞翔，心灵得到释放。而在虚拟世界中体验权力与责任，游戏也为我们面对现实生活中的挑战做好准备。古希腊哲学家柏拉图曾将游戏视为公民教育的重要组成部分，强调它在儿童成长过程中的作用，认为游戏是培养功能性民主所需技能的关键。时至今日，这一观点仍然光芒四射，提醒我们重新审视游戏的价值，认识到它在塑造个人与推动社会进步中的重要作用。

在现代社会，游戏的重要性更是不言而喻。据统计，全球约有 30 亿游戏爱好者，这一庞大的数字背后，是游戏跨越年龄、性别与地域界限，成为连接人心的桥梁。在娱乐方式重新洗牌的时代，游戏的受欢迎程度已超越电视和音乐，这无疑彰显了其在当代社会中的关键地位。

《游戏的力量》一书并非一本剖析各类电子游戏奥秘的著作，而是一部恢弘的博弈论历史画卷。克兰西以其科学家的敏锐洞察力和诗人的头脑，揭示了游戏不仅是娱乐的工具，更是塑造我们现实世界的潜在力量。她将游戏描绘为一场深远的探险，从远古的骰子游戏到现代的虚拟现实，游戏的演变不仅反映了技术的进步，也映射出人类对规则、策略和命运的探索。克兰西用生动的例子展示了游戏如何从简单的娱乐形式演变为军事战略、经济模型和社会机制的基础。她指出，自古以来，游戏便是人类智慧的试金石。从数学家们借骰子与纸牌探索概率论的奥秘，到军队以“战争游戏”推演闪电战策略，游戏始终以独特的方式映照并重塑我们对现实的理解。克兰西笔下的游戏，既是娱乐的代名词，也是社会结构、军事智慧乃至人性深处的镜像。

书中充满引人入胜的历史插曲。例如，“战争游戏”的故事让我们见证了如何通过模拟预测战争的胜负；博弈论的崛起则展示了数学如何介入决策过程，影响着从国际关系到经济政策的方方面面。克兰西将这些历史节点编织成一个宏大的叙事，展现了游戏从文艺复兴时期的数学探索到现代经济和军事策略的核心，成为影响人类命运的隐形推手。其论述之广博：自古典棋类艺术如国际象棋、跳棋、围棋等的智慧交锋，延展至计算机游戏技术的飞跃，再至经济学领域博弈论数学模型的构建，乃至当代人工智能探索的最前沿。

但是，克兰西并未止步于游戏的光辉表面，她还深刻探讨了游戏的阴暗面，剖析了游戏与博弈论如何以错综复杂且往往令人不安的方式，悄然编织着历史的经纬。克兰西对博弈论的成就与局限展开了深刻剖析，质疑其是否为经济学乃至社会科学新知贡献良多，同时反思其是否真正革新了我们思考与学习博弈的方式。在克兰西看来，博弈论作为一种理论工具，虽然承诺能揭示理性与优化的真谛，但在实践中却常常忽视了人类行为的复杂性和社会背景的多样性。经济学家和政策制定者对博弈论的过度依赖，使得他们的决策模型过于简化，忽略了人类行为中的非理性因素和道德考量。游戏和博弈论的最大化逻辑，往往将复杂的社会问题简化为数字游戏，导致经济剥削、环境破坏和社会不公。

克兰西还对现代游戏化趋势提出了警示。随着虚拟现实和生成式人工智能的崛起，游戏不再仅仅是逃避现实的方式，而是可能塑造现实的力量。她担忧，未来的游戏世界可能将我们的选择和体验束缚在预设的系统内，剥夺我们的自主性和真实体验。游戏的进化不仅是技术上的突破，更可能是对我们自由意志的深刻挑战。她警告我们，游戏化的泛滥可能会扭曲现实，使我们在虚拟与真实之间迷失方向。游戏设计者和技术专家的力量如同双刃剑，既能激发无限创意与可能，也可能成为操控人心、侵犯隐私的利器。在享受游戏带来的乐趣与便利的同时，我们更应保持清醒的头脑，警惕潜在的陷阱与危机。

在《游戏的力量》的结尾，克兰西留给我们一个深刻的思考：在这个被游戏和博弈论驱动的世界中，我们究竟选择成为什么样的玩家？她的探索并不提供简单的解决方案，而是邀请我们反思自己在游戏中的角色，认识到游戏规则对我们生活的深远影响。

在数据洪流席卷一切的时代，游戏这一昔日闲暇时光的温柔伴侣已悄然蜕变，化身为塑造现实版图的隐秘力量。《游戏的力量》是一场引领我们穿梭于虚拟与现实边缘的深刻探险，它不仅剥开了游戏的外衣，为我们揭示了游戏的历史和影响，还揭示了游戏重塑人类行为、决策乃至整个世界的内在逻辑与哲思，挑战了我们对现实、自由和道德的理解。它是对游戏本质的深刻剖析，更是从历史、文化、心理、哲学、经济学等层面对现代社会与人类行为的一次全面反思。克兰西以独特的视角和深邃的思考，引领我们重新审视游戏与现实的关系，探索在二者之间寻找平衡的可能性。步入克兰西构建的哲学殿堂，游戏不再仅仅是屏幕上的光影交错，而是洞察人类心灵深处欲望与动机的微观宇宙。她巧妙地借助行为经济学的透镜，揭示了游戏如何悄无声息地影响我们的认知与决策过程，让我们在娱乐的表象下，窥见社会结构与心理机制的深层运作。

席勒曾说："只有当人是完全意义上的人时，他才游戏；只有当人游戏时，他才完全是人。"《游戏的力量》无疑是一本令人叹为观止的力作，以其深刻、缜密的思考和丰富的例证引领读者穿越游戏与博弈论的迷雾，直抵现实的核心。克兰西的学术态度摒弃了浮浅趣闻，专注于深度剖析与全面探讨，充满哲理和思辨，值得每一位渴望理解世界复杂性的读者细细品味。

高宏

2024 年 7 月 29 日

于上海

目　录

第三部分
培养更优秀的玩家

第四部分
创造更优秀的游戏

第一部分
理解未知的世界

第一章　神圣的游戏

第二章　天机

第三章　掷骰子的神

第一章 神圣的游戏

“莉拉”（Lila）[㊀]是神圣的游戏。对于觉醒的意识来说，整个宇宙，连同它的喜悦与悲伤、欢乐与痛苦，都宛如一场神圣的游戏、运动、戏剧。在这场戏剧中，所有角色都由唯一的意识扮演。

——肯德拉·克罗森·巴勒斯

（Kendra Crossen Burroughs）

㊀ 在印度哲学中，“Lila”指神圣的游戏或宇宙的游戏。——译者注

早已淡出人们视野的“数字对战”（Rithmomachia）游戏曾是中世纪欧洲最流行的教育技术。在长达近五百年的时间里，它一直是修道院课程的核心内容。奥维德（Ovid）盛赞这个游戏是“算术的叶子、花朵和果实，算术的光荣和荣耀”。托马斯·莫尔（Thomas More）在他的《乌托邦》（*Utopia*）中描绘到，良善公民玩的是“数字对战”，而非掷骰子等被视作“毁灭性”的游戏。精英阶层对此游戏情有独钟，部分原因在于这能展示他们的博学多才。宗教领袖们则坚信，这个游戏不仅富含教育价值，更能启迪心智：它向玩家们揭示了宇宙的和谐之美，甚至具有安抚焦躁情绪的功效。“数字对战”被赞誉为一场“心灵的盛宴”，它通过游戏这一美妙形式，潜移默化地向学子们传授着神圣的真理。

“数字对战”又称“哲学家的游戏”，是一种吃子游戏，与国际象棋有着异曲同工之妙。两位玩家根据黑白棋子上所刻的数字及相应的规则，在方格棋盘上展开对弈。与国际象棋的棋子不同，“数字对战”棋子上的数字代表不同的数论概念，只有当这些数字形成特定的几何构图时，玩家方能吃掉对手的棋子。胜出的关键在于，玩家需将三到四枚棋子按序排布在对手棋盘的一侧，构建出“和谐”或几何级数的布局。

尽管该游戏最早的书面记载仅可追溯到公元 1030 年，但人们普遍认为，它是公元前 5 世纪的古希腊哲学家毕达哥拉斯发明的。不过，这款游戏的设计理念显然深受毕达哥拉斯学说影响。“数字对战”被视为“四艺”教育观的完美诠释，而“四艺”正是以毕达哥拉斯对数字的崇拜为核心，涵盖了算术（纯粹的数字）、几何（空间中的数字）、音乐（时间中的数字）以及天文（空间与时间交织中的数字）。在“数字对战”的世界里，不同的数字和棋子的不同形状共同编织出随时间流转的空间图案。这些看似无害的理念，竟为知识史中一段颇为离奇的掩盖行为埋下了伏笔。

虽然毕达哥拉斯的著作已悉数湮灭于历史的长河，但他对欧洲思想界的影响却深远而持久。毕达哥拉斯出生于古希腊，据传曾在古埃及追随宗教神秘主义者潜心学习达二十年之久，之后在古希腊的殖民城邦克罗顿创立了一个教派。在那个道德风气败坏、政治环境动荡的年代，他倡导一种禁欲的生活方式，提倡素食和节制。毕达哥拉斯的信徒们共享所有财产，一同进餐。他严禁门徒食用豆子，因为他深信豆子中可能蕴藏着人类灵魂，这一信念来源于豆子与人类胚胎相似的形状。最重要的是，毕达哥拉斯的学说将数字奉为神圣，认为数字是构成整个宇宙的基石。数字超越了神性，乃神灵的根源。

“万物皆数字”，毕达哥拉斯如是说。然而，在他看来，并非所有数字都是平等的。他的宇宙观以和谐论为核心。他发现音高取决于弦的长度，而谐音则是由弹奏长度为彼此精确倍数的弦产生的。因此，他将比例奉为神圣，认为它体现了宇宙的和谐之美。他特别推崇现今所谓的有理数，包括整数及其比值，坚信这些基本元素是构筑宇宙万象的基础。

在克罗顿的二十年里，毕达哥拉斯的教派蓬勃发展，甚至获得了相当的政治影响力。然而，当地领导人认为这个怪异的素食主义者教派威胁到了他们的权力，于是策划了一场暴乱，驱逐了教派成员，并将其公社夷为平地。关于毕达哥拉斯的结局，历史上流传着多种说法。有的说他被流放，有的说他死于火海，还有的说他选择了自我了断。其中一则传说是这样描绘的：他在逃亡过程中被一片豆田挡住去路，他不忍践踏这片神圣的土地，最终被追兵捕获并处死。尽管毕达哥拉斯的生命旅程走到了尽头，但他的信徒团体却持续存在了三百年之久。更为重要的是，他的思想在欧洲哲学和教育领域占据了主导地位，其影响力持续了近两千年。

教条对知识进步构成了一种诅咒。不幸的是，毕达哥拉斯对有理数的虔诚激发了一场学术诡辩。相传毕达哥拉斯教派的成员希伯索斯（Hippasus）在公元前 4 世纪意外地发现了无理数。有理数可以用两个整数的比值来表示，而无理数却无法如此简单地表达。有理数可以精确确定：二分之一即为 0.5，三分之一为 $0.333\dot{3}$（其中的 3 会无限循环）。我们能轻易得知其小数部分的第 70 亿位数字是 3。而$\sqrt{2}$却是个无理数，它等于 1.41421356237……，是一个无限不循环小数。无理数无法精确确定，要得知$\sqrt{2}$ 的第 70 亿位数字，就必须进行计算。希伯索斯领悟到，无理数是“无法表达的”，这些数的存在直接挑战了毕达哥拉斯的学说，即万物皆可由整数及其比值构成。它们打破了毕达哥拉斯认为数字赋予宇宙确定性和可理解性的信念。据传，希伯索斯在分享这一发现后不久便从历史中消失了，甚至有传闻称他在海上被处决。在传说中，毕达哥拉斯教派认为他的死是为了祭祀波塞冬，因此不属于法律管辖范围。

一些中世纪历史学家将欧洲学术发展滞后数百年归咎于“四艺”课程。这一教育理念注重和谐，却让科学家们对一些基本的科学进步视而不见，如无理数和天体力学的发现。直到17世纪，随着波斯和印度新数学技术在微积分和概率论领域取得突破，“四艺”课程才逐渐被摒弃。“数字对战”游戏也同样日渐式微。毕达哥拉斯及其追随者所构想的宇宙和谐，最终成了一个遥不可及的理想。行星的运行轨道并非完美的球形，而是椭圆，这打破了宇宙统一性的模型。无理数不仅存在，而且其数量之庞大几乎淹没了有理数。如果将所有的有理数和无理数放入一顶巨大的帽子里，那么人们几乎不可能抽出一个有理数——在数学的宇宙中，有理数成了稀有珍品。

游戏是一种虚构的真实，其内部逻辑并不总是反映现实世界的真实情况。然而，越来越多的人将游戏视为世界的缩影。游戏是一种方法，它教会我们了解基于规则的系统中物体的行为方式。游戏最大的贡献在于它让我们更深入地理解数学。但另一方面，意识形态主义者也利用游戏来模糊现实的边界。

平心而论，问题从来不在于游戏本身，而在于游戏所服务的教条。是和谐论而非“数字对战”游戏阻碍了思想家们的思维。“数字对战”游戏作为和谐论的传播媒介，以其审美理想影响了一代又一代的学者。游戏往往倾向于奖励遵守其规则的玩家。和平主义者在玩《使命召唤》时，若不射杀游戏中的敌人，便无法获胜；社会主义者在玩《大富翁》时，若不采取一些资本主义的手段，亦难以取胜。同样，“数字对战”也以毕达哥拉斯的理念之美诱惑玩家。游戏不仅是世界的缩影——更是让我们深信不疑的模拟世界。无论好坏，它们都能影响我们的思维方式和世界观。因此，游戏也是一扇窥探玩家的信仰和习惯的窗户。通过研究人类与游戏的历史渊源，我们可以更好地理解古人的信仰，也能更清晰地认识我们自己的信仰。

游戏的历史源远流长，甚至比文字还要古老。围棋、国际象棋、西洋双陆棋和播棋等游戏如同活文物，超越了帝国的兴衰，跨越了文化的界限。它们甚至超越了语言的界限：通过游戏，人们即使语言不通，也能与他人进行思维互动。想象一下，古代美索不达米亚的小酒馆里聚集着来自四面八方的商人和旅客，他们虽然无法用言语交流，却能共同沉浸在棋盘游戏中，度过一个愉快的夜晚。纵观历史，移民们将心爱的游戏随身携带，并将其传承数千年，如同守护一份宝贵的文化遗产。如今，跨越各大洲、各世代的多种亚文化都通过游戏来定义自我。游戏之所以经久不衰，是因为它们触发了人类共有的学习机制。游戏既是文化的产物，也是生物演化的结果，是大脑长期进化出的一种刺激，为我们提供无价的快乐。尽管游戏常常被贬为“难登大雅之堂”，但数千年来，它一直吸引着人类的目光和热爱。

人们对游戏的迷恋已经达到了令人咋舌的程度，他们甚至用游戏来麻痹在困苦时期产生的焦虑情绪。希罗多德在描述希波战争时提到，游戏在食物匮乏的年代拯救了吕底亚人。他写道，吕底亚人与希腊人颇为相似，他们是最早铸造货币的人，并自豪地宣称自己是几种流传甚广的游戏的最初发明者。在公元前 2000 年左右，他们经历了长达数十年的饥荒，然而，他们却在游戏中找到了慰藉。

> 面对灾情的蔓延，吕底亚人积极寻找对策。他们发明了各种各样的游戏——掷骰子游戏、掷指骨游戏、球类游戏等都是当时的吕底亚人的智慧结晶，但西洋跳棋除外，他们并未将西洋跳棋的发明据为己有。吕底亚人发明了这些游戏来对抗饥荒，其使用方法如下：他们会玩上整整一天，这样就不会有饥饿感；第二天则进餐并停止玩游戏。如此这般过了十八年。

尽管吕底亚人不可能真的发明了指骨和骰子——这些游戏的历史要更悠久，但他们在食物匮乏的时候转向游戏以寻求慰藉，这一点是可能的。游戏本身就具有令人难以抗拒的魅力。历史上不乏因沉迷游戏或赌博而走向衰败的名人故事。如今，每年仍有少数人在游戏中丧生，通常是因为过度劳累，但也有一些人是在激烈竞争中被杀害的。这并非意在妖魔化游戏，而恰恰是为了强调游戏的影响力。几千年来，游戏一直吸引着人们的目光。现在，游戏可以说是最主要的文化媒介。游戏是一种超级刺激物，是一种心理导向型技术，经过长时间的优化，它能够最大限度地激发我们的奖赏系统。通过研究人类热爱的游戏，我们可以更深入地了解人类本身。更重要的是，我们能够更好地理解认知过程：游戏塑造了我们生成知识、推理未知事物的方式。

讨论游戏的一个挑战在于其作为隐喻的多样性。假扮算是游戏吗？考试算是游戏吗？解谜又算不算游戏？游戏的形式多种多样，有零玩家游戏、大型多人在线游戏，还有带有负和奖励、零和奖励或正和奖励的游戏。为了避免繁复的分类，我将游戏大致定义为一个设有明确目标的系统。玩家在追求这一目标的过程中，需要在一些不确定的环境中做出选择（无论是掷骰子还是应对对手的策略）。游戏的精髓在于探索未知并驾驭未知。游戏设计师拉斐尔·科斯特（Raph Koster）曾言："乐趣不过是学习的另一种形式。"骰子和国际象棋虽大相径庭，但有一点是共通的：玩家都在试图预测未来。在赌博中，他们希望预测环境；在下国际象棋时，他们则希望预测对手的行动。从某种意义上讲，游戏可能很像拍卖（目标是以合理的价格获得心仪之物）、社交媒体（目标是吸引关注），或者像《模拟城市》那样（目标是设计一个可持续发展的数字都市）。

随机性在许多游戏中扮演着核心角色，因为这正是大自然最基本的搜索算法。随机突变推动着进化的车轮；现代科学实验引入随机性，旨在消除科学家个人选择和偏见的影响；机器学习工程师在模型中运用随机性以促使系统跳出局部最小值，更全面地探索解决方案。随机性也是古老游戏动力的核心所在。早在人类出现之前，甚至在哺乳动物出现之前，这种动力就已经伴随最古老的动物一同存在了。

玩耍将自然界的随机搜索策略扩展到了行为领域，这对于智能的出现至关重要。进化对环境变化的响应速度相对较慢，只有当基因突变在种群中迅速传播时，快速创新才有可能发生。神经系统使动物能够快速应对环境变化，比如面对气候变化、迁徙，或者学会避开有毒物种的入侵。然而，本能的条件反射有时可能并不适应环境。例如，许多猫会对黄瓜产生荒谬的过度反应，这实际上源于它们对蛇的本能恐惧。玩耍将行为与死板的本能分开，增加了灵活性。玩耍将机会引入了经验领域，是一个测试未知事物的安全平台。它为动物打开了新的领域，使它们能够建立一个适应性强、稳健的行为程序库。在玩耍中，动物通过随机探索制定了一系列策略：如果条件 A 出现，就尝试 B；如果条件 C 出现，就尝试 D，甚至 E。这种方式取代了在本能的条件反射下做出的反应，使动物能够探索更多可能性，其中一些选择比其他更具适应性。玩耍就像一个发明的熔炉，是一种模仿进化特征的学习系统。在自然选择中，如果生物体因基因突变而更适应环境，它就更可能生存下来；在玩耍中，能够准确预测环境要求的行为也会得到保留。可以说，玩耍对于智能的重要性就如同变异对于进化一样。

这也是为什么玩耍常常伴随以某种方式表现出来的失控性：水獭从泥泞的山坡上尽情滑下，鸟儿在风中自由翱翔，孩子们嬉戏玩闹。玩耍其实是一种应对意外情况的训练。在玩耍中，动物们会故意让自己陷入安全的困境，这有助于它们学会如何最好地摆脱真正的困境。玩耍使我们能够从日常难以经历的事件中汲取经验，帮助我们的大脑构建更为完善的世界认知模型。同时，它也是发展和检验社会关系的重要方式。玩耍是一种将现实世界的多样性引入我们理解范围的活动。

玩耍是动物用来探索身体机能的方式，而游戏则是人类用以探索心智世界的方式。数千年来，游戏一直在帮助人类提升推理能力和互动决策能力。最早的游戏棋盘可追溯至大约一万年前，那时猫咪刚刚被驯化，农业尚属新兴技术。新石器时代近东地区的居所中雕刻有一排排带有凹槽的石灰石棋盘是很常见的，它们可能用于一种类似于播棋的计数游戏。这种游戏可能有助于玩家理解基本的数学概念。在为了寻乐子而摆弄小石子的过程中，他们会更加熟悉我们现在称之为数字的抽象概念。

除了给人们带来乐趣，游戏还重塑了人们的思维方式。游戏是一种心智训练，使玩家能够在安全的环境中发展战略、数学和心理推理等认知技能。国际象棋、围棋等棋类游戏能培养人们的社交和战略思维，问答游戏、拼字游戏和双关语游戏等语言和知识类游戏有助于人们提升记忆力和读写能力，概率游戏则帮助人们培养计算能力和概率估算能力。中国发明了最早的卡牌游戏，从而开启了不完全信息博弈的先河。在这些游戏中，玩家们无法直接看到彼此的牌面，只能推测对手的心理和意图，从而加深了对彼此的了解。人工智能研究者朱利安·托格利乌斯（Julian Togelius）曾表示，游戏就像一种心智的模具，每款游戏都适合不同的认知能力，随着我们发现新的心理领域和功能，新游戏应运而生。例如，《宝可梦》（*Pokémon*）这类游戏满足了我们收集物品的喜好，而《俄罗斯方块》这类游戏则满足我们对整理事物的强迫性需求。游戏设计本身就是一门认知科学。游戏设计师弗兰克·兰茨（Frank Lantz）表示，游戏就像是一种“自制神经科学”，“一种可以用来在自己大脑中进行实验的数字药物”。通过游戏，我们可以更清晰地认识自己，包括我们的偏见、弱点和优势。

在生活中，我们经常通过观察我们行为的后果来领悟世界的规则。比如，如果我们不小心触碰到热炉子，就会觉得疼，也就知道以后不要去碰它。我们从后果（“哎哟，好痛”）中推导出规则（“不要触碰热炉子”）。而在游戏的世界里，一切后果都是由既定的规则决定的。玩家必须推理出自己所做决定的后果。国际象棋玩家必须理解棋子相互作用背后的规则，从而推断其所做选择的影响。游戏训练我们对影响进行明确的推理，这对于生活在由规则调节的复杂社会中的人类来说是一项关键的心智技能。

事实上，正如本书将深入探讨的那样，游戏正是我们理解自身认知的核心。已故物理学家理查德·费曼（Richard Feynman）在20世纪60年代初于加州理工学院教授的著名课程中就对此进行了阐述。“我们所说的‘理解’某事是什么意思？”他在拥挤的课堂上提问到。他解释说，如果我们掌握了控制某个系统的规则，就可以说我们理解了这个系统：

> 我们可以把构成“世界”的这一复杂的移动物体阵列想象成一盘众神在下的巨大棋局，而我们则是这场棋局的旁观者。我们并不清楚这场游戏的规则是什么，我们所能做的只是观察这一切。当然，如果我们观察足

> 够长的时间，或许最终会领悟其中的一些规则。游戏的规则即我们所谓的基础物理。然而，即使我们了解每一条规则，可能也无法理解为何在棋局中要走某一步棋，因为棋局太过复杂，而我们的思维又存在局限性。你若懂得下棋，必然明白，学习所有规则并不难，但选择最佳走法或理解棋手为何如此下棋往往十分艰难……因此，我们必须将注意力集中在更基础的问题上——那就是游戏的规则。如果了解了这些规则，我们就认为我们“理解”了这个世界。

一个系统（或游戏）的规则是对其最有效的表述。我们不可能完全掌握棋局中的每一种可能走法。围棋这个游戏的所有合法走法构成的庞大空间（大约介于 10^{800} 到 10^{10100} 之间）都是该游戏的三个基本规则的直接结果，并在 19×19 的棋盘网格上展现。一旦我们对这些规则了如指掌，能够预测或解释一步棋的走法，我们就可以说自己真正理解了这个游戏，尽管我们无法详尽列举所有可能的结果。正如我们将会看到的，预测是大脑的主要功能，拥有一个预测模型会给我们带来极大的成就感。然而，了解一个系统的规则并不总能让我们完全预知事情的走势。有时候，看似简单的规则也可能催生出错综复杂的局面。游戏模型有时会营造一种错觉，让我们误以为已经彻底理解某个系统，实则不然，这掩盖了物质现实的复杂性，与毕达哥拉斯对有理数的痴迷如出一辙。

正如我们将在本书中探讨的那样，游戏之所以如此经久不衰，是因为它们反映了我们大脑的一种工作模式。游戏是一种学习系统的产物，而这种学习系统一直是智力进化的核心。游戏是大脑用来生成数据以训练自身的工具，也是我们构建更为准确的世界模型、进行更精确预测的方式。这或许也是游戏传统上与占卜紧密相连的原因：古往今来，人们怀有一种坚定的直觉，认为游戏与预测未来有着某种联系。纸牌、骰子和抽签长期以来一直被用作决策工具——在后续章节中，我们将发现，这种直觉有助于消除人类选择的偏差。而规则及其后果的概念，正是我们所说的“理解”的本质。这一切并非偶然。游戏不仅仅是一项发明，更是一种本能。

游戏是知识的宝贵源泉。尽管“数字对战”游戏为毕达哥拉斯的教条所负累，但其他游戏却孕育了深刻的数学洞见。对这些游戏的思考不仅催生了概率论和现代经济思想，还激发了道德哲学和人工智能领域的新思路。与毕达哥拉斯及其掩盖无理数的行为形成鲜明对比的是，1974 年，数学家约翰·康威（John Conway）在思考围棋的终局之后，发现了一个庞大的新数字世界，如今被称为超现实数。这是数学家们在一个世纪内发现的最大的无穷量。康威对这一惊人发现感到震惊，这让他陷入数周的恍惚状态——他觉得自己仿佛发现了一块新大陆。

尽管如此，游戏本质上仍是数学的产物。我们能够通过游戏模拟世界，生成相关知识，但这些知识并不一定能转化为现实。骰子的有序随机性只是对现实世界的无序随机性的拙劣模拟。这种差异导致了 2008 年全球金融危机，因为交易者未能将适当的风险度量纳入其赌注。博弈论，这个曾经纯数学领域的神秘角落，如今已成为现代经济学的基石，尽管它对现实生活中的个体来说并非完美模型。企业和学术界在设计经济和政治体系时依然广泛应用博弈论，而这些体系正是我们日常生活的重要基础。

在从游戏的视角理解人类时，我们需要格外谨慎，因为我们用来理解自己的隐喻非常关键。20 世纪的心理学家 B.F. 斯金纳（B.F. Skinner）在捍卫其备受争议的有关人类行为的理论时曾声称:“没有一种理论会改变它所研究的对象；人始终是人。”但本书的核心在于驳斥这种说法。在物理学等领域，这一说法无疑成立：原子历经千年，仍未被我们早期的错误理论所摧毁。电子的轨道完全由物理力的吸引和排斥决定，而我们的模型并不能动摇这一事实。然而，人类并非物理学的被动对象。与原子不同，人类具有学习能力。人类是独立的主体，会根据自己对世界及其运作方式的信念以及对自我的信念做出选择。正如工程师艾兹格·W. 迪科斯特拉（Edsger W. Dijkstra）所言:“我们使用的工具对我们的思维习惯有着深远而微妙的影响，从而影响我们的思维能力。”

在个人层面，一个认为人类龌龊残暴的人与一个认为人性温柔宽厚的人，他们在生活中会做出不同的选择，他们的信仰会影响其政治倾向、关注焦点和偏见；而在社会层面，如果一个错误的人性观念在人们所处的经济领域中得以实施，它将扭曲人们的行为方式，从根本上改变人们的生活体验。游戏会奖励那些遵守游戏规则的玩家。游戏规则决定了玩家是该合作还是竞争，是该诚实还是作弊。游戏理论家和游戏设计者日益影响着我们共同的公民圈子，而我们也在一些无法逃避的游戏中采纳了他们的人性观念，并因此获得了回报。审视游戏如何主宰现代思想，以及我们应该如何从游戏的影响中理清思路，变得比以往任何时候都更加重要。

第二章　天机

学习是一种天然的乐趣，不仅仅属于哲学家，它普遍适用于每个人。

——亚里士多德

19 世纪初，第一次世界大战期间，作战将士染上一种病，这场瘟疫迅速蔓延至整个欧洲，进而肆虐全球。当时科学上尚未明确定义这种疾病，它在民间被称为“昏睡病”，世界各地的人突然陷入昏睡之中，有时甚至一秒入睡。一位英国医生回忆道，他曾目睹一个健康的女孩在音乐会结束后独自回家的路上突然倒地不起，半小时后，她进入深度沉睡，无论别人怎么呼唤都无法将她唤醒。不到十二天，她就永远地闭上了眼睛。

如今，人们已经明白这种病被称为嗜睡性脑炎。它的病情没有固定的特征，其弹性体现在症状的多样性上。最常见的表现是患者强烈渴望睡眠，但即便在这种似睡非睡的状态下，他们对周遭事物仍保持着模糊的感知。一些患者能康复，而另一些则发展成慢性病，出现各种症状：兴奋、性欲旺盛、频繁做出不合时宜的玩笑、颤抖、肌肉僵硬、幻觉以及自残。一个年仅八岁的女孩竟拔光了自己的牙齿，剜去了双眼；一个十七岁的男孩则迷恋上了各种令人作呕的气味，专门嗅闻腋下的异味、粪便的臭气，甚至在房间里堆积垃圾。部分病患瘫痪、昏迷或死亡。这些患者需要接受长期护理，他们如同雕塑一般，面无表情，永远陷入了沉睡。然而，这种疾病的病因至今仍是个谜。后来医生们发现，可以通过一种当时不为人知的化学物质来缓解这种疾病的影响，这种物质如今被称为多巴胺。

在所有化学物质中，神经递质多巴胺的“品牌形象”最为复杂难解，这很大程度上源于它自身：它简直无所不能。如今，多巴胺常常被错误地描述为“快乐分子”，即享乐的生物象征。然而，在它被发现后的几十年里，科学家们却毫不看重它。多巴胺于1910年首次被合成，最初是作为肾上腺素生成的中间体，用于治疗哮喘。随后，医生们在各种身体组织中不断发现它的存在。但当时，人们认为它只不过是其他重要的化学物质（如肾上腺素）的一个“中转站”。然而，传统的阿育吠陀医学很快颠覆了这一观点。

在印度，几百年来，人们一直都用蛇根草（sarpagandha）这种开花灌木治疗高血压、发烧和精神错乱。圣雄甘地患有高血压，他每天都会虔诚地在茶水中滴入六滴蛇根草酊剂。在经过印度科学家十多年的临床试验研究后，蛇根草在20世纪50年代初被美国医生罗伯特·威尔金斯（Robert Wilkins）“发现”。化学家们从中分离出了它的活性物质——利血平（reserpine），这种物质迅速成为备受欢迎的降压药和抗精神病药。有时，它还被用作动物镇静剂，但大剂量的利血平却会使动物陷入紧张状态。关于其作用机制，至今仍无人能够做出确切解释。

1957年，瑞典研究员阿尔维德·卡尔松（Arvid Carlsson）和他的一些同事给小鼠注射了利血平，导致小鼠体内的多巴胺等多种化学物质含量降低，其中包括多巴胺及其下游产物，如去甲肾上腺素。科学家们因此预测，如果向紧张性神经症动物体内重新注入去甲肾上腺素，它们的行动能力可能会恢复。然而，这一预测并未成真，但注射左旋多巴（多巴胺的前体）却产生了显著效果，甚至在某些情况下使这些动物变得异常活跃。这一发现，加上凯瑟琳·蒙塔古（Katharine Montagu）同年在脑组织中发现的多巴胺，最终确认了多巴胺作为神经递质的关键作用，并因此为卡尔松赢得了诺贝尔奖。在当时，神经元之间通过大量的化学传递进行对话的概念还相当陌生。那时人们更熟悉的神经通信方式是电信号传递，即单个细胞向特定的“伙伴”发送信息。在这里，在多巴胺浓度中编码的单一信息正在向整个大脑区域进行广泛传递。但它在说些什么呢？

奥莱·霍尼基维奇（Oleh Hornykiewicz）是维也纳的一名神经学家，他注意到，动物体内多巴胺的缺乏与常见的神经退行性疾病——帕金森病的症状相似。帕金森病最早由外科医生詹姆斯·帕金森（James Parkinson）于1817年描述，他的患者表现出“不自主的颤抖运动，肌肉力量减弱，在静止甚至有支撑的情况下都有这种表现；躯体有前倾的倾向，行走时突然加速为奔跑，但感官和智力不受损害”。帕金森是一位狂热的古生物学家和博物学家，他将其描述为一种新的“疾病种类”，就像植物学家对新发现的花朵进行分类一般。

尽管帕金森病在老年患者中最为常见，但也经常出现在患有慢性睡眠病的人群中。在最初的昏睡病暴发后的几年里，一些看似患有紧张性精神症的患者涌入医疗机构。20世纪60年代，在距第一次昏睡病流行已经过去三十多年后，霍尼基维奇开始收集不久前死亡的患者的大脑。他发现，帕金森病患者的大脑中多巴胺含量偏低。如果他能够像卡尔松挽救患有紧张性精神症的老鼠那样，用左旋多巴逆转帕金森病呢？他立即行动起来，第一时间将自己手里保存的药物交给了维也纳一家老年护理机构的一位同事。医护人员随后给帕金森病患者服用了左旋多巴。奇迹发生了！那些长期饱受昏睡病折磨、几十年无法动弹的患者，竟然能够重新站起来行走，重新开口说话，甚至重新展现出他们的个性。

多巴胺替代疗法已成为帕金森病患者的标准治疗方法，并且至今仍然广泛使用。然而，遗憾的是，这种疗法并不能彻底治愈帕金森病，而且随着时间推移，其疗效会逐渐减弱。神经学家奥利弗·萨克斯（Oliver Sacks）在其突破性著作《觉醒》（*Awakenings*）中生动描述了嗜睡性脑炎患者短暂的、奇迹般的复苏，将他们比作死火山重新喷发。这一惊人的成功使多巴胺一跃成为科学界的焦点，成为广受研究的神经递质之一。自此以后，科学家们在几乎所有拥有神经系统的动物体内都发现了多巴胺的存在，这进一步证明了它是一种古老的进化物质。不论是扁形虫、萤火虫、比目鱼还是猎鹰，它们的运动都离不开多巴胺的参与。这些发现似乎巩固了多巴胺作为负责运动的神经递质的地位，然而自然界从来没有这么简单。

在计算机诞生之初，人们便开始怀疑它是否具备思考能力。世界上最早的程序员艾达·洛芙莱斯（Ada Lovelace）首先意识到，查尔斯·巴贝奇（Charles Babbage）设计的原型计算机——分析机，不仅可以进行数字计算，或许有一天能创作

音乐、证明数学定理、玩游戏等。然而，她也指出，计算机只能执行指令，“没有创造任何东西的野心。对于任何事情，只要我们知道如何命令它，它就可以执行。”一个世纪后，艾伦·图灵（Alan Turing）的研究推动了更强大、更灵活的计算机的诞生，他相信这些机器终有一天会拥有更强大的能力。他回应了洛芙莱斯女士的异议：“她的异议有个更好的说法，那就是机器永远不能‘让我们吃惊’……但却‘经常让我吃惊’。”他预测，计算机最终能够创造新知识、深化理解。然而，在此之前，我们首先需要先教会它们如何学习。

图灵预测，要设计一台能够掌握完全成熟的成年人的复杂性和知识的机器将会非常困难。它的智能可能只能归功于其创造者，就像洛芙莱斯宣称的那样，它本身并不具备创造能力。图灵写道：“与其尝试制作一个模拟成人思维的程序，为何不尝试制作一个模拟儿童思维的程序呢？只要经过适当的教育，这个程序将具备成年人的智慧。”他设想，这种“儿童”机器可以像儿童一样，通过奖惩机制进行学习。这个挑战需要解决两个不同的问题：首先，研究人员必须构建一个能反映儿童学习能力的计算机程序；其次，他们必须设计出对它的教育过程。如今，我们将第一个问题的解决方案称为学习算法，将第二个问题的解决方案称为训练数据。

图灵认为，棋盘游戏是培养这些“儿童”机器的理想训练场。游戏是一个个微缩世界，是互动的抽象形式，其离散的特性使其适合计算机。在国际象棋、西洋跳棋等游戏中，几条简单的规则就能演化出如天文学般错综复杂的战局。长期以来，人们一直相信游戏能够展现玩家的智慧，玩家从新手到专家的成长过程可以方便地通过排名等指标来进行评估和追踪。因此，游戏不仅能够列入学习智能体的培训计划，更是衡量其智力水平的标尺。结构化的游戏规则统一了玩家的行动能力，使竞技环境更加公平。游戏强调对称性，玩家相互对抗，朝着一个共同目标努力：取胜。他们使用相同的棋子，受相同规则的约束。正如我们使用钟表测量时间、使用尺子测量空间，游戏后来也被用来衡量智力。它们是一种古老的辩论形式——不是言语上的辩论，而是一种跨越时空的选择与行动上的辩论。

约翰·麦卡锡（John McCarthy）是人工智能这一术语的缔造者之一，他提出了人工智能领域中的一个最具持久影响力的定义。[㊀]他写道："智能是实现世界上各种目标的能力的计算部分。"我们可以通过对话评估机器的智能程度，就像在图灵的"模仿游戏"中，计算机程序通过打字对话来模仿人类。同样，我们也可以将能够在国际象棋比赛中战胜人类的程序称为智能程序。

图灵本人也承认，自己在国际象棋方面的造诣并不出众。在和自己钟爱的国际象棋搭档兼同事唐纳德·米奇（Donald Michie，下棋水平也很一般）的交流中，图灵萌生了打造一款人工智能国际象棋程序的梦想。第二次世界大战期间，图灵和米奇曾共同在布莱切利公园工作，任务是设计解密轴心国加密通信的方法。米奇几乎是偶然来到布莱切利公园的，他报名参

㊀ 我之所以选择使用人工智能（AI）这一术语，并非因为这些程序本身智能，而是因为这是其创建者的期望。

加了一个密码学班，希望能为战争做出“不特别但浪漫的贡献”。如今，我们知道，他的研究对盟军的胜利起到了关键作用：米奇的见解帮助破解了洛伦兹密码，并显著提升了巨人Ⅱ计算机的性能。得益于他的工作，原本需要数天才能解密的通信现在只需短短几个小时，这使盟军得以避开伏击并提前预知敌军动向。

米奇被图灵的愿景深深吸引：“一旦人工智能成为现实，我誓将其融入我的生命。”然而，计算机作为一种技术，其发展速度远远落后于研究人员对它的期望，而且，由于计算机价格昂贵，在军事领域以外几乎难得一见。战争结束后，米奇重新投身学术界，并受自己童年对小鼠的热爱的启发，将研究重心转向遗传学。尽管他在生物学领域成就平平，但他最大的贡献是推动了妻子安妮·麦克拉伦（Anne McLaren）的研究，她的工作为体外受精铺平了道路。虽然无法使用计算机，但米奇对人工智能的憧憬从未熄灭。

1961 年，米奇与一位对机器学习能力持怀疑态度的同事打赌。米奇仅凭 300 多个火柴盒和一些有色玻璃珠就赢得了赌注。他构建了一个能够玩井字游戏的学习系统，并将其命名为 MENACE，即“火柴盒教育型零和交叉引擎”（Matchbox Educable Noughts and Crosses Engine）。每个火柴盒代表井字棋盘的一个特定游戏状态，而火柴盒的堆叠则代表所有可能的 X 和 O 的排列方式。玻璃珠共有九种颜色，每种颜色代表从当前状态开始的每一种可能的棋步。一开始，米奇在每个火柴盒的抽屉里放置了相同数量的彩色玻璃珠。在每轮游戏中，他会随机从火柴盒中抽取一颗玻璃珠，这颗珠子决定了 MENACE 在接下来的一步棋以及棋盘的下一个状态。接着，他会根据从下一个盒子中取出的玻璃珠的颜色决定下一步棋，如此循环往复。为了记录已下的棋步，火柴盒的抽屉保持开启状态。如果 MENACE 在游戏结束时输掉，米奇就不会将珠子放回打开的抽屉，从而降低 MENACE 未来采取这些行动的可能性。如果游戏以平局结束，他会在每个火柴盒里增加一颗相应颜色的珠子。而如果 MENACE 获胜，他则会在每个火柴盒里放回三颗珠子。米奇会奖励正确的棋步并惩罚错误的棋步，让 MENACE 通过强化进行学习。

起初，MENACE 的表现很糟糕。米奇写道："随机游戏的特性极其愚蠢，只需玩一两次，便能轻松验证这一点。"然而，在经过数百局的对弈后，彩色珠子在火柴盒中得以重新分配，这使获胜的棋步更有可能出现，而失败的棋步则变得不太可能，这一过程就像是在记忆中加强权重一样。最终，MENACE 完美地掌握了井字游戏。这个无意识系统仅凭试错就达到了专家水平。

试错学习理论是 20 世纪初心理学研究的焦点，米奇从该理论中汲取了灵感。心理学家爱德华·桑代克（Edward Thorndike）致力于探究"动物的愚蠢"，即那些看似智能且目的性强的行为是如何从简单的联想中衍生出来的。他进行了一项实验，将猫放入一个拼图盒中，盒外放置着鱼屑，而猫刚好够不到。盒子上设有活动门，只有当盒内动物按下杠杆时，这个门才会打开。一旦猫意外踩到了杠杆，便会开启，从而得到鱼作为奖励。在随后的实验中，动物们迅速学会了再次按下杠杆，以便逃出盒子。桑代克将此现象称为“效果律”：那些带来愉悦结果的行为会被选择和重复，而那些导致不快结果的行为则会被淘汰。这有些类似于进化论，在进化论中，那些赋予机体适应性的基因变体会在种群中获得存活的奖励，而在试错学习的过程中，那些能带来奖励的随机行为则会被保留下来。这些行为不会被记录在 DNA 中，而是储存在记忆中。行为与奖励之间的关联强度将决定这种行为未来被复制的可能性。在 MENACE 案例中，赢得井字游戏可以确保获胜棋步的传承。获胜意味着成功棋步的“复制”，而失败则导致失败的棋步副本从可用的棋步库中删除。

米奇后来将类似的学习方法应用于国际象棋的终局研究。他很喜欢苏联数学家亚历山大·克朗罗德（Alexander Cronrod）的一句话：“国际象棋之于人工智能研究，就如同果蝇之于遗传学一样。”果蝇基因组只有四条染色体，因此，研究果蝇基因组为了解更复杂的人类遗传学铺平了道路。米奇宣布：“在我看来，将国际象棋作为未来知识工程和认知工程的一个起始点，与研究果蝇的工作完全相似。”

与此同时，在美国，工程师亚瑟·塞缪尔（Arthur Samuel）正致力于研究一个下西洋跳棋的计算机程序。最初，他只是想通过这个项目快速筹集资金，以便完成一台计算机的制作，却并未意识到这将成为他未来三十年研究的重心。塞缪尔并非西洋跳棋高手，他在西洋跳棋程序的早期开发阶段已达到了当时他编程水平的极限。为了创造一个能够超越他自身有限才能的系统，他采纳了图灵的目标，即构建一个具备自我学习能力的程序，并在 1959 年推广了“机器学习”这一术语。

到 20 世纪 50 年代末，塞缪尔发明了一种游戏训练方法——自我对弈，该方法后来成为人工智能领域的核心。在自我对弈中，程序与自身的副本进行对弈训练。每次对局后，这些副本会调整参数以提高胜率。自我对弈之所以如此成功，部分原因在于玩家最擅长从与自己实力匹配的对手身上学习。当程序与自己的副本对战时，总会遇到与自身水平相当的对手。若与更强的对手匹配，可能会遭遇惨败，从而无法学习；而与更弱的对手匹配，则可能轻松获胜，但却无法提升自己的水平。

然而，自我对弈训练需要大量时间，而当时计算机资源非常稀缺，研究人员很难拥有足够的时间进行训练。幸运的是，塞缪尔当时在 IBM 工作，公司的高管并未对其西洋跳棋程序给予太多期望。每当同事们在下班后离开公司，那台电脑就处于闲置状态。于是，每天深夜，塞缪尔都会悄悄溜进实验室，利用午夜到早上七点这段时间训练他的程序。到了 1956 年，他的程序已经能够与初学者棋手媲美。IBM 的总裁被塞缪尔的秘密进展打动，安排了一次该程序的公开展示，结果 IBM 股价一夜之间飙升了 15 个点。

在计算机科学家努力设计智能系统的同时，神经科学家们也在不懈地探索智能的生物学基础。回溯到 20 世纪 80 年

代，一位名叫沃尔夫拉姆·舒尔茨（Wolfram Schultz）的年轻医生创立了自己的研究实验室，专攻帕金森病。他打算记录多巴胺能神经元的电活动，从而更深入地理解它们在运动中的作用。尽管多巴胺能神经元在大脑神经元总数中占比不到1%，但由于它们聚集在中脑的特定区域，因此比较容易被发现和记录。舒尔茨和他的同事们在猕猴体内植入电极，记录下了这些动物在运动过程中多巴胺能神经元的活动情况。基于已知的多巴胺能神经元参与运动的特性，他们预期，这些神经元可能会在动物运动时被激活，但实际上，它们是在动物获得奖励时被激活。

这个结果并非完全出乎预料。尽管人们知道多巴胺参与了运动，但除了为了获得奖赏和避免惩罚，运动的最终目的是什么呢？生物学家一直在逐渐拼凑这一定向系统的基础。19世纪的科学家们被新发现的电现象迷住了，隐约意识到它与神经系统之间的联系。在狂热的探索精神而非理性的驱动下，他们将刺激电极插入人类和动物的大脑。到了20世纪初，神经外科医生怀尔德·彭菲尔德（Wilder Penfield）改进了这一技术，并将其用于绘制大脑功能图谱。他在大脑地图上标注了不同刺激所产生的效果。例如，视觉皮层被标注为“光和影”；被称为“记忆”的区域受到刺激后，患者会沉浸在闪回的场景中，这些场景非常生动，仿佛就发生在眼前；而与执行功能相关的额叶皮层被称为“沉默”，因为它消除了患者的内心独白。“在我的职业生涯中，”彭菲尔德写道，“我一直被一个核心问题驱使，这个问题已经困扰了科学家和哲学家数百年，即身心是否合一？”现在看来，几乎显而易见，精神功能似乎可以直接映射到不同的脑区。

紧接着就又有了一系列刺激实验，用以揭示大脑区域与其所引发的行为之间的关联。研究发现，刺激大鼠大脑深处会使它们变得极具攻击性，而刺激另一个区域则会让大鼠感到恐惧，致使它们不愿返回到曾被电击过的区域。1953 年，一位名叫詹姆斯·奥尔德斯（James Olds）的博士后在对大鼠进行首次电极植入手术时，意外地得到了重要发现。手术电极位置偏离了原定目标几分之一英寸（1 英寸 =2.54 厘米），电极脉冲并未引发大鼠的恐惧反应，反而似乎给予了它某种奖励。这只大鼠反复回到曾经被电击的地方，而不是回避那里。这就像在玩“冷热游戏”㊀，每当大鼠向正确的方向移动时都会受到电刺激，这样便可以将大鼠“拽”到任何位置。

奥尔德斯迅速安装好了一个杠杆系统，让大鼠能够自行接受刺激。植入电极的大鼠不停地按压杠杆。后续的研究发现，大鼠对刺激这个区域的渴望远超过了对食物、水或交配的需求。它会按下杠杆，即使这个动作会伴随着痛苦的电击。大鼠就像瘾君子一样，每天都会不停地按压杠杆，常常一直按到崩溃、抽搐，有时甚至死亡。同样的情况也发生在猫、猴子和海豚身上。这些结果吸引了大众媒体的关注，未来学家预言，人类的全部奋斗和欲望很快将被电生理学的满足所取代。科幻小

㊀ “冷热游戏”是一种由两个或更多人玩的猜谜游戏。一个人藏起一个物品，其他人根据藏物者给出的口头线索寻找。线索指示寻找者是靠近（热）还是远离（冷）隐藏的物品。这是一种利用反馈调整方法接近目标的方式。

说家艾萨克·阿西莫夫（Isaac Asimov）对此总结道："显然，生活中所有令人向往的事物，只有在刺激快乐中枢时才会令人向往。一旦这一区域被刺激，那么其他一切事物都变得无关紧要。"

人们后来发现，刺激这一区域会引起多巴胺的释放。多巴胺原本作为"运动分子"而知名，但随后这一名声很快被其"快乐分子"的新身份取代。不过，这种联系一直备受争议。在人脑相似区域植入电极的受试者尽管因为电击该区域而体验到了快感，但更多的是产生了一种"渴望"的感觉。受试者报告称，他们感到不得不按下杠杆，就像被挠痒痒一样欲罢不能。由于无法与动物交流，我们无法确定我们所谓的"奖励"是否真正给它们带来了快乐。实际上，多巴胺更像是"动机分子"，它强化了那些能带来奖励的行为，就像桑代克的效果律描述的那样。多巴胺并不是衡量快乐的标准，而是驱使受试者采取行动来获取他们想要的东西。

舒尔茨的新数据让情况变得更加复杂。他的研究团队已经证实，当动物获得奖励时，多巴胺能神经元确实会被激活，但这种激活仅在它们未预料到奖励时发生。科学家们对猴子进行了训练，教导它们在提示灯闪烁后敲击杠杆以获取果汁奖励。起初，未经训练的动物表现得十分随意，它们偶然在正确时机按下杠杆时会获得果汁奖励，这一行为随后得到了强化。这些未经训练的动物在获得奖励时，其多巴胺能神经元会被激活，然而，一旦这些动物可以熟练地获得果汁奖励，并在灯光提示与奖励之间建立联系，多巴胺能神经元就不再对果汁的发放做出反应。相反，它们会对之前的灯光提示做出反应。更有说服力的是，如果光亮闪烁，但奖励没有出现，多巴胺能神经元的活动就会减少——它们在发信号，表明它们预期到了某种结果。它们并不是在追踪运动，也不是在追踪奖励，而是在追踪信念。当预期的事件未能发生时，它们甚至会发出信号，仿佛很惊讶似的。

心理学家早已认识到，惊讶是学习中不可或缺的一部分。动物并非总是通过简单的重复和奖励获取知识。惊讶表明仍然有新东西需要学习——它引人注目的效果推动了学习过程。即使是婴儿也会更关注一些令其感到惊讶的刺激物，比如一段皮球滚上山的视频。当预期与经历发生矛盾时，惊讶就会产生，大脑会将其视为学习的信号。这就解释了为什么语言类课程经常教授具有意外联想的幽默句子，比如“为什么香蕉是湿的”和“我的马儿会收集牙齿”。当老师采用出其不意的教学方式时，学生更容易记住课程内容。

舒尔茨的研究发现也与心理学中的经典实验有相似之处，比如巴甫洛夫的狗在听到响铃时流口水，这预示着食物即将到来。数十年后，心理学家斯金纳继续这一研究方向，并将行为反馈称为“强化”。负强化物（如电击或气喷）可以消除某些行为，而正强化物（如食物）则可以强化这些行为。他认为，这种简单的价值交换，即欲望和回避的推拉关系，是构建所有智能行为的中枢。通过这种方式，他希望将所有复杂的动物行为简化为一种简单的物理现象，由奖励和惩罚的吸引和排斥形成。斯金纳认为，可以用强化物有效地对动物进行“编程”，这样就可以让它们做出任意行为。在他看来，这一原理对包括人类在内的所有动物都适用。他曾这样阐述："真正的问题并非机器是否具有思考能力，而在于我们人类是否具备思考的能力。机器的思维带有神秘感，人类的思维也同样如此。"

20 世纪中期，许多研究人员相信，这些发现将为建立一个乌托邦式的、设计合理的"心理文明"社会铺平道路。恐惧和攻击将得到控制，快乐将被放大，人类的行为将得到合理的引导。斯金纳认为："若将问题的核心归结为如何解放人类，那是误入歧途。问题的关键在于如何改进对人的控制方式。"在这一"乌托邦"愿景的鼓舞下，精神病学家罗伯特·加尔布雷思·希思（Robert Galbraith Heath）尝试使用一些即使以当时的标准来看也极不道德的方法来塑造人类病人的行为。1972 年，希思宣布，他通过刺激多巴胺能神经元并强迫受试者与女性性工作者性交，成功地将一名同性恋者"转化"为异性恋。几十年来，斯金纳的观点一直在心理学领域占据主导地位。人被视为被动的客体，受奖惩机制的影响，最好通过暗示来控制。斯金纳的哲学后来在很大程度上影响了经济学领域，经济学从业者将这些强化物称为"激励"。

20 世纪 70 年代，美国只有少数几所大学能让学生有机会亲自接触计算机，斯坦福大学便是其中之一。当时，理查德·萨顿（Richard Sutton）还是一名本科生。尽管斯坦福大学并未设立人工智能专业，但他选择主修心理学，并同时学习编程。当时的人工智能研究人员鲜少关注心理学，这让萨顿感到很惊讶。他认为，人工智能当然应该从真实的大脑中汲取灵感。“肯定有人正在研究人类和其他动物的行为，这是再自然不过的事情了。”当时，大多数游戏领域的人工智能系统与人类智能的工作方式毫无关系，它们的基础是一些过于专业化的易变等式，非常脆弱，就像熊猫只依赖竹子生存一样。

大三那年，萨顿看到了美国空军研究员哈里·克洛普夫（A. Harry Klopf）撰写的一份晦涩难懂的推测性技术报告:《大脑功能与自适应系统：异态系统的一种理论》（*Brain Function and Adaptive Systems: A Heterostatic Theory*）。同态系统（如房屋的恒温器）旨在维持某种现状，而异态系统则追求某种最大化目标。克洛普夫认为，我们应该把神经元（以及生物体、邻里和社会）视为有追求的对象：它们有目标，并以能使其未来回报最大化的方式行事。虽然克洛普夫的观点并非全都经得起时间的考验，但其核心观点是，学习从根本上说是享乐性的。

克洛普夫的报告做出了深刻的区分：智能并非简单地通过被动的程序来模拟，就像用“是”或“否”对猫或汽车的图片进行分类那样。智能活跃于世界之中，为了实现目标而行动，它如同跨越一条指向奖励、远离惩罚的向量。智能有自己的追求。萨顿决定在人工智能研究员安德鲁·巴托（Andrew Barto）的实验室攻读博士学位，因为他们都有一个共同的目标，那就是构建一个像生物那样学习的系统。受到克洛普夫的见解的启发，在接下来的几年里，他们将塞缪尔的自下西洋跳棋程序正规化，创立了现在被称为强化学习的框架。其原理很简单：能够导向奖励状态的行为会被强化，而无法导向奖励状态的行为则会被放弃。萨顿和巴托设计了一种系统，它通过不断尝试和犯错，学会了表达能够获得最大奖励的行为。棋盘游戏成为实现这一目标的完美媒介，因为它们本身就具有取胜的目标。

强化学习系统面临的一大挑战是“信用分配问题”。在现实生活中，获得奖励的机会很稀少。我们可以设计一个“渴望”赢的西洋跳棋程序，但结果只有在完成一系列行动后、在游戏结束时才能揭晓。程序如何能确定是否所有制胜的棋步都同样出色，还是某个棋步很关键且应该获得更多功劳？目前尚不清楚如何为过去多步的行动给予如此稀有的反馈。赢棋和输棋都太罕见，因此无法成为可靠的训练信号。

为了解决这个问题，萨顿和巴托设计了一种训练信号，它可以在游戏的每个回合中进行更新，即算法对于获胜的可能性的预测。一个系统要实现目标，就必须对自己的选择如何实现或偏离目标做出良好的预测。萨顿和巴托设计了一种算法，用于预测选择的结果，并将这些预测与实际情况进行比较，从而改进预测的准确性。他们将这一方法称为“时差学习”（temporal difference learning）。举例来说，在下一局西洋跳棋时，程序会检视所有可能的合法棋步，并估算每一步获胜的可能性。假设程序选择了一个它认为有 90% 获胜可能性的棋步，但经过几个回合后，情况比预期糟糕，它就会重新估算，认为这个棋步的获胜可能性只有 50%。如果在某一环节上，它的预测是错误的，那么这个信号被称为“奖励预测误差”，类似于“惊讶”的感觉。它预示着还有一些东西需要学习，这样系统就能调整原有猜测，更贴近实际情况。萨顿称之为“从猜测中学习猜测”。最终，系统会在赢得或输掉比赛时验证其预测的准确性。它不断与自身对弈，持续改进其预测，以做出可靠的获胜选择。

20 世纪 90 年代初，工程师杰拉尔德·特索罗（Gerald Tesauro）训练了一个时差学习程序来玩西洋双陆棋，为强化学习领域带来了重大突破。虽然西洋双陆棋不像国际象棋那样具有深厚的文化内涵，但计算机程序却很难攻克西洋双陆棋。截至 1990 年，针对国际象棋和西洋跳棋的专业程序已接近人类顶尖棋手的水平。然而，这些胜利在很大程度上要归功于依赖庞大计算能力的暴力破解程序，这些程序将未来几十步的所有可能的棋盘布局都计算了出来——必须承认，有些游戏比其他游戏更适合使用暴力方法。西洋双陆棋作为一种深受人们喜爱的消遣方式，已有至少 5000 年的历史，是一种运气与策略并存的游戏。在游戏中，两名玩家各占棋盘的一端，根据掷骰子的结果在棋盘上移动各自的 15 个棋子。在西洋双陆棋游戏中，每个回合平均有三种可能的合法走法，这就是棋局的分支因子。由于这三种走法中的每一种都会衍生出另外三种可能性，因此随着游戏的进行，计算量会迅速增加，越来越庞大。国际象棋中的分支因子很强大，达到了 35 个，而西洋双陆棋的分支因子则高达 400 个，这使得即使只向前看几步，计算量也会迅速变得无法控制。

特索罗将他的程序命名为 TD-Gammon，取自时差学习。与塞缪尔的西洋跳棋程序类似，特索罗让程序与自己的副本对弈，通过自我对弈积累了大量经验。与 MENACE 相似的是，TD-Gammon 在最初几场比赛中也表现得很糟糕，仅仅是靠意外获胜——它尚未学到任何东西，因此它所做的预测纯属猜测。但在与自身对弈数十次后，TD-Gammon 的下棋方式逐渐趋近于标准玩法的基本策略。经过 30 万局的对弈后，它的水平达到了以往最佳西洋双陆棋程序的标准。这一成就尤为引人注目，因为 TD-Gammon 并未明确地获得任何游戏专业知识，而其他顶尖的西洋双陆棋程序则经过专门训练，能够复制人类专家的策略，并掌握复杂的游戏规则等式和依赖关系。TD-Gammon 仅凭经验就建立了自己的信念系统。经过数百万次的游戏后，TD-Gammon 在与人类顶尖棋手的对弈中不分胜负。研究 TD-Gammon 游戏风格的分析师发现，它已经开发出了挑战传统智慧的非正统策略。特索罗指出，它不同寻常的风格“在某些情况下导致了人类顶尖棋手对自己策略的重大修正”。例如，TD-Gammon 展示了一种优于“开槽”（slotting）的开局策略，而“开槽”在早期的比赛中几乎无处不在。自此，“开槽”在西洋双陆棋比赛中几乎销声匿迹。图灵的梦想实现了：一个自学习下西洋双陆棋的程序向专家们展示了对这个古老游戏的更深入的理解。

受心理学启发的 TD-Gammon 在西洋双陆棋方面展现出了卓越的学习能力，其棋艺已经超越了大多数人。但这样的学习方式是否与人类相类似呢？理论神经科学家彼得·达扬（Peter

Dayan）、雷德·蒙塔古（Read Montague）和特里·塞杰诺夫斯基（Terry Sejnowski）发现了一个令人惊讶的关联：舒尔茨实验室记录到的多巴胺能神经元的独特激活模式，竟然与 TD-Gammon 等系统中应用的预测误差信号惊人地相似。塞杰诺夫斯基与舒尔茨携手合作，发表了一系列经典论文，明确指出了多巴胺在大脑中的作用，即传递奖赏预测误差。

这个框架解释了舒尔茨最初那些令人困惑的发现。虽然多巴胺在大脑中的功能多种多样，但这正证明它是学习算法的一部分。正如时差算法一样，多巴胺系统对动物的奖赏预测进行编码。多巴胺能神经元的活跃程度反映了动物实际获得的奖励是否超出了其预期。在神经科学领域，理论模型与实验数据之间如此清晰的结合实属罕见。大脑会构建一些内部世界模型，并记录下与其预测的偏差。正如神经科学家罗伯特·萨波斯基（Robert Sapolsky）所言，多巴胺是“对幸福的追求，而非幸福本身”。

多巴胺在智力活动中扮演着举足轻重的角色。它不仅是大多数运动性动物寻求奖赏的行为的核心驱动力，在智力较高的灵长类动物和人类中，多巴胺的含量也更为丰富。然而，我们必须认识到，我们对多巴胺能神经元的了解仅仅是冰山一角。多巴胺能神经元并非都传递相同的信号。有些多巴胺能神经元跟踪预测结果的大小和价值，而有些则似乎跟踪动物的行动、动机、惩罚、不确定性或感官预测。此外，多巴胺的释放对下游神经元的影响也是复杂多样的。把多巴胺简单地视为一种信号是完全错误的，尽管为了简单起见，我仍会沿用这一表述。强化学习算法可以采取多种形式，但我们尚不清楚真实大脑中编码的是哪一种。当然，多巴胺并非一把万能钥匙，并不能解释所有问题。多巴胺系统只是庞大而复杂的学习网络的一部分，这个网络涵盖了整个生物体内的神经元、化学物质和受体。神经回路的复杂性使每个神经信号的意义变得模糊。尽管如此，强化学习依然是一个富有成效的框架，有助于我们揭示多巴胺在大脑中的潜在作用之一。

按照这种解读，规划实质上是大脑借助其内部世界模型对虚拟经验进行强化学习的过程。萨顿写道："学习与规划本质上殊途同归，只是前者基于真实经验，后者则基于预测性世界模型模拟出的经验。"同样，这也为"后悔"现象提供了解释，它本质上是一种学习形式。记忆是一种数据，大脑可以反复对其进行训练。沉思使大脑将过去犯下的错误与后来经历的负面结果联系起来。尽管"后悔"通常被认为是一种情绪，但它可能更适合被视为一种计算原理。不过，这一过程可能会变得病态，创伤后应激障碍（PTSD）患者就是这种情况。

这一框架也解释了多巴胺在心理疾病中的各种作用。蛇根草能够降低多巴胺水平，几个世纪以来，印度的阿育吠陀医师一直将其用于治疗精神分裂症。后续的临床研究证实，抑制多巴胺的药物能够减轻幻觉。像许多神经药物一样，这些药物在其确切作用机制尚未明确前已成为标准治疗药物。但多巴胺的强化学习模型为我们提供了一条线索。或许，幻觉正是由多巴胺预测系统失控导致的：大脑内部的世界模型过于强大，以至于淹没了现实。我们可以将成人的大脑与婴儿的大脑进行对比。心理学家艾莉森·戈普尼克（Alison Gopnik）认为，婴儿几乎没有生活经验，因此正处于形成内部世界模型的阶段。一切看起来都像是预测错误，因为他们尚无预测的依据。所有的经历都是纯粹的惊讶，因此婴儿才有动力去探索一切。戈普尼克将这种现象称为儿童的"灯笼意识"——他们的兴趣之光会照亮周围的一切，相比之下，成人的注意力则像是一盏"聚光灯"，只聚焦于手头的事情。

这种多巴胺功能模型对生物智能有着几个重要的影响。首先，多巴胺系统支持可重新编程的价值观。任何预示奖励的令牌（如预示着食物到来的铃铛），本身就可能成为奖励。这个令牌可以是任何东西：对于实验动物来说，它可能是一个预示即将获得果汁的闪光信号；对于人类，它可能是一次预示孩子能考上大学的好成绩、一个表明孩子正在退烧的体温下降的数字、一个游戏中的高分数或者一张代表我们称之为"金钱"的抽象概念的彩色纸片。简而言之，这就是我们经济的运作方式、宗教的运作方式以及这些抽象系统的产生方式。

游戏是这一点的完美例证。为了娱乐目的，人类可以在集体幻想出的价值体系中来去自如。在《超级马里奥兄弟》（*Super Mario*）中收集星星；在《天际》（*Skyrim*）中获取武器；在《集合啦！动物森友会》（*Animal Crossing*）中醉心于工艺配方的掌握。《大富翁》中的纸币便是一个典型的虚幻价值的例子。对于沉浸在游戏中、玩得起劲的兄弟姐妹们来说，那些纸片简直价值连城——至少在游戏结束前如此，而一旦游戏结束，它们的力量就会被逐渐削弱。这种看似平凡的现象揭示了人类思想中的某些深刻之处：大脑可以学会将想法视为奖励。尽管这些货币是想象出来的，但它们依然非常真实。人们为了一时对大富翁金钱的欲望，不惜背叛家人和朋友。随着游戏的结束，这种欲望便会瞬间消失。“真实”的（法定货币）和“虚幻的”（游戏中的）货币之间也没有硬性的界限，游戏玩家和赌徒都会背负真实的债务。律师们注意到，以游戏债务为由提出离婚的案例不断增加。2022 年，一名在乌克兰被俘的俄罗斯士兵承认，他之所以参军，是为了偿还在《坦克世界》（*World of Tanks*）电子游戏中欠下的债务。通过社会协议，一个看似毫无价值的想法或象征物被赋予了价值。我们所重视的和学会重视的事物的灵活本质挑战了现代经济学的核心假设——我们将在本书中继续探讨这种紧张关系。

此外，多巴胺系统还能在长时间跨度内将行为与结果紧密相连。人类拥有一种惊人的、近乎病态的实现长期目标的能力，这种天赋部分归功于多巴胺。在舒尔茨最初的实验中，受训动物的多巴胺能神经元会对果汁奖励前的视觉提示产生反应。当实验人员在实验中引入更早的光提示时，这些神经元也会对更早的光闪做出反应，尽管反应强度有所减弱。这表明大脑能够在很长一段时间内串联起预示奖励的线索，这些线索可能会通过许多步骤激励动物努力实现长期目标。在实现目标的过程中，大脑会将沿途注意到的一些预测信号串联起来（如一棵闪烁的水稻幼苗、新鲜的鹿粪）以维持训练、学习、追踪猎物、耕作或开展项目所需的动力，即使这些项目的好处只有在未来才能得到。

强化学习算法依赖试错机制，因此需要大量的经验或训练数据，而像游戏这样的习俗则为人们提供了安全领域内的社会经验，使人们能够在不冒生存风险的前提下探索各种可能性。塞缪尔和特索罗通过让他们的“儿童”机器与自身副本对战，产生了大量的模拟经验，从而教育了这些机器。但人类并不需要玩上百万场游戏来提升自己；我们可以互相学习，通过想象、游戏和语言来模拟经验。语言是人们用来改变信念和奖励期望的工具，它使人们能够在更长的时间尺度内将线索串联起来。人们通过讲故事来分享经验，共同建立对特定行为的信念。农民在种植玉米时无须反复试错，因为他们可以依靠前人积累的知识。语言则可以取代直接经验。它可以用来综合过去的经验，并在他人的头脑中大规模植入信念，为适当的选择提供依据。

信念构成了大脑中的世界模型，这是基于个人经验和向他人学习逐步建立起来的。信念之所以被强化，并非因为它准确无误，而是因为它能带来奖励。一个准确的信念可能会得到强化，比如猎人可能会利用他们对野生动物习性的正确认识来养家糊口，但信念同样可以通过社会奖励得到强化，比如在封闭的网络社区中传播阴谋论。这些信念是否准确并不重要，它们可以通过社交包容和点赞等游戏化的社交网络反馈得到强化。

人类在动物中独一无二，因为人们甚至愿意为一生都未必能见到的奖励而努力。如果人类对某种共同信仰抱有足够强烈的信念，并且预期的奖励足够大，在这种激励之下，他们可以在任意长的时间尺度内表现出恰当的行为。小孩子因为期待着圣诞老人一年一度的“审判”，会在数月内保持最佳状态；信徒们承诺遵守道德准则，并坚持某些原则，因为他们相信这将为他们赢得进入天堂的机会。这种社会现象——对听说过但并不直接了解的事物的信仰——被具体化为信仰的美德。人类学会了利用他们内在的奖励系统推动有益于社会的信念和行为。

多巴胺信号的另一个重要含义是，它将奖励归结为一个单一的衡量标准。从食物、性、金钱到社会归属感等，这些奖励在多巴胺能神经元中引发的反应都颇为相似。几个世纪以来，经济学家一直在使用“效用”这一概念来衡量人们对某种商品或服务的喜爱程度。一些科学家认为，多巴胺是这一概念在生物学层面的体现。多巴胺的释放具有自我强化性，它会记录那些可能导致多巴胺更多释放的行为，但类似可卡因这样的成瘾药物会干扰这一学习系统。这些药物通过增加多巴胺水平来强化觅药行为，这些行为往往会取代原本的奖励性活动（如进食或社交），使这类药物成为成瘾者主要的满足来源。环境中的日常暗示一旦与这类药物紧密相连，便能触发成瘾行为。科技公司正是借鉴这一原理，通过新奇和社会关注等强化机制，将用户吸引到了它们的平台上。

有趣的是，学习本身对大脑而言就是一种奖励。研究人员发现，当解开谜题时，那一瞬间的“啊哈！”让大脑释放多巴胺，这与糖或金钱带来的多巴胺释放并无二致。大脑实际上是在奖励自己学会做出正确的预测。游戏设计师杰西·谢尔（Jesse Schell）解释了其中的奥秘：“喜欢解决问题的人会解决更多的问题，可能会在解决问题方面变得更擅长，也更有可能生存下来。”人们之所以喜欢游戏，是因为游戏提供了无需成本的快乐——这是吕底亚人在饥荒时期的重要发现。像国际象棋这样的基于规则的游戏本质上就是一个可预测的系统，是秩序的领域，大脑在其中能凭空生成奖励，利用预测带来的满足感。可以说，游戏就是自娱自乐的奖励系统。

这也解释了游戏为何会让人如此上瘾。据传，巴格达的哈里发穆罕默德·阿明（Muhammad al-Amin）因沉迷于下棋，未能在其兄弟兵临城下时做出反应，最终导致亡国。据报道，丹麦国王卡努特因与乌尔夫伯爵在下国际象棋时发生争执而下令将其暗杀。至今仍有人在玩游戏的过程中丧生，还有一些孩子因沉迷于游戏的父母疏忽照顾而丧生。自 2004 年以来，美国年轻男性退出劳动力市场的比例显著增加，研究人员认为，这一下降在一定程度上是由于高度吸引人的电子游戏的普及所致。消费者在游戏上的支出已经超过了其他所有娱乐形式的总支出。有问题的赌徒约占全球人口的 1%，有游戏成瘾倾向（无法控制玩视频游戏的冲动）的人的数量约占全球人口的 3%。相比之下，酗酒者的人数约占全球人口的 1.4%，阿片类药物成瘾者的人数约占全球人口的 0.2%。

大脑提升预测能力的方式有两种：第一种是构建更完善的世界模型，即更准确、更精细的模型，这是科学、学术和模拟所追求的目标；第二种则是努力让世界变得更加可预测，这涉及技术和特定领域的建设，也体现了我们渴望塑造世界的根本动力。人类驯化了植物和动物以确保能有稳定的食物供应，发明了住房和衣物以抵御自然的侵袭。不仅如此，人类还驯化了自己：通过遵守文化和宗教所规定的社会规范，我们使彼此变得更加可预测。就像游戏玩家受游戏规则的约束一样，人类行为也受社会习俗的约束，受我们共同认可的信仰或世界模型的制约。

长期以来，游戏被认为是无足轻重的琐事，但实际上它反映了大脑深层的运作原理。为学习西洋跳棋和西洋双陆棋而设计的算法揭示了多巴胺的作用，从进化角度看，这是一种古老的学习系统。从金钱到游戏，从科学到宗教，许多文化创新都是通过这种算法实现的。游戏已成为一个主导性隐喻，我们通过它来深化对机会、经济、进化、社会、认识论、智力和战争的理解。游戏也已成一个极富生产力的隐喻，因为它们是大脑活动的产物。大脑是一个预测引擎，这一点在我们对机会游戏的痴迷中得到了最明显的体现。

第三章　掷骰子的神

时运依然，皆由前定。人不能察，惟天知之。

——亚历山大 · 蒲柏（Alexander Pope）

人们曾深信机遇是传达神的意志的方式，是连接神界与凡尘的桥梁。人类尝试着利用各种占卜仪式与这种力量接触，比如凭直觉将掷骰子的不可预测性与未来的不确定性联系起来。到了 20 世纪中期，耶鲁大学的人类学家奥马尔·海亚姆·摩尔（Omar Khayyam Moore）开始深入探索人们解决问题的各种方式，他尤其希望能找到一种跨文化的、共通的解决策略。在 20 世纪 50 年代，一种普遍却又缺乏显著成效的人类行为——占卜，让他倍感困惑。1957 年，他在一篇论文中写道："从其定义和声誉来看，魔法是一种声名狼藉的无效方法，无法达到其实践者通过使用它而期望达到的特定目标。"占卜在历史上大多数已知的文化中都占据重要位置，那么，如果魔法从未奏效，为何人类几千年来仍旧对它如此执着？这些传统果真那么无效吗？

摩尔提出了另一种解释。先前的研究人员认为，魔法不可能带来预期的结果。但如果魔法确实有效，只是其作用方式与我们想象的不同呢？他引用了拉布拉多半岛（the Labrador Peninsula）因努人（Innu）的习俗作为例子。人类学家弗兰克·斯贝克（Frank Speck）曾描述道："他们几乎完全以占卜为宗教。"因努人经常就一些实际问题向神灵请教，比如该去哪个方向狩猎。通过烤制兽骨上的裂缝，神灵低声道出其诺言和预示。为了制作神的喉舌，他们会选用新鲜猎物的肩胛骨或髋骨，剔掉肉，煮干净，晾干，然后装上木柄。驯鹿的肩胛骨尤其灵验。在占卜仪式上，人们将准备好的肩胛骨放在热炭上烘烤，直至光滑的表面产生裂纹。这些裂纹与巫师的梦境相结合，为猎人指明了下一次捕猎的方向，使他们的视线锁定在一个基本方向上。这种方法仅在不确定的情况下使用，即巫师对猎物可能出没的地点毫无头绪时。

当然，人类学研究中没有设立对照组，但摩尔请读者做了一个思维实验。想象一下，如果因努人在举行同样的仪式时不依赖兽骨上的裂缝来确定方向，那么什么会影响他们对狩猎方向的选择？很可能是根据个人喜好，或是受以往成功经验的影响。热引起的骨裂与猎物的实际位置毫无关联，因此，占卜便成了一种随机化的技术。这种方法帮助因努人避免了在狩猎策略中形成固定模式，降低了他们在猎物眼中的可预测性。摩尔指出，数学家们最近已经证明，随机性在某些游戏中是最优策略。例如，在“剪刀石头布”游戏中，最佳策略是随机出石头、布或剪刀，这样，每种选择的概率都是相等的。

利用随机性来迷惑对手是一种高明的策略，它比人类历史还要悠久。例如，许多飞蛾的神经系统都有一个开关，当它检测到蝙蝠的回声定位扫描时，开关就会打开，这时，飞蛾的飞行路线就会变成一种混乱的翻滚，使追捕它的动物更加难以对其进行预测。许多哺乳动物也采用类似的策略。同样，鸟类并不是总能飞得比天敌更快，但它们往往可以通过在飞行模式中引入不可预测的元素来避开天敌。

随机性是人类最早的认知辅助工具之一。与拥有躲避蝙蝠的神经系统开关的飞蛾不同，人类并没有产生随机性的内在机制，因此往往容易陷入固定的模式。然而，全球各地的人类都发明了用骨头、纸牌和骰子等工具来制造偶然事件的方法。“预测”一词最初指的就是通过抓阄来占卜未来，包括天气。多贡人夜里用食物把狐狸引到村边，再根据狐狸的脚印来占卜。

古希腊人将占卜视为一种揭示未来的技术，认为是神话人物普罗米修斯将占卜术与火和冶金术一起传授给了人类。宗教领袖们会察看刻有神祇名字的多面体骰子，从而指引祈求者应该寻求哪位神祇的保佑。《圣经》中也描述了以色列人通过抽签的方式做出重要决策，无论是征兵还是分配以色列领土给各部落。正如《箴言》所言：“掣签能止息争竞。”马丁·路德（Martin Luther）更是将抓阄描述为“真正的信仰行为”，认为它准确地反映了上帝的旨意。到了18世纪，一个被称为摩拉维亚弟兄会的宗教派别，摒弃了对人类理性的依赖（当时非常流行），转而采用抽签的方式决定其所有决策，因为他们相信这代表了基督的真正意志。这种方式为摩拉维亚弟兄会解决了道德问题，决定了今天温斯顿-塞勒姆市的布局，也促成了一桩桩婚姻。

在全球各地的文化中，从霍皮人的圣坛到古代黎凡特人的祭祀场所，游戏装置都是占卜和决策的工具。尽管占卜行为十分普遍，但多数宗教都对谁有权解释占卜结果加以限制。《圣经》就告诫普通人不可依赖抽签来做决定，而上帝的代表则另当别论。在这些通过抽签做出的决定中，最关键的莫过于土地的分配，比如在继承人之间公平划分地产。这是牧师的重要职责，因此希腊语中的“kleros”（意为“抽签、机会”）一词衍生出了“神职人员”（clergy）一词。正如爱因斯坦断言的，上帝可能不会玩骰子，但有时骰子却扮演了上帝的角色。

随机性不仅是决策的辅助工具，也是大受人们欢迎的机会游戏不可或缺的元素。历史上，许多文化中都存在某种形式的赌博，它曾使一些社会濒临毁灭。在今天的伊朗，人们在距今 7000 年前的人类居住地遗址内发现了关节骨骰子（或称“astragali”）。平心而论，在历史遗址内出土的游戏用具并不总能得到确切的鉴定——骰子的鉴定极具挑战性，堪称考古学中的罗夏克墨迹测验。但我们明确知道的是：早在公元前 3000 年，赌博已经成为古埃及的一大祸患，甚至被宣布为非法活动；而在数千年前的古印度传说中，一些王公因连续数日赌博而导致国破家亡，有的被流放，有的沦为奴隶。

在哥伦布发现新大陆之前，美洲贵重物品的流动似乎是由一个横跨整个大陆的赌博网络推动的。约翰·奥德威（John Ordway）是 1804—1806 年的刘易斯与克拉克探险队（Lewis and Clark Expedition）的成员，他们绘制了密西西比河以西地区的地图。奥德威惊奇地发现，内兹佩尔赛部落（the Nez Perce Tribe，位于今天的爱达荷州）成员竟然用铁斧头作为赌博的工具，而这些斧头正是前一年在 1000 多英里（1 英里 =1.609 千米）外的今天的北达科他州交易给美洲土著的。美洲土著妇女以在骰子游戏中的高超技艺而闻名，许多人似乎都是带着辛苦赢来的钱财下葬的。赌博主要发生在部落之间，而非部落内部，因此促使货物在整个大陆上流通。与同部落成员赌博则不太被接受，因为据说这就像是“自己赢自己”。赌博作为一种跨文化、跨阶级和跨空间重新分配资源的技术取得了成功，类似于欧亚大陆市场的作用。

历史上的领袖们曾一再对赌博下达禁令。如今，在信奉伊斯兰教的穆斯林中，赌博更是被明令禁止，因为《古兰经》明确禁止赌博。然而，在某些文化中，赌博却获得了广泛的认可。古希腊人和古罗马人对赌博游戏乐此不疲；苏格拉底曾描述过一个节日期间的竞技场，里面挤满了玩骰子的年轻人。19世纪历史学家安德鲁·斯坦梅茨（Andrew Steinmetz）曾指出，这些奥古斯都们（Augustus）虽然慷慨大方，却有些病态。卡里古拉（Caligula）曾被抓到在赌桌上撒谎，而尼禄（Nero）则像“疯子”一样拼命，甚至使用加重的硬币作弊。克劳狄乌斯（Claudius）玩起来“像个低能儿”，他让人在马车里安装了游戏棋盘，还撰写了一本错误百出的赢骰子指南。考古学家鲁道夫·兰奇亚尼（Rodolfo Lanciani）在对古罗马遗址的挖掘中，发现了在“几乎任何公众可接触到的平面上”，都刻有临时游戏棋盘。

回顾罗马帝国的末路，斯坦梅茨感叹道：“最后，当君士坦丁放弃罗马，不再归来时，这座城市的每一个公民，乃至平民百姓，都沉迷于赌博。”赌博对欧洲的影响从未减弱。史书记载，有人在赌博中押上妻子和孩子，有人用手指、眉毛和自由做赌注，有人把自己作为奴隶献给赢家，还有人甚至赌上了自己的生命。17世纪的法国法学家让·巴贝拉克（Jean Barbeyrac）讲述了一个赌徒的故事，此人立下遗嘱，愿将自己的皮肤和黏膜制成赌桌的桌布，骨头做成骰子。巴贝拉克对同胞们如此沉溺于赌博感到痛心疾首：

> 我不知道他们是否还热衷于其他什么事情，能让他们不分昼夜地沉迷其中，能让他们的热情丝毫也不减退……赌博的狂热不给人喘息的时间；它是一个既不让步也不休战的敌人；它是一个暴怒而又不屈不挠的迫害者。一个人玩得越多，就越想玩；骰子和纸牌让人根本放不下，吃喝拉撒在他们眼中都成了浪费时间，他们只想尽快解决生理需求，然后立刻回到赌桌上。不玩的时候，他们就百无聊赖，疲惫不堪。即便在做其他事情时，赌博也似乎占据了他们的全部思绪。

文艺复兴因标志着理性的“重生”而得名。在文艺复兴时期，学问和逻辑被奉为社会的最高成就。与此同时，人们对赌博的痴迷也威胁着社会高阶层的地位。许多基督教文化认为掷骰子是不道德的，因为《圣经》中描述了罗马士兵在耶稣被钉在十字架上时，用骰子分割他的衣服。但在狂欢节期间，赌博却得到了放行，在那段时间，立法者们会忽略那些通常被禁止的行为。在专业赌场的发源地威尼斯，狂欢节占据了一年中长达六个月的时间。由于瘟疫和相关的贸易损失，威尼斯贵族的财富已经缩水，而赌博更加速了他们的破产。贵族们在短短几个小时内输掉了几代人积攒下来的财富，或许是这些财富并非辛勤劳动所得，所以输得更轻松。最终，这座城市投票决定彻底取缔赌博。

然而，当时赌场已经遍布欧洲各地。德意志的温泉疗养中心将其水疗吹捧为灵丹妙药，同时也兼营赌场。有钱的顾客厌倦了医生的休养处方，便在疗养期间娱乐，赌博正好迎合了他们的需求。俄罗斯作家费奥多尔·陀思妥耶夫斯基（Fyodor Dostoevsky）曾在德意志的温泉疗养中心多次因赌博破产，这段经历最终成了其小说《赌徒》（*The Gambler*）的灵感来源。在法兰西，尽管赌博在法律上被明令禁止，但它仍是流行于社会各阶层的消遣方式，实际上也是统治阶级的必修课。路易十四的首席大臣兼枢机主教儒勒·马扎然（Jules Mazarin）被指责向社会上层推广赌博，试图借此吸引贵族们的注意力，让他们不再沉溺于阴谋之中。贵族们不断增加的赌博损失也使他们欠下了国王的巨额债务。一位同时代的人曾写道："赌博游戏盛行，摧毁了许多显赫的家族，对健康也极为有害，因为它不仅引发各种激烈情绪，还让人们整夜沉溺于这种可恶的娱乐之中。"国家在赌博和轻浮活动上的巨额支出，也成为引发法国革命的众多导火索之一。

然而，赌博问题并不仅仅局限于精英阶层。18 世纪政治家让·约瑟夫·杜索克斯（Jean-Joseph Dusaulx）曾指出："很多人连面包都吃不上，但他们的身边却随处可见纸牌和骰子。"他报道说，农民们将他们的全部收成都赌掉了，而商人们则把自己的货物押了上去。斯坦梅茨写道，这种情况给社会带来了难以估量的苦难。他断言："路易十四去世时，四分之三的国民心中只想着赌博。”

为了控制这一局面并从狂热中获利，拿破仑将法兰西的主要赌博俱乐部合法化，并通过征税为国家开辟了一个庞大的财源。人类对不确定性的无尽迷恋最终成了国家税收的一个稳定来源。随着私人和公共机构从赌徒身上攫取巨额利润，数学家们将游戏视为一个值得深入研究的领域只是一个时间问题。

赌博的存在可以追溯到文字记载之前，但概率数学为何直至近代才被发现，这引发了众多学者的好奇。人们早就了解所有可能结果的范围，并知道哪些结果是可能的，哪些是不可能的。几个古老的文明中都有关于计算概率的初步尝试：古希腊和中国古代的占卜手册列出了投掷多个骰子或蓍草的所有可能结果，并将这些结果与吉凶相对应。那么，为什么直到文艺复兴时期才出现概率的数学处理方法呢？物理学家什穆埃尔·桑布尔斯基（Shmuel Sambursky）认为，一种可能是随机性与自然法则观念之间长期存在着概念差距。例如，古人承认，恒星的运动非常有规律，遵循固定的数学定律，但他们认为，地面上的事件与天上的因果关系无关，而是受制于反复无常的众神，受制于他们不可知的奇思妙想。没有什么事件比随机掷骰子更显得无规律可循了。斯多葛派哲学家克利西波斯甚至将掷骰子视为“根据某种隐藏的原则”产生结果的事件。在斯多葛派的世界观中，宇宙是具有确定性的，机会只是一种无知状态，是人类智慧无法洞悉的。

桑布尔斯基还提到了概率论被较晚发现的另一种可能：古人满足于进行哲学探讨，但较少有实证的（即实验性的）传统。概率论的兴起与16世纪和17世纪实验科学的兴起不谋而合，这并非偶然。只有通过开普勒、伽利略和牛顿的数据和数学洞察力，人们才能发现，支配天体轨道的引力也同样支配着地球上普通物体的运行轨迹。正如统计学家弗洛伦斯·南丁格尔·戴维（Florence Nightingale David）所说，虽然古人有大量的赌博实践，但他们也有一种“无法从经验数据中构建理论假设的思维习惯”。

戴维还认为，古人的数字系统也阻碍了概率论的发展。希腊和罗马的数字对于代数来说非常笨拙。尽管罗马数字在商业和研究领域占据了数百年的主导地位，但它们更适合算盘计算。我们现在所说的阿拉伯数字起源于6世纪或7世纪的古印度。之后，中东数学家阿尔·花剌子米（al-Khwarizmi）和阿尔·金迪（al-Kindi）将阿拉伯数字引入欧洲，但大多数欧洲学者直到15世纪才采用这一系统。阿拉伯数字更适合表示分数，这对于概率论至关重要。此外，阿拉伯数字通常更为直观。例如，在阿拉伯数字中，较大的数字包含更多的位数，因为数字的大小是通过它在数中的位置来表示的，其中零作为占位符；而在罗马数字中，即使是非常接近的数字，其位数也大不相同，比如5（Ⅴ）、8（Ⅷ）和9（Ⅸ）。随着加号、减号和等号的引入，代数符号也得到了改进。1557年，罗伯特·雷科德（Robert Recorde）在他的《智慧的磨刀石》（*Whet- stone of Witte*）中首次使用了等号。他写道，之所以选择等号，是因为“没有两样东西比一对平行线更相等了”。

一旦学者们得到了经济激励并拥有必要的数学符号系统来

表征机会，他们的研究进展便突飞猛进。在16世纪，意大利学者杰罗拉莫·卡尔达诺（Gerolamo Cardano）提出了已知最早的概率论。卡尔达诺是一个律师的私生子，他母亲曾试图堕胎，但他活了下来，而且比他的兄弟姐妹更为长寿——他们都因瘟疫早逝。卡尔达诺接受过医学培训，却因私生子身份和好斗的性格而未能获得执业资格。然而，他以广博的学识闻名于世——涵盖了数学和自然科学等多个领域。和当时的许多科学家一样（如伽利略），卡尔达诺也因为为统治阶级制作星座图而成为名人。占星术在某种程度上起到了类似现代科学资助机构的作用。国王、商人和将军都向卡尔达诺寻求建议，从而确定开始军事行动或达成贸易协议的吉日。他还是一位备受赞誉的哲学家：莎士比亚在《哈姆雷特》（*Hamlet*）中的“生存还是毁灭”独白便是受到了卡尔达诺的哲学著作《慰藉书》（*De Consolatione*）译本的影响，据说这本书就是剧中主人公在该幕中埋头阅读的书籍。卡尔达诺写道：“所以，看到人们如此轻松地死去，我们应该将死亡比作什么呢？还有比睡眠更好的吗？这样的睡眠是最甜蜜的，因为最深沉。”

尽管卡尔达诺才华横溢，但他总是缺钱。他发现自己做不到解雇仆人，也无法不满足孩子们养宠物的愿望，他抱怨他的房子里到处都是“孩子、羊羔、野兔、兔子和鹳”。他声称，自己对学问的痴迷是“对孩子们疯狂的爱的一种平衡”。卡尔达诺承认，他从年轻时起就“嗜赌如命”。他至少有一次赌得家徒四壁，并坦言他的个人生活因沉迷赌博而备受煎熬。

在他的著作《机会游戏书》（*Liber de ludo aleae*，可能是在 1563 年完成，但直到一个世纪后才印刷出版）中，他分析了一粒、两粒和三粒骰子的掷法，以及纸牌游戏和有效的作弊方法。这是人类历史上首次有人系统地分析游戏的“胜率”，即有利结果与不利结果的比例。卡尔达诺发现，骰子落在任何一个面上的概率都是相等的，这是从经验研究中抽象出的数学理论。他还指出（虽未给出证明），测量值会在反复试验中变得更加精确。例如，一个人可能会连续 10 次掷骰子都掷出六，因此在初看之下，掷出六的概率似乎高达 100%。但这样的好运不可能一直有，经过 300 次掷骰子后，平均值会更接近“真实”概率，即大约 16%。后来，雅各布·伯努利（Jacob Bernoulli）将这一观点正式表述为大数定律。

目前尚不清楚卡尔达诺为何生前未出版《机会游戏书》；也许他认为此书太过琐碎，又或许他认为最好不要泄露自己的作弊技术，以免丧失摆脱贫困所需的优势。直到 100 年后，学者们才再次认真讨论概率问题。到了 17 世纪，法兰西作为欧洲学术中心的地位逐渐盖过了意大利的风头。1623 年出生的布莱斯·帕斯卡（Blaise Pascal）是一个身体虚弱但天资聪颖的神童，有个野心勃勃的父亲。19 岁时，帕斯卡发明了机械计算器，并证明了真空的存在。然而，在他 23 岁时，他父亲强制全家皈依了詹森派，这是天主教中的一个教派。詹森派认为，对科学的好奇心无异于另一种形式的性放纵，因此禁止帕斯卡思考数学问题。1651 年，在父亲离世后，帕斯卡经历了一段短暂的“放纵”时期。在医生的劝说下，他开始赌博，因为医生认为赌博是一种放松身心的娱乐活动，可以治疗他过度的脑力劳动带给他的病症。在此期间，帕斯卡发明了轮盘赌，这实际上是他试图发明永动机的意外产物。更重要的是，他的这一新恶习使他接触到了散文家和嗜赌如命的安托万·贡博（Antoine Gombaud）。贡博向帕斯卡提出了两个问题，这两个问题开启了一个全新的数学领域。

帕斯卡所处的时代尚无学术期刊，那时候，数学家们通过书信交流未解的数学问题。帕斯卡将贡博的问题写信告知了更资深的数学家皮埃尔·德·费马（Pierre de Fermat），并给出了初步的解决方案。在掷了多年骰子之后，贡博声称，如果他打赌一连 4 次掷骰子至少能掷出一个六，这样平均下来是有钱赚的。随后，他又下注了另一种他认为与此等同的情况：将两颗骰子连续掷 24 次，至少会出现 1 次两个六。可是，他观察到，第二个赌注并不赚钱。为什么第一个赌注在长期内能赢，而第二个却会输呢？帕斯卡仔细计算了概率，发现从数学角度来看，这两种情况实际上并不等同。第一种情况的赢面略高于一半，而第二种则略低于一半。正是通过这一计算，帕斯卡定义了我们现在所知的“概率”。

贡博提出的另一个问题，即所谓的分数问题，最初由意大利修道士卢卡·帕乔利（Luca Pacioli）于 1494 年提出。他设想两个人在玩巴拉棋（balla），这种棋采取回合制，只要一方积满 6 分就获胜。帕乔利设想了一个场景：如果游戏还未结束就中断，一名玩家可以得 5 分，另一名玩家可以得 3 分。假设两名玩家的技能相等，他们应该如何瓜分奖金池？帕斯卡和费马列举了所有可能的结果以确定每位玩家应得的奖金比例，并根据可能出现的结果按比例公平分配初始赌注。这是已知的第一次对游戏预期价值进行测量，它为公平分配的数学表征和使用概率论来预测未来回报奠定了基础。

这些信件揭示了一种全新的实证维度：一种衡量未来的方式。概率这一概念最初是一个法律术语，起源于古罗马法庭，用于描述过去事件的可信度，而现在这一概念则可以延伸到未来。概率论的出现催生了决策理论，即研究理性主体如何做出决策（例如如何分配获胜奖金），这将成为经济思想的基石。帕斯卡明确地做出了这种联系，将赌博视为一种在不确定情况下做出决策的模型。在某种程度上，赌博是生活的缩影：在信息有限的情况下，人们试图下注或做出决策以获取最大可能的回报。

以帕斯卡的赌注思想为例，他认为人类面临着一个根本的不确定性——上帝是否存在，这决定了一个人应该如何过自己的生活。通过推理是无法确定哪种可能性是真实的。然而，人类仍然必须以自己的生活经验为赌注，做出选择。现在，假设我们的玩家决定赌上帝存在。如果这是事实，玩家将获得一切（在天堂中获得永生）；如果这不是事实，除了付出美德的代价，他们几乎不会有任何损失。相反，如果玩家赌上帝不存在，如果这是事实，他将一无所获；但如果这是假的，他将失去一切（在地狱中永远受苦）。所以，人们应该下注上帝存在，即使这种可能性微乎其微。这相当于拿一笔有限的资金（一个人一生的行为）去博取获得可能无限的收益。帕斯卡写道："让我们权衡一下在赌上帝存在与否这个问题上的收益和损失……

如果你赢了，你会拥有一切；如果你输了，你将一无所有。那就毫不犹豫地下注上帝存在吧。”今天的思想家也使用类似的论据来论证一些可能改变世界的风险，比如灾难性的气候变化。正如透视学让文艺复兴时期的艺术家能够展现人们的视角一样，博弈论也帮助文艺复兴时期的思想家们展现人们是如何做出决策的——或者至少是他们认为人们应该如何做决策。

帕斯卡与费马在 1654 年的交流让学术界兴奋不已。人们开始意识到，机会在某种程度上是可以系统化甚至被驯服的。次年，多才多艺的荷兰科学家克里斯蒂安·惠更斯（Christian Huygens）前往法国攻读法学学位，在一次沙龙上偶然接触到概率的概念，这促使他出版了后来成为概率论标准教科书的《论赌博中的机会》（*De ratiociniis in ludo aleae*）。这本书系统化了这一新兴领域，重点论述了点数问题以及计算给定事件的期望值（例如掷骰子的期望值是 3.5）等主题。惠更斯认为，游戏比乍看起来要深奥：“读者很快就会明白，本书讨论的不只是简单的机会游戏，而是提出了一个新理论，它既深奥又有趣。”他阐明了概率论核心的张力，长期以来，这种张力使概率论免受学术界的严格审视：“尽管在纯粹依赖运气的游戏中，成功总是不确定的，但我们可以精确地计算出赢的概率比输的概率高多少。”这是一种奇特的新型度量：在单个实例中（如掷骰子或转轮盘）无法避免的不可预测性，在总体上却是可以预测的。

学者们坚信，概率论将把决策变成一门精确的科学。雅各布·伯努利在 1713 年的论文《猜测的艺术》（*The Art of*

Conjecturing）中指出，概率论将产生深远的实际影响，精确测量概率的技术将帮助人们做出更明智、更安全、更有利的选择。同年，法国数学家皮埃尔·雷蒙德·德·蒙莫特（Pierre Rémond de Montmort）出版了《机会游戏分析》（*Analysis of Games of Chance*）一书，充分论证了研究看似微不足道的游戏领域对于更好地理解人类的非理性和迷信的重要意义。他认为，无论结果好坏，人们都倾向于将其归因于命运。他们试图通过遵循想象出来的规则来安抚命运，但实际上，他们更应该为自己的错误决策负责，并学习机会法则以改善自己的命运。虽然人们曾通过占卜从更高的力量中获得模糊的指引，但概率推理将淡化他们对神的意志的依赖。

对赌博这种非理性活动的研究使启蒙思想家们对理性有了新的认识。他们相信数学可以纠正人类认知上的错误，并消除困扰人类思维的偏见。以赌徒谬误为例，假设在连续抛硬币的过程中，硬币连续10次都出现正面，人们通常会认为，下一次抛硬币更有可能是反面，即玩家“应该”得到反面。但无论之前的结果是正面还是反面，硬币出现正面的概率始终是二分之一。

概率论是一种认知辅助工具。我们不再用语言争论，而是用数字争论。正如法国数学家皮埃尔-西蒙·拉普拉斯（Pierre-Simon Laplace）后来所言，概率论相当于“将常识简化为微积分”。他写道，概率“只是表达了我们对真正原因的无知”。由于我们有限的智力无法穷尽所有知识，因此我们不得不依赖可能性和假设。我们首次得到这种暗示：思维本身在某种程度上可能是数学化的、可知的，即思维可以摆脱迷信，进入柏拉图式的数字世界。

概率论帮我们揭示了人类的许多奇怪之处。尼古拉斯·伯努利（Nicolaus Bernoulli，雅各布·伯努利的侄子）提出了一个例子，涉及一种收益呈指数递增的赌局，其玩法是：抛掷一枚硬币，直到正面出现为止，这时游戏便结束。如果第一次抛掷就是正面，回报是两个金币；第二次是 4 个金币，第三次是 8 个金币，依此类推，如果第 n 次投掷是正面，回报是 2^n。这种游戏的预期回报是无限的：理论上，一个人可以无数次地掷到反面，永远也掷不到正面，从而赢得无穷多的金币。然而，在现实中，没有人会愿意下巨额赌注来玩这个游戏。许多数学家试图协调这种常识与计算之间的矛盾。尼古拉斯的表兄丹尼尔·伯努利（Daniel Bernoulli）提出了一个解决方案，涉及一个对经济理论至关重要的概念：边际效用。他认为，与其给富人一枚金币，不如给穷人一枚金币，因为前者从中得到的益处更少。超过某一点后，无限的潜在收益实际上变得毫无意义。

另有思想家认为，概率论不仅是澄清人类思维的透镜，它本身就是一种思维模式。托马斯·贝叶斯（Thomas Bayes）牧师是一位业余数学家，也是备受尊敬的学者。他逝世后，他的朋友理查德·普赖斯（Richard Price）在 1761 年整理他的遗稿时，发现了《论机会学说中一个问题的求解》（*An Essay towards Solving a Problem in the Doctrine of Chances*），这篇论文后来成为统计学领域极具影响力的作品。

贝叶斯定理的核心思想很简单：要推断世界的真相，我们首先要根据已有的知识（先验）做出猜测，然后在获得新证据后更新这一猜测。这是一种算法，而不是一个静态公式，需要根据每一个新数据的出现进行迭代更新。比如，当有人闻到厨房里有烟味时（证据），他可能会担心自家房子着火了，但很快想起配偶提到晚餐吃烧烤（先验知识）。在这个先验知识的基础上，更有可能的解释是烟味是烧烤所致，而非自家房子着火。贝叶斯将理性转化为一种具有概率性质的东西。

贝叶斯定理还澄清了一个重要观点：在现实世界中，事件发生的概率往往取决于多种因素。比如，抛硬币得到反面的概率始终是 50%，但一个人患某种癌症的概率通常取决于年龄、性别和遗传背景等多种因素。以医疗诊断为例，某种癌症和关节炎都可能导致某种血液标记物的升高。如果该癌症非常罕见，而关节炎相对较常见，根据贝叶斯法则，医生更倾向于对病人进行后续检测以检查其是否患有关节炎。贝叶斯定理让我们能够根据已测量的影响因素，推断出最有可能的原因。

拉普拉斯在 1774 年独立推导出与贝叶斯相似的结论。他设想一个长期生活在黑暗洞穴中的人，终于走出洞穴，来到外面的世界。他目睹了太阳升起，以为这令人欣喜若狂的视觉盛宴只是个偶然事件。但随着每天新的黎明的到来，他越来越相信这是常态。经过反复观察，这位洞穴居民更新了他对太阳是否每天都会升起的猜测，并最终与 E.E. 卡明斯（E.E. Cummings）不谋而合：太阳“一刻未曾停止开启某人眼中神秘的一天”。这个过程被称为归纳法，即从重复的证据中推导出一般原则。如今，贝叶斯定理在我们的日常生活中的许多功能中发挥着作用，无论是垃圾邮件过滤还是医疗、金融异常的自动检测。在第二次世界大战期间，艾伦·图灵利用贝叶斯定理破解了保卫德国海军通信安全的恩尼格玛（Enigma）密码。许多神经科学家甚至认为，人类大脑会进行类似的贝叶斯推断，利用其已有的现实模型过滤新信息。一些科学哲学家更是提出，科学实践本身就蕴含着贝叶斯式的精神。

尽管如此，仍有一些科学家认为贝叶斯定理存在明显的谬误。主观信念竟然能在数学领域中拥有一席之地，这太荒谬了。在贝叶斯的模型中，现实并非不确定的，而是我们无法直接接触到它，因此只能透过种种不确定性的面纱对其进行抽样，比如黑暗物质的神秘性、量子世界的不确定性以及人类行为的不透明性。我们所拥有的只是有限的观察，所能做的只是根据收集到的证据不断更新我们的信念。我们所能期望的最佳办法便是归纳法，即在有限信息中接近真理，从个别事例中推导出一般规律。

贝叶斯定理在现代社会中随处可见，但由于其主观性质，它只能指导我们如何更新信念，却无法教我们如何设定先验知识。因此，先验知识成了一个可以巧妙地隐藏偏见的领域。在评估一种新农药的安全性时，我们可以设想两种可能的基本假设。一种假设认为该产品可能对人类和环境造成危害，因此需要大量证据来证明其安全性。医学专家和环保人士支持这种被称为“预防原则”的先验，认为这是研发中最安全的立场。然而，如果将其作为普遍适用的原则，可能会增加不必要的负担，还可能会妨碍安全药物到达需要的患者手中；另一种先验则默认产品是安全的，但需要大量证据证明其危害超过其益处。企业和行业团体出于追求更直接利润的目的，自然会倾向于这种立场，尽管这曾导致从沙利度胺引发的先天缺陷到滴滴涕造成的环境破坏等严重后果。这些哲学立场在从药物使用到国家重大公共卫生决策等多个方面影响着我们的生活，但值得注意的是，这两种先验观点并无高下之分，都欠缺“数据驱动”性和清晰性，因此都不能用作适用于所有情况的普遍假设。

科学家们开始将概率论应用于具有实际意义的问题，从量化科学测量中的误差到为政府制定政策提供信息，不一而足。尽管人类早期文献中常常记录有关财富状况和经济活动的统计结果，但长期以来，统计健康状况一直是个禁忌。直到 18 世纪末，一些哲学家还在暗示，统计病患甚至新生儿数量都等同于不敬神明：这是在探究上帝的思想。16 世纪，饱受瘟疫摧残的欧洲国家开始着手收集和集中大型社会数据集。18 世纪 50 年代，天花在欧亚大陆肆虐，法国学者就是否应该给普通民众接种天花疫苗展开了激烈辩论。天花的死亡率高达 30%。早期的接种方法与后来爱德华·詹纳（Edward Jenner）在 18 世纪 90 年代开发的更安全的牛痘疫苗不同，是直接让病人感染减弱的天花病毒。这种做法在土耳其、中国和英国已经成功实施数十年，但其风险不容忽视：每 200 名患者中就有一人死于这一过程。接受即时死亡的微小风险以极大地降低未来患天花死亡的可能性——什么时候人们才认为这是合理的呢？丹尼尔·伯努利计算了数学期望值，发现接种疫苗具有压倒性优势。尽管他的推理非常谨慎，法国人仍对此持回避态度。意大利医生安杰洛·加蒂（Angelo Gatti）意识到，个人对于风险的权衡并非来自客观的数学计算，而是受到主观心理的影响："眼前的风险，即使微小，也总是比那些遥远而不确定的风险更加令人恐惧。"

然而，随着时间的推移，统计学将定期为政策的制定提供依据。护士弗洛伦斯·南丁格尔（Florence Nightingale）因在医疗实践中广泛运用数据而著称，她反驳了那些认为统计健康数据亵渎神明的哲学家：

> 神学的真正基础是明确上帝的本质。正是借助统计学，社会领域中的法律才得以确立和编纂，上帝本质的某些方面才得以揭示。因此，统计学的研究是一项宗教服务。

这一新兴领域的成功延伸到了其他社会科学领域。19 世纪的比利时数学家阿道夫·凯特勒（Adolphe Quetelet）不知疲倦地倡导一门被称为"社会物理学"的新科学。他希望通过这门学科找出人类行为与天体力学之间的关联，并描述文明的发展轨迹。凯特勒利用大量的数据集探寻潜在的模式。他发现在出生、死亡、自杀甚至犯罪率方面都存在着规律性。他认为，犯罪不应被视为个人意志的行为，而是人口层面上遵循统计规律的结果。"社会本身就包含了所有犯罪的种子。在某种程度上，正是社会状态为这些犯罪提供了土壤，而罪犯只是执行这些犯罪的工具。”他认为，罪犯本身也是受害者，他们对作用于社会的社会物理法则束手无策，是维护文明所必需的牺牲品。因此，他主张以证据为基础的立法，认为应更多地关注改善犯罪的制度性原因，而非单纯惩罚罪犯个人，视此为社会改革的最大希望。凯特勒的观点影响深远，物理学家詹姆斯·克拉克·麦克斯韦（James Clerk Maxwell）经常用社会物理学的类比来阐述他在统计力学方面的工作。对于掌握了概率论的人来说，世界就像是一个统计学问题。如果连偶然性都能够用数学来理解，那我们为什么不能用数学来理解人类本身呢？

与此同时，统计学也因被视为一种更具可信度的撒谎方式（用数字）而声名狼藉。正如马克·吐温（Mark Twain）的一句名言所示：“有三种谎言：谎言、该死的谎言和统计数字。”即使是出于最大的善意，统计学者也可能在应用统计学时被其微妙之处所迷惑。高斯噪声问题可能最能说明这一点。1809 年，数学家卡尔·弗里德里希·高斯（Carl Friedrich Gauss）发现，天文观测中的误差或“噪声”遵循一种特定的模式，即现在所谓的钟形曲线或正态分布。这种随机性模式在掷骰子中也同样存在。它几乎无处不在，科学家们在研究的各个领域都能找到它的踪迹：从人类身高和体重的分布，到悬浮在水中的花粉颗粒的运动，再到蝴蝶翅膀的大小等。由于它太过普遍，许多科学家都倾向于用它来简化各种数据集的误差测量，包括那些本不应使用它的数据集。正如数学家纳西姆·尼古拉斯·塔勒布（Nassim Nicholas Taleb）所言，他们“被钟形曲线蒙蔽了双眼”。

1900年，在高斯噪声发现近一百年后，路易斯·巴舍利耶（Louis Bachelier）发表了一篇关于金融市场的分析文章，将股票价格建模为高斯噪声的随机过程。巴舍利耶早期对金融市场的数学处理方法曾被许多20世纪的经济理论作为基础所采用。银行家们利用1973年的布莱克-舒尔斯模型（Black-Scholes），根据股票的当前价格和波动率等因素为复杂的金融衍生品定价。由于波动率无法实时测量，只能回溯测量，因此交易者会假设波动率遵循正态分布，从而猜测其价值。但在20世纪60年代，数学家本瓦·曼德尔布洛特（Benoit Mandelbrot）警告经济学家，股市波动并不遵循高斯分布。群体行为引发了崩盘和泡沫，而离群事件的发生频率远远超过高斯分布的预测。塔勒布写道，这就是“戏局谬误”（ludic fallacy），即错误地将掷骰子的规律用于描述现实世界中更为剧烈的随机性。因此，布莱克-舒尔斯模型严重低估了罕见事件的发生概率。交易者利用该模型做出价格预测以对冲风险，但具有讽刺意味的是，这反而招致更大的风险。他们利用该模型构建了一个错综复杂的衍生品市场，这个市场在2008年像纸牌屋一样轰然倒塌。统计学的相关错误应用很可能是各科学领域不断出现复制危机的原因之一。

很多我们常以为的随机事件其实并不完全随机。比如，一个熟练的掷骰者可以像专业运动员一样准确地重现掷骰的过程。关于何为真正的随机性这一话题值得我们撰写一本专著来探讨，但或许最简单的定义就是：一个无法预测的序列。概率论涉及的领域，正是我们未知甚至无法知晓的领域，因此它与认识论（知识及我们如何认知知识）密切相关。20世纪的物理学家发现，某些量子事件可能确实无因果且不可知晓。随机性并非人类无知的副产品，而是对现实的一种客观记录。从根本上讲，宇宙是不可预测的，这可能会让人感到非常沮丧，但也极具吸引力，正如我们之前讨论过的，大脑是一个预测引擎，总是试图找出一些相关性和因果关系，即使这些关系很微弱。事实证明，我们的赌博冲动与大脑的学习欲望息息相关。

理性的捍卫者看到可怜的赌徒，总会摇头叹息，指出这种执着是错误的。赌徒有人类最严重的弊病——认知偏差，这种偏差导致他们错误地估算了每次非理性转动轮盘所能带来的收益。众所周知，平均而言，赌徒总是输家。对于理性的观察者来说，赌场的奢华装饰只是突显了赌场不可避免的优势。然而，对于那些笃信运气的天真的赌徒来说，这些奢华装饰预示着开心地掷完骰子后会有好运在等待他们。

这种解释似乎符合经济学家构建的“经济人”（Homo-economicus）模型——一个永不停歇的价值最大化者，但它并不完全说得通。赌场是一个相对较新的发明，其巨额奖金也是如此。千百年来，赌博活动一直发生在街头巷尾，发生在朋友之间。在没有中间人影响收益分配的情况下，赌徒们享有均等的机会。赌博可能会导致资金在玩家之间流动，或者像前哥伦布时代的美洲那样，让货物在各地流转。但平均而言，玩家们的收支是平衡的。此外，如果赌瘾纯粹是由赌徒的预期回报驱动的，那为什么我们从未发现有赌瘾者聚集在自动售货机周围，忠实地向它们投掷硬币呢？自动售货机与老虎机不同，它的回报率几乎是完美的。那么，为什么人们会认为其中一个比另一个问题更严重呢？

赌博的吸引力不在于玩家对巨额回报的错误期待，而更多地在于探索未知的乐趣。早期心理学家就发现，偶然性本身就是一种奖励。20 世纪 30 年代，斯金纳进行的经典行为研究表明，动物的赌博行为与人类十分相似。在他的实验中，老鼠学会了按下杠杆以获取食物奖励。有些老鼠每次按下杠杆都能得到奖励，而有些则只在某些时候得到，类似于老虎机的奖金设置。斯金纳发现，那些得到随机奖励的老鼠会强迫性地按下杠杆。当斯金纳不再对按下杠杆的行为给予奖励时，这些老鼠继续按下的时间远超过那些始终得到奖励的老鼠。这一现象贯穿整个动物王国，即动物对不确定的奖励有着更强烈的反应，即使平均预期收益较少。正如神经科学家罗伯特·萨波斯基所言："这种不确定性可能像没有奖励一样令人上瘾。"

神经科学家沃尔夫拉姆·舒尔茨及其团队在多巴胺能神经元的记录中发现了类似的现象。他们训练灵长类动物在看到灯光提示后按下杠杆以获得果汁奖励。在最初的实验中，当灯光闪烁时，受训动物体内的多巴胺能神经元会短暂活跃，这表明它们已经将灯光与奖励建立了联系。在修改后的实验中，研究人员训练动物只在某些时候期待奖励。在这种情况下，多巴胺能神经元会在灯光闪烁后缓慢地加速活跃。当奖励发放概率为 50% 时，这种加速最为明显。当奖励发放概率为 25% 或 75% 时，多巴胺的活跃度上升较小。当结果最不可预测时，多巴胺的释放量最高。由于多巴胺的释放会强化之前的行为，因此动物很容易赌博成瘾。对人类受试者的研究表明，在赌徒和非赌徒中，多巴胺的释放比奖励更能追踪刺激的不可预测性。结果的不可预测性越强，赌博的动机就越强烈。

心理学家帕特里克·安塞尔姆（Patrick Anselme）和迈克·J.F. 罗宾逊（Mike J.F.Robinson）指出，不可预测的现象会引发强烈的多巴胺反应，因为这会激励动物在面对失败时坚持不懈。觅食是所有能动动物必备的技能，它在大脑进化中发挥了根本性作用。觅食本身就充满了不确定性，因此，大脑对不可预测性特别敏感。在野外，食物往往是随机而罕见的，轻易放弃的动物不太可能生存下去。这就解释了为什么问题赌徒在一连串输钱后往往会更加疯狂地赌博，这种被称为“追逐损失”的现象已经得到了充分的证实。多巴胺的反应激励了那些运气不佳的觅食者继续努力寻找。

这与所谓的探索与利用之间的权衡息息相关。一个觅食者必须懂得何时继续沿用先前成功的策略，何时又该放弃并寻求新的策略。进化赋予我们的大脑对不确定性的迷恋，从而帮助我们更全面地描绘我们的环境。人们被自身的生物学属性吸引着去理解偶然性，并最终发明了概率论。然而，这也使我们容易受其影响：患有多巴胺失调的人和动物都是次优的觅食者。例如，多巴胺紊乱的精神分裂症患者更倾向于探索而非利用。多巴胺增强药物（如用于帕金森病患者的药物）的一个副作用便是赌博成瘾——一种过度探索的倾向。

惊讶可以成为学习的触发器，引导动物的注意力，并增强它们的记忆力。它预示着有更多未知等待我们去探索。在整个进化过程中，这种惊讶感可能极为有用，它推动动物去探索新奇刺激，学习尚未掌握的关联。新信息具有很高的价值。心理学家发现，人们的大脑对新信息的反应与对标准奖励（如食物和金钱）的反应相同。知识本身就是一种奖励。事实上，许多病态的赌徒声称，他们的动力来源于一种感觉，即他们即将发现或理解掌控所选游戏的模式。他们认为自己已经完善或接近完善一个“系统”，或者已经内化了对随机性的某种深刻的认识。这种“几乎理解”的错觉能给人带来强烈的快感。赌徒们坦言，在全身心投入游戏时，他们会感到极度兴奋，赢家往往会把赢来的钱再投入到更长时间的游戏中。他们的目标并非赢钱，而是尽可能延长游戏的愉悦感。

不确定性是所有游戏令人愉悦的重要原因。游戏设计师格雷格·柯斯特恩（Greg Costikyan）指出，大多数成年人不玩井字游戏，因为他们已经了解了游戏的获胜策略，而年幼的孩子却依然热爱它，因为他们尚未完全探索出其结果。不确定性是讲故事、运动、求爱等活动的乐趣所在，但也是我们最深的恐惧之一：恐怖袭击、意外事故、背叛都会让我们措手不及。游戏可以净化和缓解意外带来的压力，让我们以无威胁的方式探索和享受不确定性。

机会游戏一直潜藏于我们的神经生物学中，等待着第一个将外部奖励与内部动机联系起来的人去理解。当人类发明了最早的机会游戏（可能是翻转鹅卵石和骰子）时，人类就为更深层次地理解现实奠定了基础。赌场是社会工程学的伟大杰作，它们从人类最容易受操纵的领域——“几乎”成功的幻觉——入手。诸如掷骰子和轮盘赌之类的游戏，其回报概率几乎是

50%，最能刺激多巴胺系统。设计者有意在老虎机的卷轴上排列符号，让玩家产生“几乎”成功的幻觉：我差点就全中了；我离大奖就差那么一点了。

尽管赌博常常背负恶名，但它彰显了一种美好的冲动，反映了大脑渴望理解世界的冲动。赌徒的兴奋点并非来自对物质的贪婪，而是来自认知上的贪婪。然而，大脑有时难以区分不确定性是源自环境本身的不可预测性（比如骰子的随机性），还是源于自身无法计算出正确的世界统计数据。我们应该对这种区别保持敏感。游戏能让玩家产生进步感和成就感，但这种影响仅限于游戏领域，一旦脱离了游戏，就几乎没有任何影响了。同样，赌博也能给赌徒带来学习的错觉，但并非真正的学习。惊讶并不代表有真正的洞察力，这一点我们从点击量和耸人听闻的新闻标题的兴起中就可以看出来。出人意料的观点可能比正确的观点更吸引眼球，因为它们会吸引我们的注意力和记忆系统，所以更容易被记住，并且在谈话中被过度提及。这就是反直觉统计数据的诱惑所在。这也解释了为什么像乔丹·彼得森（Jordan Peterson）和唐纳德·特朗普（Donald Trump）会吸引更多的关注。一篇经济学文章可能呈现令人震惊的统计数据，这些数据在社交场合中被频繁引用，但却与现实关联甚少。而一些惊人的科学发现往往更容易发表在备受瞩目的期刊上，这驱使科学家追求（或制造）出意想不到的结果，而非深入研究已经确立的科学发现。

在很多知识圈子中，反直觉的事实或反主流的观点成了地位的象征：它们之所以有趣，不在于其对错，而是因为能“让你思考”。惊讶固然是一种启发式学习方法，但这并不总意味着我们真正从中学到了什么。理性至上的经济学家和哲学家往往对诡辩而非真正的学术研究更感兴趣。他们会乐此不疲地为雇佣童工辩护，声称这并非全然坏事。长远主义哲学家则对遥不可及的未来进行推测，他们对自己能够准确估计几乎不可能发生的事情的概率充满着令人厌恶的自信。他们挥舞着概率论，仿佛那是一个不可动摇的护身符，能保佑他们不出错。思想家则通过成本效益分析的滤镜来看待世界，任意编造一些价值，将其作为成本或效益来证明自己的观点。例如，长远主义哲学家威廉·麦卡斯基尔（William MacAskill）认为，生物多样性的崩溃实际上可能并不构成道德损失：

> 如果我们对野生动物现状的评价是平均而言尚可——我认为这是有道理的（尽管不确定），那么我们就会得出这样一个令人昏乱的结论：从野生动物自身的角度来看，智人的巨大发展和扩张是一件好事。

他们甚至可能会提出这样的主张：我们可以假设，那些讲着我们听不懂的语言的弱势群体还是死了算了。最近有不少思想家都在运用这种明显带有妄想性质的概率推理来提出一些似是而非的观点，这只是其中一例。通过诸如此类看似客观的论证，现状主义者不断在思想市场上倾斜天平，用虚构的价值观来为武断的意识形态辩护。

概率论是一种全新的数学形式，与以往的数学领域的知识截然不同，因此，20 世纪的学者们正竭力将其与数学领域的其他内容联系起来。它改变了数学的面貌，用“或许”的力量侵蚀了逻辑必然性的帝国。自此，概率论开始引领和阐明人类在金融、工业和科学领域的决策。概率论摒弃了过去对直觉和传统的依赖，使人们能够量化风险和不确定性，更准确地预测甚至控制决策结果。它让我们能够（尽管不完美地）挖掘未来种种，列出可能出现的结果，并估算哪些结果最有可能发生。智能被定义为驾驭这些潜在未来、寻找最优解的能力——这正是游戏的核心理念。有人甚至认为，思维本身也遵循统计逻辑。

偶然性无处不在，它是物质本身的基本属性。概率论是我们用来表达无知的一种巧妙语言，也是实证主义兴起的强大基础之一。遗憾的是，这种虚幻的严谨性有时会误导我们。然而，对于机会游戏的研究表明，通过探索人们普遍感兴趣的事物，研究人员可以更好地了解思维如何运作，人如何运作。这一深刻见解将随着博弈论的发展和受博弈启发的人工智能系统的发展而得到充分体现。

这一发现的重要性以及它给人类推理周围世界的方式带来的深刻变革，无论怎样强调都不为过。游戏揭示了某些形式的偶然性——曾经象征着上帝思想的不可知性——其实是受到规律约束的。千百年来，这些规律一直被它们所产生的噪声掩盖。通过对掷骰子的思考，人们从命运手中夺回了对未来的控制权，并将昔日的决策艺术变成了一门可量化的科学。至少他们希望如此。

第二部分 为游戏正名

第四章 “战争游戏”——战争的科学

第五章 理性的傻瓜

第六章 只有新衣没有皇帝

第七章 失真的地图

第四章 “战争游戏”——战争的科学

游戏是知识的源端。

——乔治 · 多尔西（George Dorsey）

这是一项蕴含巨大威力的军事技术，甚至它的创造者亦未能完全洞察其潜在能量。经过一些杰出学者和科学家数个世纪的合作构建后，这项技术最终由一对父子——乔治·利奥波德·冯·赖斯维茨（Georg Leopold von Reisswitz）和乔治·海因里希·鲁道夫·约翰·冯·赖斯维茨（Georg Heinrich Rudolf Johann von Reisswitz）——完美呈现。1824年，身为普鲁士军官的小赖斯维茨，在俄罗斯（当时为德国盟友）未来沙皇的府邸中，兴奋地展示了他们的发明。在接下来的100年里，这项发明将彻底改变现代战争的本质，也将改变全球的政治面貌。它助力首个德意志帝国从长期的战火中脱颖而出；而在20世纪，它的失败则导致了帝国的分裂，挫败了元首的全球霸权之梦。

老赖斯维茨因一次失败的医疗手术而无法继承家族传统成为军官。他转而以军事战略家的身份为普鲁士王国效力，倾尽数十年心血，研发出一种装置，它并非武器，而是一种用于思维训练的方法——一种发明战略的策略。时至今日，每个现代军事组织都仍在使用这种方法，即“战争游戏”（Kriegsspiel）。赖斯维茨父子证明，游戏不仅能帮助人们进行抽象思维，还能帮助人们模拟和预测现实。

“战争游戏”的创意在一定程度上受到了17世纪数学家戈特弗里德·威廉·莱布尼茨（Gottfried Wilhelm Leibniz）的启

发，这位学者曾自掏腰包在柏林创办了一所专门研究游戏与技术的学院，尽管这所学院只短暂存在了一段时间。莱布尼茨生活在概率论刚诞生的时代，那时，概率论被誉为解决所有现代难题的新科学，与今天人们对人工智能的期待很相似。游戏之所以渐受重视，部分原因在于概率论正是源于对机会游戏的研究，因此，游戏越来越被视为值得学术界严肃关注的课题。莱布尼茨洞察到了更深远的含义。他认为，宇宙如同一盘国际象棋，上帝以某种方式构想出所有可能的世界——类似于构想出所有可能的国际象棋走法。在这些可能的世界中，只有一些子集是符合规则的、可玩的走法，莱布尼茨将其称为“可共存的”。而在这众多潜在的游戏中，只有一个被上帝视为最佳，成了我们今天生活的世界。在已显现的现实的边缘，无数可能的世界在为获得物质存在而争执与战斗。莱布尼茨承认，这是一种奇异的思考方式，但他坚信，游戏是“对人类生活的最贴切的表现”。

在莱布尼茨的哲学体系中，游戏被视为上帝用以展现宇宙的语言。因此，人类可以通过游戏了解现实的构成方式，进而探索创造更美好未来的途径。他认为，从军事战术到医疗等各个领域，游戏都能帮助我们产生新的见解。更重要的是，游戏是一种元学习形式。他写道：“我强烈赞成研究理性游戏，并非因为游戏本身，而是因为它们有助于完善思维艺术。”自莱布尼茨时代以来，游戏和模拟已成为人类追求完美之路上的标准思维辅助工具。不幸的是，正如它们曾指引我们向最佳世界航行一样，在确定最佳战争方案方面，它们也起同样的作用。

“战争游戏”的起源可追溯至18世纪末，当时数学家约翰·赫尔维格（Johann Hellwig）发明了国际象棋的一个变体。在那个时候，国际象棋被视为欧洲和近东贵族的必修课程：贵族们需精通书法、骑马、历史、哲学、武器、音乐、占星术和游戏，特别是国际象棋。家庭教师利用国际象棋向学生传授战略思维和数学知识。国际象棋原名“chaturanga”，源于对战争的一种明确的抽象性描述，意为“四肢”，指的是步兵、骑兵、象兵和车兵这四个古代军种。在阿拉伯世界，由于伊斯兰教教义禁止具象艺术，这些棋子逐渐从栩栩如生的人、马和大象的雕塑演变成我们今天所熟知的更为抽象的形式。随着游戏沿着贸易路线传播，大象在东方变成了骆驼，在西方变成了主教。在欧洲，强大的女王开始崭露头角，大臣棋子便被更有活力的皇后所取代。

赫尔维格致力于将军事现实主义重新融入国际象棋，这一雄心将使这个游戏蜕变成了一个更具表现力的战争模拟工具。他将代表过时军事单位的棋子换成了现代炮兵，并将国王替换为固定的防御工事，因为军队往往更愿意攻城略地，而非围捕国王。为了模拟真实战场，赫尔维格将棋盘扩大至1617个方格，每个方格都以不同的颜色编码，表示不同的地形。除此之外，游戏的机制仍然与国际象棋相似。赫尔维格和其他游戏爱好者不断开发战争国际象棋变体，并加入了一些后来成为战争模拟标准的功能。他们利用骰子确定攻击造成的伤害，将现实世界的喧嚣重新引入国际象棋的谋略之中。然而，军方官员对赫尔维格的战争国际象棋并不以为然。毕竟，他们的部队从未在平面网格世界中行军过，从未在战斗中只剩最后一人孤军奋战，也从未遇到过游戏中的许多其他简化了的假设情形。

19 世纪初，老赖斯维茨预见到这个游戏在军事训练中的潜力，于是反复打磨，推出了越发精致的版本。他用湿沙代替国际象棋棋盘，塑造成想象中的地形，但他一想到皇室成员使用这种简陋的材料玩游戏就感到厌恶，于是设计了带有地形特征浮雕的瓷砖。玩家可以模块化配置这些瓷砖，在虚拟中体验不同地形的困难。木块则代表军队的编队。老赖斯维茨将他的“战争游戏”献给国王，并组织了一场盛大的演示。很快，它成了年轻王子们的最爱，但在其他方面却鲜有人问津。

随着在军事学院的学习日益深入，小赖斯维茨对父亲的愿景充满信心。当他接管了“战争游戏”的开发工作时，地图制作技术的进步意味着可以在按比例绘制的真实战场地图上进行游戏，而最新的统计学进展则使小赖斯维茨能够引入一种数据驱动的计分系统，这也是受到了当时在欧洲流行的经验主义的启发。他运用历史战败数据，采用基于赔率的计分表，使游戏更加严谨［后来，唐·拉维奇（Don Rawitsch）在设计早期电子游戏《俄勒冈之旅》（*The Oregon Trail*）时，也借鉴了这一技术，通过挖掘早期美国拓荒者的日记来设定强盗袭击、霍乱流行和渡河的概率］。骑兵、步兵和炮兵各自拥有专用骰子来确定攻击伤害。双方分别以红色和蓝色标识，这一惯例沿用至今——安全专业人员会使用“红队测试”（red teaming）来模拟对其系统的攻击。每回合模拟两分钟的战争时间。木块部队在地图上的占地面积与团级单位的实际占地面积相当，但只能在其中移动合理的距离。部队间的通信会受战争迷雾的影响，因此对战双方使用独立的棋盘以确保彼此无法窥见对方的棋子，这正如真实战场上情报会受到部队相对位置和视线限制的情况。总之，“战争游戏”系统化地处理了地形、天气和敌方力量的各种突发情况。

普鲁士的威廉王子（Prince Wilhelm）在孩提时代就酷爱这种游戏的早期版本。1824 年，当他从军事导师那里了解到了改进版的“战争游戏”后，便邀请小赖斯维茨来其宅邸，在王子、贵族和国王的见证下，小赖斯维茨主持了一场“战争游戏”演示。游戏耗时数周，期间所有的猫都被赶出了家门以防它们扰乱棋子。游戏场景设定为奥得河和易北河之间的一场战役，现在的波兰领土也包括在内——当时这个地区具有重要的战略利益。参与演示的卡尔·弗赖赫尔·冯·穆弗林（Karl Freiherr von Müffling）将军迅速认识到了这个修订版“战争游戏”的巨大潜力，他惊叹道：“这不仅仅是一个游戏，这根本就是战争训练。我要热切地向全军推荐它。”普鲁士国王也被深深打动，并颁布皇家法令，要求每个军团都要学会玩这种游戏。

尽管这种游戏的威力显而易见，但它几乎无法成为军事秘密：有关“战争游戏”的书籍在欧洲各地广受欢迎，并被翻译成多种语言。小赖斯维茨曾在圣彼得堡度过了一个夏天，亲自向尼古拉斯大公（Grand Duke Nicolaus）传授了这一游戏。然而，这一善举在 100 年后将会对德军造成毁灭性的影响。与此同时，这位年轻的军官也为他的成功付出了代价。尽管这款游戏成为王室最喜爱的消遣，也得到了部分高级军官的支持，但在他的同僚中却并不受欢迎。他们认为“战争游戏”过于复杂，其严格的规则很难掌握。许多军官对这种乏味的模拟游戏浪费他们数天甚至数周的时间感到深恶痛绝。小赖斯维茨的裁判身份尤其让高级官员感到不快，因为他们不喜欢接受下属的评判。由于同僚们对他的成功以及与皇室亲密关系的嫉妒，小赖斯维茨被派往一个偏远地区的军事岗位。他将这一任务视为流放，不久后便选择了饮弹自尽。他伤心欲绝的父亲也在一年后离世。

那个从小就热爱“战争游戏”的威廉王子后来在军队中服役，成为了一位备受赞誉的将军，这在一定程度上要归功于这一游戏对他战略天赋的磨砺。1861 年，他的兄长去世，没有留下子嗣，威廉便成当上了普鲁士国王，而“战争游戏”模拟引擎中设计的出色战术更是助他成了德意志帝国皇帝。在长达一千年的历史中，德国第一次有了一个具有凝聚力的民族身份，威廉成功地将一个由地方邦国组成的松散的“无神经的身体”塑造成为一个强大的国家。他的军事行动威震世界。威廉的兄长在位时，施行了数十年的和平统治，因此将领们的战斗力已经变得迟钝，正是在“战争游戏”这一磨刀石上，他们重新磨砺了自己的刀锋。普鲁士在普法战争中出人意料地迅速获胜，这被广泛归功于他们的游戏模拟训练。其他国家也开始注意到这一点。

赫尔穆特·冯·莫尔特克（Helmuth von Moltke）将军后来成为普鲁士陆军参谋长，他是“战争游戏”的忠实粉丝，将其奉为训练军官的理想工具。他说：“任何人，即便之前对这款游戏一无所知，甚至从未见过它，也能立即以指挥官的身份参与游戏。”莫尔特克利用这款游戏发明了一些著名的演习。在他看来，游戏中的战场鸟瞰图也为过时的战术提供了新颖的视角，比如，他意识到纵队和横队队形很容易成为攻击目标，便放弃这些队形，转而采用松散队形，其结果是士兵的低密度配置使他们在炮击中伤亡减少。

早期版本的游戏玩起来相当乏味，每个回合都需要用复杂的公式来计算确切的伤亡人数。后来，设计者们用知识渊博的裁判取代了烦琐的规则手册，便能够在每次行动后很快估算损失或评定胜负，这样一来，“战争游戏”的节奏明显加快，甚至让一些人乐在其中。即使在和平时期，军官们也能通过这种游戏提高自己的技能。“战争游戏”将国际象棋的纯战略与骰子的机会因素相结合，因此玩家必须既要有未来导向的视野，又要能迅速适应变化。莫尔特克组织了和平时期的第一个常设总参谋部，让军官们在那里玩“战争游戏”，从而保持军事敏锐度。这一安排让军官们能够评估下级的智慧和战略眼光，从总体上打破了军队的等级制度。以往的军事任命都是任人唯亲，而“战争游戏”则让军官们更容易因自己出色的想法而晋升军阶。受训人员可以与上级一起推导各种情景，协调高层战略，并找出反事实的结果。

军官们肩负了更多的责任，而游戏模拟则加深了他们对应采用战术的理解。普鲁士将军克拉夫特·卡尔·奥古斯特·祖·霍亨洛厄-因格尔芬根（Kraft Karl August zu

Hohenlohe-Ingelfingen）因在普法战争中采用卓越的军事战略而赢得了崇高的荣誉，他将自己的成功归因于“战争游戏”：“在 1870—1871 年的普法战争中，我方军官的特点是能迅速做出决定，并愉快地承担责任，这在很大程度上要归功于‘战争游戏’。”战术计划的每个细节都可以在各级作战人员的决策过程中得到讨论、演练和程序化实施。决策权被分散和下放到低级别官员手中，使他们能够直接了解手头的情况。通过实践，军官们协调了行动，并熟悉了彼此的长处和短处。经过良好的训练，步调一致的军事人员能够作为小分队做出决策，并且能够快速行动。总体战略愿景通过程序化的方式传达，形成了一种“如果 x，则 y”的动态指令模式。通过游戏的视角，战争变成了一门科学：可检验、严谨且算法化。

在威廉二世兄长的长期和平统治时期，“战争游戏”几乎已被遗忘，但威廉二世重新发掘了它的价值。“战争游戏”学者们在军事史和“战争游戏”手册中都不再提及赖斯维茨这个失宠的姓氏。事实上，赖斯维茨父子已经被历史彻底抹去。1873 年的一篇杂志文章在讴歌“战争游戏”在普鲁士的军事大捷中起的重要作用时，甚至压根未提及这对父子。作者反而声称，这个游戏没有发明者，一直以民间知识的形式传承下来，直到 1846 年第一本游戏指南出版。几周后，一封匿名信寄到了该杂志社，信中纠正了这一记录，并详述了赖斯维茨父子如何经过数十年的实验精心完善了这个游戏，以及它是如何引起皇室的注意的。尽管这封信没有署名，但大多数历史学家认为，此信只能是出自皇帝本人之手，因为信中包含的细节唯有皇帝才可能知晓。这是对赖斯维茨父子的耐心的致敬，他们的技艺为德意志帝国塑造了国家形象，改变了欧洲的面貌，并将改变世界。

德意志帝国的军方利用不断改进的武器装备所带来的最新伤亡数据，持续更新“战争游戏”。这款游戏继续为德意志帝国不断扩张的军队提供了准确无误的预测。它就像是莱布尼茨口中那个下棋的上帝，像是大脑的决策系统，使军事战略家们能够探索各种假设情景、研究各种可能性，然后选出最佳方案。军官们不仅用模拟来测试具体战术，还借此制订完整的战争计划。在德国卷入第一次世界大战之后不久，老莫尔特克的侄子赫尔穆特·约翰·路德维希·冯·莫尔特克（Helmuth Johann Ludwig von Moltke）接任了军队参谋长一职，此时德国与曾经的盟友俄罗斯对峙。莫尔特克与叔叔一样，也严重依赖“战争游戏”，用它来规划从高层战略到日常行动的所有事务。在进行一场关键战役的推演时，“战争游戏”预测右翼部队将在战役结束前两天耗尽弹药。于是，莫尔特克组织了机动弹药营，为部队补充弹药；这是此类部队的首次出现，它对战役的成功起到了至关重要的作用。“战争游戏”堪称首个供应链预测程序。

然而，第一次世界大战将突显这些模拟战役忽略的重要因素。莫尔特克及其前任阿尔弗雷德·冯·施利芬（Alfred von Schlieffen）利用“战争游戏”制订了全面的作战计划。尽管他们精心设计了入侵比利时的计划，却错误地估计了其社会和政治影响。当比利时平民为了增加德国入侵者的补给难度而拆毁自己的铁轨时，莫尔特克和冯·施利芬大为震惊。他们也未曾考虑到入侵带来的外交后果。比利时自1839年以来一直保持中立，德国的进攻激起了比利时的盟友英国以及后来的美国的干涉，最终导致德国的失败。

《凡尔赛条约》为第一次世界大战画上句点，同时对德国这个战败国施加了严厉的制裁，尤其是在军事上进行了种种限制。根据条约，德国的常备军规模不得超过10万人，海军的战舰数量也不得超过6艘战列舰。然而，借助“战争游戏”，德国军官仍得以继续培养部队的核心力量，在虚拟环境中磨砺他们的战术技能。无法在实际战场上直接指挥部队的军官们，可以在游戏棋盘上测试各种假设决策的可能后果。德国军事学者同样通过“战争游戏”反思历史上的失败，剖析历史上战役的成败得失。历史学家汉斯·德尔布吕克（Hans Delbrück）认识到，军事史和政治史密不可分。他致力于推动历史的量化研究，穷其一生潜心研究历史资料，通过不懈地梳理历史上的战役来验证自己的理论，希望能发展出一门战争科学。他指出，德国在第一次世界大战中之所以失败，主要是战略层面出现了失误。因此，他倡议已经被削弱军事力量的德国军队投入到历史研究与战术模拟中去。通过在两次世界大战期间深入研究这些模拟战术，德国人运用了一些当时尚未在现实中出现、但很快就会被提出并应用的理论，开发出了一种全新的战斗方式。这种战术利用突袭来掌控战局并摧毁敌人士气，必将解决第一次世界大战中长期僵持的战壕战问题。到了第二次世界大战，这种战术横扫欧洲，令人闻风丧胆。这就是闻名全世界的“闪电战”（Blitzkrieg）。

1933 年，距离第一次世界大战结束仅 15 年，阿道夫·希特勒被任命为德国总理。尽管他向德国公民承诺将通过军事征服建立一个新帝国，但他总体上对“战争游戏”并不感兴趣，他更倾向于依靠自己的直觉，而非冷冰冰的计算。然而，希特勒手下的军官却不愿放弃这一技术，仍在私下里模拟各种战争情景。埃里希·冯·曼施坦因（Erich von Manstein）中校利用“战争游戏”演示了入侵捷克斯洛伐克的可能结果，并成功说服希特勒采取强有力的初期进攻力量，这与希特勒最初的直觉背道而驰。这些模拟以及其他一些情景模拟使德国人征服了邻国，如果采用其他方式是不可能如此神速的。随后，“战争游戏”更是准确地预测到两场与英国的战斗将以平局告终。希特勒这才开始认真地对待这个游戏。

这位独裁者将目光投向了苏联，希望借此扩张他的帝国。他的将军们举行了一场名为“OTTO”的战争模拟。整个模拟历时三周。这些将军们对入侵苏联进行了讨论和策划。回顾起来，德国军方对俄罗斯战役的预测准确得令人震惊。模拟结果显示，到 11 月，德军将摧毁 240 个苏联师，苏军将只剩下 60 个师。希特勒的将军们并没有费心进一步扩大模拟，毕竟，他们预测的胜利幅度太大了，苏军将被有效歼灭。战役基本按预期进行。在与模拟相对应的结束日那天，德国军队已经如游戏所预言的那样推进到了俄罗斯腹地，并摧毁了 248 个苏军师——比预想的多了 8 个。

但苏联也对轴心国的进攻进行了战争模拟。100 年前，小赖斯维茨将“战争游戏”献给尼古拉斯大公，俄罗斯人便也接受了这一游戏。在苏联模拟的德国入侵战争中，崭露头角的军事新星乔治·朱可夫（Georgy Zhukov）将军出色地扮演了德国军队的角色。苏联领导人约瑟夫·斯大林（ Joseph Stalin）对朱可夫模拟战役的成功感到极其恐慌，他命令将军们全力以赴来防御德国的进攻。尽管苏联人在轴心国入侵中损失了 248 个师，但斯大林调动的军队数量之多，导致最终仍有 220 个师（而不是 60 个）留下来抵御德国人的进攻。而且，德国人在模拟中忽略了一个关键因素——冬天的到来。他们过早地宣布了想象中的胜利。如果德国人能在 11 月之后继续进行对 OTTO 的研讨，他们可能会为即将到来的毁灭性冬季做更好的准备。尽管战争还将持续数年，但这次灾难性的失败为希特勒帝国的末日拉开了序幕。

“战争游戏”很快突破了军官俱乐部和历史系的苑囿。许多思想家对欧洲民主的崛起深感忧虑，担心受民族主义煽惑的普通人可能会投票支持不必要的战争。“战争游戏”被视为一种预防性手段，它们可能会成为教育民众权衡战争利弊的重要工具。科幻小说家 H. G. 威尔斯（H. G. Wells）于 1913 年出版了一本详细介绍自己发明的桌面战争游戏规则的书籍。这本书有个目空一切的书名：《小小战争：适合 12 岁到 150 岁男孩以及喜欢男孩游戏和书籍的聪明女孩的游戏》（*Little Wars: A Game for Boys from Twelve Years of Age to One Hundred and Fifty and for That More Intelligent Sort of Girl Who Likes Boys' Games and Books*）。威尔斯是一个公开的和平主义者，他在书中极力安抚自己的良心，声称游戏将通过玩家的亲身经历证明冲突的残酷与恐怖。此时英国正处于迈向民主国家的转型期，威尔斯希望能借此书吸引大众的关注，从而确保他们永远不会投票支持战争。他绝望地呼吁：“如果我们不结束战争，战争就会结束我们。”《小小战争：适合 12 岁到 150 岁男孩以及喜欢男孩游戏和书籍的聪明女孩的游戏》的初衷是防止战争，旨在让参与者免受暴力的侵害，但实际效果却并非如此，比如，温斯顿·丘吉尔（Winston Churchill）就是威尔斯战争游戏的狂热玩家。

到了 20 世纪中叶，基于战争的游戏在美国大行其道——这可以理解，毕竟，在经历过地面战争的痛苦后，欧洲人对玩军事游戏的兴趣逐渐减弱。美国人远离了战争现场，沉浸在去除了死亡集中营、闪电战和自杀式袭击等元素的玩具战中。“战争游戏”还催生了一系列以战争为主题的桌面游戏和棋盘游戏，如《战锤》（*Warhammer*）、《开拓者》（*Pathfinder*）等，甚至连《卡坦岛拓荒者》（*Settlers of Catan*）等游戏也借鉴了部分战争游戏的元素。1974 年爆红的《龙与地下城》（*Dungeons & Dragons*）更是用个体角色替代了军队中的排，用地下城主替代了裁判。这些游戏与“战争游戏”类似，也使用骰子来决定与攻击和策略相关的伤害。它们为后来基于文本和图形的电子游戏奠定了基础，在这些游戏中，编程取代了裁判的角色，而计算机生成的随机数则替代了掷骰子的过程。

虽然“战争游戏”改变了现代战斗的面貌，但战争与游戏之间却有着深厚的历史渊源。人类学家米歇尔·斯卡里斯·杉山（Michelle Scalise Sugiyama）认为，团队运动正是作为一种练习战争所需技能的方式出现的。她的研究小组发现，体育运动中常见的动作——如接球、闪避、扭打、踢球、招架、奔跑、击打和投掷——在攻击性活动中也十分常见。此外，许多文化中都存在用游戏代替战争的传统。在中美洲，奥尔梅克人（Olmecs）、玛雅人（Mayans）和阿兹特克人（Aztecs）数千年来一直使用球类比赛来解决争端。这种游戏通常在贵族间进行，用来巩固权力和明确领土边界。基切人（K'iche）的神圣典籍《波波尔 - 乌》（*The Popol Vuh*）中有一个核心的玛雅创世神话，便是围绕凡人英雄与地下世界的神祇之间的比赛展开，其重要性可见一斑。其他美洲游戏，如 *Chunkey* 和长曲棍球（棍网球），也同样被视为和平时期战争的替代品。赛前举行的仪式也与交战前举行的仪式相同。一些学者认为，长曲棍球对于维护易洛魁六部落（the Six Nations of the Iroquois）之间的和平与团结至关重要。至今，体育仍然发挥着凝聚力的作用，将本地和全国范围内的群体团结在一起。

“战争游戏”起着思维脚手架的作用。它赋予玩家集体推理的能力，使他们能构想出新颖的战术，并做出可验证的预测。这是一个微缩的世界，玩家如同“次神”，他们的骰子决定着成千上万人的命运，无论是真实的还是想象中的。通过修改国际象棋的规则和棋子，国际象棋变身为精确度极高的模拟引擎。至今，所有主要的军事机构仍在运用某种形式的“战争游戏”模拟情景来为其决策提供依据。这些游戏帮助军事理论家明确了战斗的条件，还为他们提供了新的视角来看待战争。很快，游戏的进一步发展将助力思想家们模拟任何形式的互动，无论是对抗性的还是合作性的。游戏将超越其作为思维辅助工具的角色，激发一种数学语言，用以表达冲突本身的性质。

当然，现实不可能轻易地被模拟成游戏。第一次世界大战中，莫尔特克和施利芬在模拟德国入侵比利时时，忽略了外交因素的重要性。这次进攻虽然在理论上是可行的，但最终激怒了该中立国的盟友，使他们加入战争。模型的本质是对其所模拟系统的简化。正如德国军方在两次世界大战中发现的那样，游戏中被忽略的内容与游戏中包含的内容同等重要。

第五章　理性的傻瓜

然而，不可否认，我们必须直面斗争。每一个生命都在斗争。自然界的一切都以各自的方式生长、斗争，都在确立自己的身份，顽强地抵抗一切阻力，不惜一切代价。

——莱内·马利亚·里尔克
（Rainer Maria Rilke）

国际象棋是史上最畅销的游戏，目前全球约有 6 亿玩家。自 1500 年前问世以来，国际象棋一直深受人们喜爱，以至于那些因国际象棋的普及而受到威胁的宗教领袖、国王和哈里发们一直将其视为非法。到了 19 世纪，欧洲顶尖的国际象棋选手已成为文化偶像，他们像现代的网络红人一样，通过销售棋术书和出席活动来提升个人品牌。在当时，国际象棋俱乐部和相关杂志也遍布各地。国际象棋成了一种通用语言，无论是国王还是行者、士兵还是平民、艺术家还是科学家，都在使用它。

从 18 世纪到 19 世纪末，浪漫主义的棋风风靡一时，其特点是华丽和戏剧性。棋手们大胆地牺牲棋子，并在最后的紧要关头大胆取胜。天资胜过成功。然而，到了 19 世纪末，世界冠军威廉·斯坦尼茨（Wilhelm Steinitz）以更具战略性的风格征服了对手。他经过长时间的规划，设计了位置性开局让棋法，着重控制棋盘中心以利用各种可能性。斯坦尼茨的继任者伊曼纽尔·拉斯克（Emanuel Lasker）进一步完善了这种风格，他是历史上极具优势的棋手之一。

拉斯克是一位犹太教士的儿子，出生在今天的波兰。11 岁时，他被父母送到柏林，在哥哥贝托尔德的照顾下学习数学。贝托尔德是 19 世纪 90 年代十大棋手之一，但拉斯克很快就超越了他。20 岁时，拉斯克已成为世界冠军。在 1894~1921 年间，他放弃了数学，转而从事国际象棋这个更有利可图的职业，并连续 27 年蝉联国际象棋世界冠军，创造了历史记录。他的棋风剑走偏锋，很像斯坦尼茨，这一风格改变了国际象棋的玩法。国际象棋受风格变化的影响，这一事实提出了一些重要问题：如果有些下棋策略优于另一些策略，那么是否存在所谓的最佳策略？国际象棋曾因其不可预测性而备受推崇，它呈现的是充满无限可能的即兴而独特的对局，但事实上，国际象棋是否可预测或者可计算？

爱因斯坦十分钦佩拉斯克，他深信拉斯克追求的是比国际象棋更伟大的事物。爱因斯坦猜测道："他真正渴望的是一种科学的理解力和逻辑创造过程中那种独特的美感。任何人，只要稍微领略过这种美感的魔力，便再也无法抗拒。"拉斯克撰写了大量关于国际象棋理论的著作，还有一些哲学著作，其中最著名的是他于 1907 年出版的《斗争》（*Kampf*）一书。他将该书视为一部涵盖游戏、商业和战争的关于竞争的通论。在这本书中，他将游戏与社会联系起来，将棋手的斗争与经济人（经济学家模型中的理性行为者）的选择相提并论。"什么是斗争和胜利？"他写道，"它们是否遵循着可以用理性去理解和阐述的法则？这些法则究竟是什么？这就是问题所在！"游戏是研究这些问题的理想试验场，他甚至认为学者们或许有一天能够用数学语言来阐述国际象棋的理论。他写道："人类正站在一个巨大的全新科学领域的门前，预言哲学家称其为竞赛数学或竞赛物理学。"

他主张，斗争的概念不仅适用于个人，还适用于国家、自然界，甚至语言。拉斯克深信，将来人们能够将斗争量化，比如说，今天与伴侣的争执可以量化为 50 纳米战，新的规章制度要求法律团队付出 4 场小战役的工作量。他认为，通过对游戏和冲突的深入研究，人们将开创一门新的物理学，例如，在战场上，子弹的“斗争”可以通过它们击倒的敌人数量来衡量。他甚至认为，原子也会受到斗争的影响，这体现在组成原子的质子与电子之间的相互吸引和排斥。这意味着冲突可能是可预测的：处于相互斗争中的实体最终会达到一种稳定的平衡状态，就如同电子被限制在其轨道云中一样。拉斯克坚信，这种对斗争的研究将对政治领域产生革命性影响，甚至可能终结战争，因为理论家们将发现解决争端的替代方法。“我们竟然将战争视为一种必要性，这证明了我们的愚蠢。”拉斯克如是写道。他认为，游戏能帮助科学家以精确的方式描述生命中的神秘竞赛，并找出解决之道。他推测，过去人们在做出重大决策前求助于神灵，是因为他们相信“决定命运的不是理性或公正，而是某种专制的力量”。他希望，这门新兴的科学能够摧毁命运的专制，让其归于理性的束缚之下。游戏数学就是这样一门即将浮现的新学科。遗憾的是，它还并不能结束战争。

游戏一如既往地吸引着学者的兴趣。心理学家从弗洛伊德的角度解读国际象棋，认为棋手之所以野心勃勃地想“将死”国王——这一父亲的形象，让他变得无能、无助，背后潜藏着俄狄浦斯情结的推动。弗洛伊德的弟子欧内斯特·琼斯（Ernest Jones）写道：“激发棋手行动的潜意识动机不仅仅是所有竞争游戏特有的好斗之心，更是可怖的弑父心理。”数学家则正相反，他们追求对游戏的纯粹分析，剥离了棋手的一切心理。德国数学家恩斯特·策梅罗（Ernst Zermelo）在1912年发表了一篇论文，分析人们是否能客观地判断任意棋局的好坏：是什么形成了“将军”的局面？可否在不诉诸主观或心理概念的情况下对其进行数学定义？正如帕斯卡和费马所阐述的，一局没下完的巴拉棋只有几种可能的结果；同样，一局没下完的象棋虽然可能有成千上万种解法，但却并非无限多。策梅罗引入了新的棋局思维方式，即将棋局视为各种可能走法的集合（或称棋集），这些可能走法最终会引向获胜或和局。被一些人奉为人类智力成就巅峰的国际象棋，可以被简化为一个搜索问题——与其说它是一门艺术，不如说更像是一棵庞大的决策树。

十年后，法国数学家埃米尔·博雷尔（Émile Borel）将扑克作为他的灵感之源，而非国际象棋。与策梅罗不同的是，博雷尔的兴趣点是心理学与游戏的交融之处。国际象棋是一个信息完全透明的游戏，下棋双方都清楚每个棋子在每一时刻的位置。相比之下，扑克玩家则非常小心地隐藏他们的牌力，有时甚至要利用欺骗的手法。虚张声势往往决定了比赛的胜负。博雷尔提出了他称之为“玩法”的概念，类似于后来被称为“策略”的东西。他写道，这是“一种准则，它决定了在每一种可能的情况下……一个人应该确切地做什么”。在20世纪20年代，博雷尔研究出了包括“石头剪刀布”（Rochambeau）在内的游戏的最优策略。一个“纯”策略是：一直出石头，或一直出布，或一直出剪刀。但这很容易被对手利用，对手也会相应地一直出布、剪刀或石头。对于“石头剪刀布”这个游戏，最优的策略是“混合”策略：玩家应该随机出石头、布和剪刀，使每种选择具有相等的概率。的确，采用这种策略的玩家不会一直赢，但他们会将输的次数降至最低。博雷尔认为，游戏的心理和主观方面必然会限制数学家对游戏的研究，所以他最终放弃了这项研究。

匈牙利数学家约翰·冯·诺依曼（John von Neumann）最终将心理学从游戏中完全抽离，使游戏从原始的数学层面反映所有可能的互动。冯·诺依曼于 1903 年出生于布达佩斯，被视为神童。他出身于一个富裕且新近被封为贵族的犹太家庭。当冯·诺依曼 10 岁时，他们在姓氏前加上了“冯”这个尊称，因为当时奥地利帝国国王弗朗茨·约瑟夫（Franz Joseph）面临资金短缺，为了筹集军费，他把贵族头衔卖给了正在崛起的商人阶层。冯·诺依曼拥有过目不忘的记忆力，曾在聚会上背诵数页电话簿，以此来取悦父母的朋友。他还能在脑海中计算 8 位数的乘法，甚至能用古希腊语讲笑话。他热爱游戏，尤其是“战争游戏”，后来逐渐对战争本身产生了浓厚的兴趣。第一次世界大战爆发后，年轻的冯·诺依曼持续记录着部队的行动，并在精心标注的地图上描绘战场的瞬息万变。

即使在传奇人物中，冯·诺依曼的智慧也极具传奇性。数学家尤金·维格纳（Eugene Wigner）声称：“每当我和我所认识的最聪明的冯·诺依曼交谈时，我总有‘只有他是完全清醒的，而我只是半梦半醒’的感觉。”伟大的数学家乔治·波利亚（George Pólya）在谈及他在大学教冯·诺依曼的经历时说到：

> 约翰是我唯一害怕的学生。如果我在讲课过程中提出了一个未解决的难题，他很可能会一下课就跑来找我，在一张纸条上唰唰写几下，就完全将题解开了。

在整个20世纪20年代，冯·诺依曼在基础数学和量子物理学基础方面发表了开创性的研究成果，探讨了原子的概率性质。直至今日，这仍然是关于量子理论的一些相互矛盾的解释的核心争议之一。1926年，年仅23岁的冯·诺依曼同时获得了苏黎世瑞士联邦理工学院（The Swiss Federal Institute of Technology in Zurich）的化学工程学位和布达佩斯大学（The University of Budapest）的数学博士学位。同年，他几乎以一种附带的形式，在一次关于博弈的演讲中提出了博弈论的雏形。

冯·诺依曼的多样兴趣之所以能够紧密相连，可归因于他的研究生导师、数学家大卫·希尔伯特（David Hilbert）对他的深远影响。在20世纪之初，希尔伯特便向世界提出了23个宏大的问题，其中第六个问题便是要对所有的物理学和数学进行公理化，或者将它们简化为一组公理，从中推导出一个一致、自洽的知识体系。公理即不证自明的命题。古希腊数学家欧几里得从5个公理或简单的观察中，推导出了整个欧几里得几何学。比如，从任意一点到另一点可引且只能引一条直线。希尔伯特希望能彻底解构数学，然后重新书写，要极其谨慎，绝不能留下任何不确定性或矛盾。他认为数学应该像一个设计精良的游戏一样，由最少的规则组成，并在此基础上建立一个最具表现力的系统。

在希尔伯特看来，数学应该建立在纯粹数字的基础上，形成一个内部自洽的体系。数字不指向任何外部事物，而是遵循一套明晰的规则来界定它们之间的关系。他认为，数字先于逻辑而存在，是一种先于所有思维的直观即时体验，就像一加一必然等于二那样明确。数列可以通过在计数符号序列上逐步增加标记来构建。数学曾经是人类智慧的结晶，而现在则是通过机械程序构建起来的，每一步都不可避免地按照系统的内部逻辑进行。当数学推理逐渐推导出不可否认的结论时，它将显现出一种纯粹的机械理性，无须思考，不容置疑。有人指责希尔伯特剥夺了数学的真正意义，使其沦为了抽象符号的游戏。对此，他的学生赫尔曼·维尔（Hermann Weyl）进行了反击："数学已不再是知识，而是由某些惯例所规定的公式游戏，与国际象棋非常相似。"希尔伯特也为自己的观点进行了辩护，反对将数学简单视为一种游戏。他认为，数学并不会剥夺人们的思考能力，相反，它表达了一种思维运作的方式。他断言："我的证明理论的基本思想无非是对我们的理解活动的描述，是对我们的思维实践所遵循的规则的记录。"

对于希尔伯特而言，整个现实世界其实都在等待我们去探索。它的运作方式同国际象棋游戏一样，都是其内在规则的必然结果。现实世界也是由同样不言而喻的简单性构成，就像一加一等于二那样明确。他坚信，真理是可以完全凭直觉领悟的，无需与经验世界中的任何事物相联系。希尔伯特的方案激发了学术界的“公理狂热”，从揭示语言的逻辑结构到将心理学建模为一种潜在的内在几何学，各种研究项目接踵而至。他希望向学术界提出挑战，不仅要系统化纯数学，还要将统计学、物理学和其他科学纳入这一体系，为数学的表达力尚未触及的领域注入新鲜血液。直至今日，希尔伯特的挑战仍在学术机构和大型企业的代码库中产生影响，表现为将社交网络动态数学化、利用算法检测情绪，以及通过筛选大型数据集中的隐藏关系来预测消费者选择、犯罪累犯和约会偏好等方面。

希尔伯特的学生冯·诺依曼也进行了这种尝试，他希望将人性公理化。他的弟弟尼古拉斯曾回忆道，冯·诺依曼因擅长解决那些“先验上似乎不适合数学处理”的难题而声名远扬。尼古拉斯认为，这一习惯是母亲灌输给他们的，她常常讲述南极探险家欧内斯特·沙克尔顿（Ernest Shackleton）等人尝试挑战不可能之事的故事。毕竟，她的父亲曾凭借自己的努力从乞丐变成富翁，她很喜欢讲述这样的奋斗史。冯·诺依曼则试图创造另一种奇迹：将人类转化为数学对象。他将人类建模为游戏中的参与者，并让他们的欲望驱动其决策，希望以此来实现这一目标。

很少有人能像冯·诺依曼那样为游戏带来丰富的表现力和数学的严谨性。1926 年，他发表了一篇论文，描述了所有有限的二人零和博弈中的参与者行为。所谓零和博弈，指的是如国际象棋或扑克这类完全对抗性的游戏，其中一方的收益必然导致对手同等的损失。除零和博弈之外，还有其他类型的博弈，如正和博弈和负和博弈。正和博弈能增加所有参与者的总价值，例如合作完成一个项目以获得共同晋升；而负和博弈，如战争，会导致价值被摧毁。

冯·诺依曼证明，在所有的二人零和博弈中，总存在一种策略，能让每位玩家最大限度地减少对手的收益。这意味着，无论对手有多高明，总有一个预先确定的甚至有些悲观的最佳结果。冯·诺依曼写道："在这样的二人博弈中，很容易想象到各种力量在相互较量。[玩家一的收益]的价值受到两方力量的拉扯：一方面来自[玩家一]，他希望将其最大化；另一方面来自[玩家二]，他希望将其最小化。"每位玩家的目标都应是尽可能减少对手的最大化收益。在零和博弈中，这等同于最大化自己的最小收益。这被称为"极小化极大"(minimax)，代表了一个玩家所能期待的最高回报——即使是在最坏情况下，即使对对手的策略一无所知。无论对手采取何种行动，理性的玩家都会选择这种策略。假设两位玩家都是理性的，即都试图最大化自己的收益，那么两者都会倾向于采用这种极小化极大策略。这便是系统的均衡点。这时游戏的结果完全由游戏规则决定，而非玩家的心理状态。游戏的全部复杂性和戏剧性都凝聚在了这一均衡点上。就像行星在巨大天体的引力影响下运行一样，玩家的个人利益也推动着他们采取极小化极大策略。

这就是所谓的"极小化极大定理"。有些读者可能会觉得极小化极大的思路过于保守，玩家当然希望能做得更好，而不仅仅是尽量减少自己可能遭受的最大损失。难道不能以最大化收益为目标吗？这被称为大中取大策略。事实证明，大中取大策略过于乐观，最终是不理性的，它常常为幼稚的玩家和小孩子所采用。之所以称其不理性，是因为它没有考虑到对手的策略。以父母在两兄妹间分蛋糕的经典把戏为例：一个孩子负责切蛋糕，另一个孩子则可以先选择想要哪块蛋糕。这种安排会激励切蛋糕的孩子尽可能公平地分蛋糕，因为他 / 她知道另一人会挑选较大的那块。这就是一种极小化极大策略。而采用大中取大策略的孩子则会从蛋糕上切下一小块，然后抱着一线希望，希望另一人会选择这一块，然后留下较大的那块给他们。

与拉斯克一样，冯·诺依曼也认识到博弈动态与社会科学之间的紧密联系，尽管他在论文中对此只是点到为止。他还提到了斗争的概念，强调任何互动都可以被描述为一场博弈。在注释中，他小心翼翼地在自己的研究与经济学之间建立了联系，将策略比作“古典经济学的主要问题：在特定的外部环境下，绝对自私的‘经济人’将如何行动？”极小化极大策略后来不仅成为社会科学的基础概念，还成为计算机科学、决策理论、人工智能和伦理学领域的基石。

正如人们曾经认为机遇可以被量化极其荒谬一样，将心理学从游戏中剥离出来的想法同样令人感到陌生。冯·诺依曼写道：“两名玩家中谁更擅长心理学并不重要，因为游戏本身并不对这类因素敏感，结果总是趋于一致。”他的工作呼应了希尔伯特的愿景：数学终将统治所有知识领域。没有任何研究能够抵挡量化的潮流。然而，冯·诺依曼却暂时搁置了这一研究结果，近十年间未再涉足于此。

到了 1928 年，数学家们已经在希尔伯特的公理化计划上取得了显著进展，希尔伯特甚至宣称该计划已几近完成，只剩下一些收尾问题需要解决。冯·诺依曼做出了几个重要的贡献，他的同事斯塔尼斯拉夫·乌拉姆（Stanislaw Ulam）评论说，冯·诺依曼"似乎实现了希尔伯特将数学视为有限游戏的目标"。然而，两年后，在康斯堡（Konigsberg）的一次会议上，逻辑学家库尔特·哥德尔（Kurt Gödel）提出了一项革命性的证明。由于他表达得过于含蓄，这一成果在当时并未引起足够的重视。会后，冯·诺依曼将哥德尔拉到一边，询问自己是否理解正确。哥德尔发现，形式系统无法证明其自身的一致性。这意味着人们无法为所有数学领域定义一套公理。数学永远是不完备的，因为有时无法证明某些真实的陈述。这常常用"这个陈述是错误的"这一说谎者悖论来说明：如果这个陈述是真的，那么它也是错误的，它既非真也非假。哥德尔证明，数学体系中的命题也可能如此。冯·诺依曼后来反思道："我个人认为，哥德尔已经表明希尔伯特的计划基本无望。"

冯·诺依曼很快做出了调整，放弃了在数学基础领域的工作，转而探索应用领域。他声称自己再未阅读过关于符号逻辑的论文。毫无疑问，失去了事业所赖以依存的基础是痛苦的。他后来哀叹道："我知道，在这段经历中，我对绝对数学真理的看法是多么易变，而且连续改变了三次，这真令我感到羞愧。"他放弃了为数学建造一座坚不可摧的堡垒的梦想，转而寄希望于建造"合成的理性"——现在被称为人工智能。

与此同时，冯·诺依曼显然无法继续留在欧洲。数十年来，反犹太主义一直在欧洲蔓延，而匈牙利的形势尤为严峻。

整个19世纪，匈牙利的犹太人口急剧增长，他们来此寻求宗教庇护。1919年，由犹太裔记者库恩·贝拉（Kun Béla）领导的苏维埃共和国迅速垮台，给匈牙利带来了巨大震动。这一事件的后果是，反革命力量对犹太人展开了公开的处决和残酷折磨，导致现代匈牙利社会普遍围绕反犹主义形成了一种共识。1920年，即德国纳粹党成立的那一年，匈牙利通过了一项法律，限制犹太人的权利，并限制他们接受高等教育。冯·诺依曼的童年始终笼罩在灭绝犹太人的阴影之下。小时候，他目睹了犹太家庭因逃避匈牙利东部的反犹暴乱和暴力而涌入他所在的城市，但是，这些家庭却受到了歧视性法律的限制，这些法律限制了他们工作和接受教育。他的对策是运用自己的数学天赋来解决人类的理性难题，并揭示历史中的隐秘力量。通过游戏，他试图根据世界上最简单的数据——一个人在世界上所做的选择——来探索人类的心智形态。

20世纪30年代，战争的威胁逐渐加剧，然而人们却错误地相信欧洲的文明可以避免流血冲突。1933年，即希特勒上台的那一年，冯·诺依曼获得了普林斯顿高等研究院（Princeton's Institute for Advanced Studies）的全职教授职位，他抓住了这个机会迅速逃离。他的到来给这个沉睡的大学城带来了欧洲风情：一个挑剔的美学家，穿着三件套西装，宛如一位老式的银行家。冯·诺依曼喜欢在酒气熏天的派对上，用他的笑话大全招待客人。据他的同事雷蒙德·西格（Raymond Seeger）说，他“情感发育有些迟滞，比如对女性的感受不敏感，缺乏感性”。他还陷入了绝望。多年后，在写给妻子的一封信中，他反思了自己在第二次世界大战前那段时期的幻灭感：

> 我非但没有对欧洲感到怀念，反而恰恰相反，因为我所熟悉的每一个角落都会让我想起我童年时的世界、社会和令人兴奋又缥缈的期望……一个已不复存在的世界，它的废墟并不能给我带来慰藉……我讨厌欧洲的第二个原因是，1933—1938 年 9 月人性的彻底幻灭、纳粹主义的出现以及人类对此的反应，这些都给我留下了深刻的印象——在那段时间里，我经历了我一生中最强烈的情感冲击。

到了 1935 年，希特勒宣布重建德国军队的计划，而这一计划实际上早已在军事俱乐部的“战争游戏”棋盘上秘密布局。直到 1939 年德国入侵波兰，其他欧洲国家才被迫最终正视希特勒的威胁。冯·诺依曼的老朋友，匈牙利物理学家鲁道夫·奥特维（Rudolf Ortvay）定期与他通信，向这位焦虑的旅美侨民转达从布达佩斯传来的消息。他在信中写道，欧洲公民正陷入“过度崇拜意志”的陷阱。两个人都认为欧洲的战争不可避免。冯·诺依曼在给朋友的信中写道：“整个事件就像是一场疾病的病程，从临床的角度看，这是一个合理的阶段，后面病情还要恶化。从情感上来讲，这甚至是‘必要的’——如果允许使用‘必要’这个词的话。”这些压力必须得到释放。

冯·诺依曼写道，欧洲将失去其在世界事务中的主导地位，这理所当然，其在道德和智慧上的重要性也将受到削弱。

从 1938 年开始，匈牙利通过了一系列日益严苛的反犹法律，剥夺了犹太人的平等公民身份。同年，冯·诺依曼的第一任妻子离开了他，与普林斯顿的一位物理学博士后坠入了爱河。不久，冯·诺依曼就说服了他之前在匈牙利认识的女士克拉拉·丹（Klára Dán），让她与在布达佩斯的丈夫离婚，并搬到普林斯顿与他同住。尽管纳粹的威胁日益加剧，冯·诺依曼和丹的家人仍然眷恋着故土，不愿离开匈牙利。1939 年，这对夫妇终于说服家人来到美国。然而，没过多久，丹的父亲自杀身亡。当时的气氛沉重至极；不久之后，奥特维在写给冯·诺依曼的信中告诉他，两个人都熟知的教授利奥·利伯曼（Leo Libermann）也自杀了。“从世界的现状来看，我们找不到任何值得欢喜的理由，”他总结道，“我感觉一切都在向下坠落。”

为了转移新婚妻子的注意力，冯·诺依曼邀请她前往华盛顿大学旅行，他计划在那里举办几场关于游戏的讲座。他一直在重新审视自己早年的研究，或许是受到了启发，准备模拟欧洲日益紧张的局势。数学是否能够确定或者预测复杂冲突中的最佳行动方案呢？尽管“战争游戏”让军事战略家能够放大某场战事，但冯·诺依曼关于游戏的研究将为他们提供表达所有战事所需的工具。他将双人游戏的成果扩展到了多人游戏。在多人游戏中，玩家可以组成联盟，联合起来击败其他玩家，这与欧洲的政局如出一辙，当时各国正开始根据其政治立场进行调整和结盟。在华盛顿旅行的第二周，冯·诺依曼写信给奥特维：“冥思苦想政治问题虽然无益，但却难以抗拒……特别是，看来很有可能不是两个，而是三个或四个敌人在相互对峙。”然而，他也发现，他的数学研究无法预测哪些玩家会相互配合，相反，这取决于游戏规则之外的外部社会压力。他在一份未发表的手稿中写道：“究竟会形成哪个‘获胜’联盟，这实际上取决于一系列因素，这些因素超出了我们当前讨论的范围。”

历史学家罗伯特·伦纳德（Robert Leonard）认为，冯·诺依曼的兴趣反映了他在混乱不安的时代中寻找人类事务规律的挑战欲。冯·诺依曼对公理化的追求贯穿了他的一生。他承认自己对生物、化学等混乱领域感到“恐惧”：“我无法接受这样一种观点，即一个描述被普遍认为是基础过程的重要理论，如果它将这些基础过程描述得复杂而精密，那么这个理论就可能是正确的。”

简而言之，冯·诺依曼试图运用博弈论来解读混乱的欧洲政治中人类的理性动机，描绘推动人类行为的“经济压力”，并预测这些压力可能导致的结果。他的游戏研究的前提是：玩家（即人类）基本上是理性的、有秩序的，并受到可量化的力量影响，即使这些力量会驱使他们实现反常的目标。在给奥特维的信中，冯·诺依曼强调了平衡、简单、自私等概念，并认为社会规范是维持稳定的因素的核心因素。身处紧张局势的奥特维并不认同这些观点：

> 我认为，这些力量在很大程度上并非经济力量；相反，它们是极其原始且野蛮的激情，而“经济”原因在

很多情况下只是为了让现代人掩盖自己的真实动机。

尽管如此，这并未阻止冯·诺依曼对探寻人性物理学的热情。他并不孤单——同时代还有其他人希望将社会科学公理化。维也纳数学家卡尔·门格尔（Karl Menger）在出版于 1934 年的著作《道德、决策与社会组织：走向伦理逻辑》（*Morality, Decision and Social Organization: Towards a Logic of Ethics*）中，试图为道德奠定数学基础。门格尔的这一思想也影响了年轻的奥地利经济学家奥斯卡·摩根斯坦（Oskar Morgenstern）。摩根斯坦很喜欢在八卦中透露说自己是弗里德里希三世（Frederick Ⅲ）的私生女的儿子，因为如此一来，他便是威廉皇帝的曾孙，而正是这位威廉皇帝在一定程度上铸就了新德意志帝国的辉煌，其中一部分功劳便归功于“战争游戏”。受到门格尔思想的启发，摩根斯坦希望能将经济学系统化，然而，那时的文献却一片混乱。他在 20 世纪 30 年代所做的大部分研究都是对经济学领域的批评。经济学家们在定义相同量概念时前后矛盾，而他们的研究又建立在不可能的假设之上，有些假设是明确陈述的，而有些则是通过粗略的数学推导间接暗示的。

物理学家用平衡来描述静止状态下的系统，经济学家从他们那里借鉴了这一概念，就像船只在海中的深度反映了重力与水的浮力之间的平衡。经济学中的平衡模型在当时风靡一时，但摩根斯坦却对这些方法持怀疑态度，因为它们缺乏活力。静态模型仅仅是对真实市场的粗略模拟。在他看来，一个经济模型如果不能解释事物发生变化时会发生什么，“就几乎不配被称为理论和科学”。此外，平衡模型要求市场参与者拥有完美的预见性。摩根斯坦不禁要问：“谁的预见？针对什么样的事物或事件？针对什么样的局部关系？哪段时间？”在对其他人进行推理时，预见性又意味着什么？如何才能在不陷入无限循环（我明白你了解我清楚你知晓……）的情况下相互预测？

摩根斯坦喜欢借用福尔摩斯侦探小说中的一个场景来阐释他的观点：夏洛克为了躲避宿敌莫里亚蒂，登上了开往多佛的火车。不幸的是，福尔摩斯在火车离站时看到了莫里亚蒂赶来，他刚好瞥见福尔摩斯。福尔摩斯必须决定是继续乘坐火车到达终点站，还是在途中下车。他的决策必须基于他认为莫里亚蒂会先去哪里，而莫里亚蒂会去哪里，则取决于他认为福尔摩斯会做什么，如此循环往复，无穷无尽。

这一难题的根源可以追溯到卡尔·马克思约 70 年前指出的一个问题。孤立个体思想实验是道德哲学的标准，而经济学家也乐于采用这一传统。马克思指出：“鲁滨逊·克鲁索的经历是政治经济学家们钟爱的一个主题。”克鲁索是丹尼尔·笛福（Daniel Defoe）的名著《鲁滨逊漂流记》中的主人公，一个遭遇海难的旅行者，被困在一个孤岛上几十年，最后终于获救。在受困期间，克鲁索自食其力，创造了生活所需的一切物品。在经济学家看来，克鲁索就像一个不可分割的市场原子，他们基于这一观念构建了自己的模型。然而，他们忽视了构成市场的个体之间的互动，仿佛市场是由一群孤立的鲁滨逊·克鲁索组成的，而不是一个由相互关联的主体构成的网络。马克思认为，这导致经济模式从根本上被客体化，将人排除在主体之外，将经济模式塑造成一种客体经济，即一群自我沉溺、互不干涉的个体的集合。

摩根斯坦不仅反对同行的草率，还反对经济学家提出问题的方式。大多数经济理论不过是对某种制度结构下的价格预测：**假设市场完全竞争，在供应量为 *x*、需求量为 *y* 的条件下，确定木材的价格。**但这样的制度结构首先是如何产生的呢？与其假定某种制度是既定的，并预测相应的价格，经济学家应该应对一个更有趣的问题：**在给定规则的情况下，有哪些制度和价格搭配是可能的？**经济学家不应该仅仅描述现有的动态，而应努力构建能够表达任何可能动态的工具。简而言之，经济学是一个支离破碎的领域，其从业者用错误的工具提出了错误的问题，提供了建立在不可能的假设基础上的无用的静态模型。

1938 年，希特勒吞并奥地利，摩根斯坦离开维也纳，前往普林斯顿高等研究院工作。在那里，他与冯·诺依曼发现了共同的兴趣——将人类互动形式化。冯·诺依曼从博弈论角度进行研究，摩根斯坦则从经济学视角出发。他们合作将冯·诺依曼早期的研究扩展成了现在这部经典著作《博弈论与经济行为》（*Theory of Games and Economic Behavior*），该书于 1944 年出版。在书中，他们描述了在特定的假设和条件下，一组理想化的、相互作用的参与者如何制定策略以实现回报最大化。"我们希望能够令人满意地证明……经济行为的典型问题能够与适当的策略博弈的数学概念严格对应。"当时，许多学者认为经济学将永远抗拒数学形式化。通过博弈论的阐释，经济学开始转变为一门更加严谨的学科——至少在表面上是这样的。

两位作者将博弈研究与牛顿的苹果进行了比较。正如苹果落地的平淡轨迹揭示了物理学定律，解释了行星尺度运动，博弈也可以被视为可以构建出更复杂的动力学的最小模型。牛顿力学描述的是有质量的实体如何相互影响，而博弈论描述的则是有欲望的实体如何相互作用。以博弈为基础，研究人员可以从被动物质的力学中推导出具有偏好和目标的主动实体的力学。正如地心引力牵引苹果落地，自我利益也将玩家引向预定的策略，让他们在数学上做出最佳表现。冯·诺依曼坚信，他的模型准确地捕捉到了人类行为的现实。他儿时的朋友和同事尤金·维格纳更是坦言，这种世界观影响了他对道德的判断，他引用冯·诺依曼的话说："抱怨人们自私和奸诈，就像抱怨磁场只有在电场存在的情况下才会增强一样愚蠢。这两者都是自然法则。"

冯·诺依曼和摩根斯坦为经济学家之前仅模糊理解的概念赋予了具体的定义。功利的概念最早出现于18世纪，通常被认为是哲学家杰里米·边沁（Jeremy Bentham）和约翰·斯图亚特·穆勒（John Stuart Mill）的贡献，尽管它在更早的文献中已有所体现。功利旨在衡量个体从某事中获得的快乐或好处，但其量化并非易事，例如，用严格的术语来定义不同消费者从同一物品中获得的快乐就很困难。人们不仅偏好各异，其衡量标准也截然不同。从理论上来说，一个人能体验到的最大快乐可能低于另一个人体验到的最小快乐。

1937 年，经济学家保罗·萨缪尔森（Paul Samuelson）给出了一个对功利的定义，这个定义可以用纯粹可观察的术语来衡量，而无须考虑隐藏的心理因素。他的这一见解现在被称为“揭示偏好理论”，其基础是丹尼尔·伯努利（Daniel Bernoulli）的观点，即行为体行动的目的是为了最大化他们的收益或效用。行为体的选择揭示了他们对结果的重视程度，即结果对他们而言的功利性。某一事物的功利性是通过行为体对该事物的一贯选择来衡量的。行为体之所以是行为体，是因为他们的行为是为了实现功利最大化。他们选择的所有行动，都是为了追求功利的最大化，功利也就是他们力求最大化的东西。尽管表述略显绕弯，但从技术层面来看，这确实解决了问题。正如数学家肯·宾默尔（Ken Binmore）所言：

> 现代（功利）理论并未说夏娃之所以选择 a 而非 b，是因为 a 的功利性超过 b。相反，选项 a 的功利性之所以大于选项 b，是因为我们已经观察到夏娃总是选择 a 而非 b。

冯·诺依曼将萨缪尔森的见解进一步形式化，并将风险的概念明确纳入玩家的选择之中。每个选择都像是一场赌博，冯·诺依曼将其进行了模型化。例如，当我们购买某只股票时，我们并不清楚其未来的价值。我们会估算其上涨的可能性，并在赌注看起来相对安全时考虑购买。即使成功的可能性较低，我们也可能会选择这样的赌注，因为赌注的结果是我们渴望的——就像积极申请一份竞争激烈的工作，即使可能落选。在这一框架下，理性的行为体总是会在他们对选择的渴望与该选项的风险之间取得平衡，选择他们认为能最大化预期效用的选项。根据某些假设，人们的偏好可以通过一个功利函数来描述，该函数可以用于预测人们的策略和选择。冯·诺依曼的表述将主观的个体欲望转化为一个共同的参照框架，这一框架完全由行为体在集体竞技场中的行动所定义。他仅用了一个下午就提出了这一理论。摩根斯坦后来在日记中写道，目睹冯·诺依曼在短短一天之内解决了困扰经济学家多年的难题，“让我感到无比满足，深受感动，以至于之后我再也无法集中思考其他事情”。

博弈论的前提是假定参与者是理性的。然而，多年来，博弈论对于“理性”的定义一直在演变。冯·诺依曼和摩根斯坦的概念过于严格，要求博弈者拥有无限的预见能力和计算能力，以便计算出最优选择。这种技术性的定义与参与者是否逻辑清晰、是否不受情绪影响甚至是否聪明都无关。在更广泛的层面上，理性是由参与者所做的选择来定义的。理性的参与者做出的选择会使其收益或功利最大化，这就要求他有一致且明确的偏好。比如，如果某个参与者喜欢苹果胜过橙子，喜欢橙子又胜过香蕉，那么他就应该选择苹果而非香蕉。理性的行为体应能对其偏好的不同结果进行排序，推断出哪些行为会导致哪些结果，并做出符合自己偏好的选择。只要满足这些标准，我们就可以说行为体是理性的。对于经济学家而言，只要了解行为体的偏好，便能够预测他们的选择。

正如诺贝尔经济学奖得主[一]阿马蒂亚·森（Amartya Sen）在其经典论文《理性的傻瓜》（*Rational Fools*）中指出的那样，我们很难仅凭“理性”行为体在选择上的一致性就认定其选择是有意义的、明智的。明智的选择并非一成不变，而是取决于具体情况。例如，一个人在冬天可能更喜欢穿派克大衣而不是背心，但在游览热带岛屿时可能就不同了。同样，一个人在睡前可能会选择使用牙刷而不是防弹背心，但在战斗中情况则截然相反。我们甚至可以认为，博弈论的基本假设（参与者的偏好是可排序的、静态的）会因博弈本身的存在而失效。例如，在大富翁游戏中，玩家渴望的只是游戏中的彩色纸币，而一旦游戏结束，这些纸币立刻变得一文不值。在游戏过程中，我们暂时搁置了真实的愿望去顺应一个虚构的游戏世界，在这个世界中，我们最想要的莫过于把小小的塑料房子放在特定的纸板房地产方格上。

与“鲁滨逊·克鲁索”经济学不同，博弈论提供了描述互动关系所需的框架。摩根斯坦希望博弈论能成为经济学家研究社会规则下制度或“社会秩序”的出现的工具。然而，《博弈论与经济行为》几乎并未解决摩根斯坦对经济理论现状的疑虑。历史学家菲利普·米洛斯基（Philip Mirowski）评论道：“具有讽刺意味的是，摩根斯坦最初关注的问题在很大程度上

[一] 通常所说的诺贝尔经济学奖的正式名称是“瑞典国家银行纪念阿尔弗雷德·诺贝尔经济学奖”（Sveriges Riksbank Prize in Economic Sciences in Memory of Alfred Nobel）。

被践踏和破坏了。”摩根斯坦一生都在批评经济学家使用不切实际的模型，然后建立了一个以具有完美预见力的行为体为模型的领域。此外，博弈论也是静态的。冯·诺依曼和摩根斯坦虽都承认，“动态理论无疑会更完整，因此也更可取”，但他们同时也指出，其他的科学证据表明，在了解静态情况之前建立动态理论是徒劳的。摩根斯坦最终放弃了他的崇高抱负，在日记中写道：“约翰尼说，我们应该等上 300 年才能找到适用的动态理论，如果特别乐观的话，也许等 100 年就够了。”

随着时间的推移，这些限制逐渐得到放宽。例如，政治学家赫伯特 .A. 西蒙（Herbert A. Simon）提出了“有限理性”的概念，认为人们的决策能力是有限的，他们常常会做出虽非最优但足够合适的选择。这个新理论的最大问题或许在于它仅限于零和博弈，这使经济学家们普遍认为它是一个相当不理想的工具，因为市场应该是正和博弈，其目的是创造价值。然而，零和博弈的限制却是一种方便的数学技巧，其功能类似于物理学中的守恒定律。在零和博弈中，由于参与者之间的利益是相互平衡的，因此极小化极大策略就成了一个平衡点，使理论家们可以在一定程度上把握参与者的心理。在二人零和博弈中，参与者永远不会陷入“我明白你了解我清楚……”的无限循环，因为无论对方如何行动，极小化极大策略都有效。冯·诺依曼和摩根斯坦写道：“在二人零和博弈中，可以假定对手是理性的，因为对手的非理性永远不会伤害博弈者。”无论对手采取何种策略，参与者的表现都不会比极小化极大策略差，因此所有参与者应该都倾向于选择这个策略。

相较于摩根斯坦，冯·诺依曼并不太关心如何对他们的模型进行经济学解释，尽管在书的结尾，他们几乎是在为未能提供更现实的解释而道歉。摩根斯坦曾预测，要想让经济学家们接受博弈论，需要相当长的时间。他的预言成真了：几十年来，经济学家们一直对《博弈论与经济行为》视而不见，认为其过于狭隘，无法解决任何值得关注的问题。这本书还让许多经济学家感到不快，因为它的作者既批评了他们的领域，又引入了一种陌生的数学形式。在博弈论诞生的最初几十年里，主要是数学家而非经济学家推动了该理论的发展。博弈论一直处于边缘地位，直到半个世纪后才逐渐将经济学领域纳入其范畴。

到 1950 年，普林斯顿大学已经是世界博弈论的中心，但这一圣殿位于普林斯顿的数学系，而非经济系。冯·诺依曼和摩根斯坦的学生、经济学家马丁·舒比克（Martin Shubik）回忆道：

> 刚到普林斯顿大学不久，我就深深感受到了经济系和数学系态度的巨大反差。经济系呈现出一种沉闷的墨守成规的氛围，像是一个传统的博士生产线……而数学系则充满了创新和纯粹的探索乐趣。

师生们热衷于各种游戏，如围棋和冯·诺依曼童年时热爱的“战争游戏”，经常在系的公共休息室进行激烈的对决。约翰·纳什（John Nash）是其中一员，他是一位早熟的年轻研究生。他的本科导师在向普林斯顿大学推荐他时简短地介绍道："纳什先生今年 19 岁，将于 6 月从卡内基理工学院毕业。他是一个数学天才。" 1950 年，纳什凭借一篇仅有一页纸的论文，为经济学思想注入了新的活力。

冯·诺依曼和摩根斯坦的分析主要限于二人零和博弈。这类博弈有一个明确的均衡点，即参与者倾向于采取极小化极大策略。然而，一旦有第三个参与者加入，局势便变得扑朔迷离。两个参与者可能会联合起来对抗第三个参与者，然后分享收益。但博弈论无法准确预测这些联盟的形成方式、哪些参与者会参与其中以及他们会倾向于采取何种策略。纳什则提出了一个更广泛的博弈均衡定义，它适用于任意数量的参与者 和任何形式的收益结构，不论是零和博弈、正和博弈还是负和博弈。

在纳什均衡中，每个参与者的策略都是对所有其他参与者的选择的最佳回应。纳什均衡的特点在于，一旦每个参与者同时公开其策略，便没有人愿意再做出改变。以驾驶汽车为例，即使没有交通法规强制规定必须靠哪一侧行驶，所有司机也会选择一侧并坚持不变。人们自然而然地就会去选择靠左或靠右行驶的策略。除非其他人都同意改变行驶方向，否则改变方向对任何人都没有好处。

纳什的均衡概念与 19 世纪的经济学家安东尼·奥古斯丁·库尔诺（Antoine Augustin Cournot）描述两家竞争对手销售矿泉水的情况时得出的结果相关。他指出："因此，均衡状态……是稳定的；也就是说，若其中任何一方经营者误解自身真实利益，暂时偏离平衡状态，将会引发一系列反应，最终使其回归均衡。”摩根斯坦对这一结果应该很熟悉，但他可能忽略了其中的关联，或者像冯·诺依曼一样，认为这个结果缺乏吸引力。据纳什后来报道，当他向冯·诺依曼展示自己的研究成果时，冯·诺依曼回答道：“这只是一个不动点定理，没什么大不了的。”但是，纳什的均衡概念赋予了博弈论更广泛的应用，使其在社会科学领域更具价值。

冯·诺依曼最初可能否定了这一结果，因为他认为竞技游戏不能很好地模拟现实世界。在现实生活中——无论是在政治领域、市场还是社交领域——博弈者几乎总是倾向于结盟，从而产生了许多可能的结果。1950 年，纳什在一篇简短的论文中发表了他的研究成果。这项研究成果以及他对讨价还价博弈（合作博弈者通过讨价还价交换物品）的研究，为他赢得了 1994 年的诺贝尔经济学奖。当时，纳什已经被偏执型精神分裂症困扰多年，正如西尔维亚·娜萨（Sylvia Nasar）的《美丽心灵》（*A Beautiful Mind*）描绘的那样：他被称为南极洲的皇帝，通过报纸文章转发来自其他世界的加密信息。尽管他在数学领域有着深刻的见解，但他也深感绝望：由于疾病无法控制，他永远无法充分发挥自己的潜能。

保守的自由放任思想家采纳并推广了均衡经济学的哲学思想。他们利用这些模型合理解释了亲商政策。然而，遗憾的是，经济学家经常将数学均衡误认为现实。有些人认为，由于人们会自发地倾向于均衡策略，因此没有必要制定法规。在经济学领域，有一条著名的“定律”，即完全竞争、不受管制的市场在无约束的情况下运行，会产生最大的社会福利。但这是因为学者们将“经济剩余”重新措辞为“社会福利”。不受监管的市场并不能保证盈余得到公平分配，因此称其为福利是可笑的，除非我们指的是最富有者的福利。

简单来说，市场并不神奇。但是，面对那些其模型与自身意识形态相契合的理论家表现出的任性、天真，我们往往难以反驳。“自由市场原教旨主义者”认为，市场具备一种伦理上的炼金能力。他们把自私自利比作“贤者之石”，认为它能够将曾经被视为罪恶的行为转化为经济学上的美德。自私自利不仅推动了生产力，还使人们变得可预测——这对于希望解释社会动态的经济学家来说，确实是一种美德。以任何方式限制市场运作不仅是糟糕的商业行为，更是不道德的。真正的自由放任主义者信奉的是不受监管的市场能够解决一切难题，因为在完全竞争的环境下，市场效率最高。但这种理论上的完全竞争也需要不切实际的狭隘条件。自由主义者倾向于将自己的世界观说成是符合现实的，但他们构建的哲学体系却是建立在理想化的数学基础上的，与他们钟爱的现实世界毫无联系。

“自由市场原教旨主义”的兴起更多是靠公关，而非严谨的学术研究。正如纳奥米·奥瑞斯克斯（Naomi Oreskes）和埃里克·康威（Erik Conway）在《大神话》（*The Big Myth*）一书中所述，20 世纪 50 年代，通用电气公司聘请了当时还是新政民主党人的罗纳德·里根（Ronald Reagan）主持电视节目《通用电气剧场》（*General Electric Theater*），为他重新点燃了低迷的事业。该节目传播了个人主义和自由企业的理念，宣扬通用电气公司坚定的反工会和反政府意识形态。其他持类似观点的公司也资助智库和游说团体进行宣传，试图将市场法规与自由、民主和美国价值观对立起来。他们免费发放了数百万本著名保守派人士的书籍，其中包括弗里德里希·哈耶克（Friedrich Hayek）、米尔顿·弗里德曼（Milton Friedman）和安·兰德（Ayn Rand）等人的作品，这些作者都接受了博弈论的核心假设，即人类自私自利。博弈论因此成为新自由主义工具箱中非常受欢迎的工具之一，加速了全球范围内的大规模私有化进程。

迄今为止，已有15位博弈论研究者荣获诺贝尔经济学奖，涉及的主题广泛，包括垄断监管、信息不对称的博弈，如劳动力市场、保险和二手车市场。博弈论的理论支撑着新型平台、拍卖和经济系统的设计，从为美国医学生匹配理想住院医生的算法，到价值数十亿美元的无线电频谱拍卖，不一而足。各大公司利用博弈论进行搜索引擎广告位的竞价，预测供应链流程，并为联网设备设计通信协议。博弈论中的市场设计和拍卖机制推动了在线商品和服务的高效交易，直接导致了实体店的关闭。博弈论的匹配算法能为旅行者找到最理想的航班，为求职者开启新的职业道路，还能为社会中的孤立者提供狂热的社交宣传。博弈论的深刻见解最终从学术的思想实验中涌现，成了被广泛接受的“常识”。博弈论不仅塑造了军事战略，决定了现代社会和经济制度的设计，还影响了我们看待自己的方式——无论是积极的还是消极的。

第六章　只有新衣没有皇帝

你为何如此确信数理逻辑符合我们的思维方式？你已经陷入了法国人所说的“职业病”之中。看看那座桥，它建造时就是依据逻辑原则。假设在集合论中发现了一个矛盾，你真的认为桥会因此倒塌吗？

——斯塔尼斯拉夫·乌拉姆

研究人员对某个显著的人群进行了数十年的心理测试，要求这些受试者互相分享共同拥有的资产，但很多受试者一再拒绝合作。研究人员向其中一些受试者发放了易腐食品，其数量远远超过他们能够消费的量，然而，这些人中的大多数只愿意分享不到 10% 的食物给其他未得到任何食品的受试者。尽管这些受试者可以无任何成本地为自己和其他受试者提供食物，但他们通常会忽视其他受试者获得食物的请求。在许多博弈论情境中，这些受试者被研究人员认定为科学界已知的最自私的人类亚群。

这些受试者是处于学步期的小宝宝。到了 6 岁，孩子们会展现出更强的亲社会性，他们会变得更有耐心，更懂得如何进行公平交易。在许多方面，现实生活中的人们都打破了博弈论假设的理性和自私，甚至两岁的孩子有时也会自发地分享。

当然，博弈论中的参与者并非真实存在的人类，而是抽象的概念。博弈论并不预测人类行为。由于博弈论基于数学重言式，所以它无法直接触及现实世界。博弈论描述的数学模型中的“选择”只是其效用函数的逻辑结果。在博弈论中，行为体不过是一个方程式、一组偏好，旨在采取最大化这些偏好的行动。当博弈论的预测与现实中观察到的人类行为有所出入时，这并不能证明博弈论本身的错误。博弈论不能通过实证观察来反驳，因为它并不是基于实证的。冯·诺依曼和摩根斯坦在他们的著作中明确指出了这一点。数学家肯·宾默尔说："数学定理其实是重言式，它们不可能是假的，因为它们并没有表达出任何实质性的内容，而只是阐明了事物被定义的含义。博弈论的基本命题也具有完全相同的性质。"这并不意味着博弈论没有价值或无用，但我们应该警惕，不要将博弈论的教诲简单地套用到传统的常识领域中。

冯·诺依曼和摩根斯坦之所以选择博弈论的原始假设，并非因为它们准确无误，而是因为这些假设使数学变得更简单，尤其是在计算机出现之前的时代。正如他们的学生马丁·舒比克解释的那样："经济学家、运筹学家和博弈论玩家都被大幅简化了……现实被强行套入模型，以便我们能够利用现有的数学技术。"尽管存在这些局限性，理论家们依然迫不及待地抓住机会，生成可检验的人类行为预测，希望博弈论能够成为更可量化的社会科学的支柱。

在人们还未意识到自己即将采取的行动之前，就已经预见到他们的行为，这种可能性激发了一种诱人的幻想，难以被忽视。博弈论对美国政策产生了巨大影响。1948 年，兰德智库成立，专注于博弈论在军事、经济和政治领域的应用。兰德智库由道格拉斯飞机公司（Douglas Aircraft）牵头成立，该公司是战后面临大规模裁员压力的重要军工供应商。兰德智库的资金来自美国陆军、空军和国防部等多个联邦机构。兰德公司的分析师们为从太空竞赛到医疗保健等各个领域的决策提供信息，而博弈论则成了他们的主要工具。

兰德公司最具影响力的作品，也是博弈论中赫赫有名的思想实验，被称为“囚徒困境”。这一理论大约在 1950 年左右由梅里尔·弗洛德（Merrill Flood）和马文·德雷舍（Marvin Dresher）共同提出。“囚徒困境”描述了一类博弈，即博弈者出于自身利益的考量，会伤害包括自己在内的所有参与者。想象一下这样的场景：两名共同犯罪的罪犯被抓获并分别接受审讯。如果他们串通一气，都保持沉默，那么每人仅需服刑一年；如果他们互相推诿，每人将服刑两年；如果一方背叛另一方，而另一方保持沉默，背叛者将获释，而被背叛者将在监狱服刑三年。这里的要点是，全球范围内最优的选择是双方都选择保持沉默。但博弈论的观点认为，两个罪犯总会互相背叛，追求即时的个人自由。因此，尽管他们本可以通过合作只服刑一年，但最后注定都将服刑两年 。

在这种结构的所有游戏中，背叛成了纳什均衡。然而，当博弈者选择自私行事时，结果往往比他们履行社会责任时更糟糕。他们追求个人利益的行为实际上反而损害了自身利益，这就削弱了亚当·斯密（Adam Smith）提出的“自私的行为可能让每个人受益”的见解。弗洛德和德雷舍发现，事实并非总是如此。拉普拉斯曾声称，“概率论不过是将常识化为微积分”。但“囚徒困境”的奇怪逻辑与常识发生了冲突。当弗洛德和德雷舍首次提出他们的悖论时，他们希望其他人也能解决这个难题，然而“囚徒困境”一直是一个处于博弈论核心的棘手之谜。

弗洛德和德雷舍在一个模拟环境中对他们的同事进行了实验。他们很快发现，真实世界中的人们并不像他们博弈论中的理论模型那样行事。在纯粹理性的模型中，行为体会选择背叛伙伴。然而，在实际情况中，参与者更倾向于合作，因此他们的表现超出了悲观的“理性”预测。当弗洛德和德雷舍在重复的“囚徒困境”游戏中安排两位同事对峙时，一位始终选择合作，而另一位却未能如此，这让那位习惯合作的同事感到惊讶。他在提到那位背叛他的对手时愤愤道：“这个小人，他不明白，我们是在跟第三方比赛，而不是彼此对抗……这个投机取巧的无赖！”他通过自己的反应来奖惩对方的行为，形容这过程就像“训练孩子上厕所一样，需要极大的耐心”。随着时间的推移，那位背叛者也变得更加愿意合作了。

“囚徒困境”在实证心理学研究中无处不在：政治学家理查德·阿克塞尔罗德（Richard Axelrod）将其比作“社会科学中的大肠杆菌”，与微生物学中最受欢迎的模式生物相提并论。研究人员用它作为透镜，深入理解为何人类行为并不总是符合理性博弈论的预测。经济学家和心理学家认为，人并不十分理性。弗农·史密斯（Vernon Smith）和丹尼尔·卡尼曼（Daniel Kahneman）因揭示了诸如时间贴现和回避后悔等一系列认知偏差，在2002年共同荣获诺贝尔奖。卡尼曼在他的巨著《思考，快与慢》（*Thinking Fast and Slow*）中详细介绍了约十几种此类偏差，但时至今日，研究人员已记录下数百种之多。这一领域不断发展，如今已演变为行为经济学，即人类决策研究，是心理学和经济学的交融。这是一个充满挑战的领域，需要被严谨对待，因为众所周知，人类的决策异常复杂，难以简单概括。尽管多年来行为研究的实验方案有所改进，但心理学研究往往受限于参与人数少、实验条件人为控制以及受试者群体（通常为年轻的白人大学生）的代表性狭窄。行为经济学也受到其自身的偏见影响，部分原因是其丰富的资金往往来源于寻求对其运营假设进行科学验证的企业。因此，行为经济学被视为科学领域中声誉最差的领域，部分经典研究结果也难以复制。尽管存在这些警告，但大量证据表明，人类并非完全理性的行为者。然而，研究人员更多地将精力放在了对认知偏差的罗列上，而不是深入理解它们存在的原因。究竟是什么导致了这些差异？它们又能为我们揭示哪些关于人类本性的信息呢？

在开始探讨人们不理性的行为方式之前，我们有必要澄清一下这里“理性”一词的含义。在 1966 年的一次会议上，政治理论家托马斯·谢林（Thomas Schelling）呼吁他的同事们使用更为简洁的术语。虽然外行对理性的定义意味着“合乎逻辑”，但在博弈论的语境中，理性的行为体只是指那些根据自身目标采取行动以最大化预期收益的存在。这并不意味着博弈论意义上的理性行为是聪明的，或者是可预知的。在博弈论中，博弈者根本不需要头脑，只需要欲望。理性选择就是为了追求这些欲望而做出的选择。只要给出参与者的偏好或效用函数，博弈论就能够揭示出最佳决策，而无须询问参与者的意见。按照普遍的定义，参与者的偏好可能是完全“非理性”的，例如，一个受虐狂可能会主动寻求痛苦。对这种行为体来说，理性意味着做出与自我伤害相一致的选择。理性行为体的目标可以是自私的，也可以是无私的——他们可能想追求个人财富，也可能想把钱全部捐给慈善机构。他们的目标可以是合理的，也可以是不合理的；可以是自我保护性的，也可以是自毁的。一个理性的行为体只会做出选择，以最大限度地增加实现目标的概率。现代媒体充斥着关于人类理性失败的自鸣得意的报道，但这些报道往往将价值判断偷换为技术层面的定义。如果我们将当前所理解的理性这一数学属性贴上负面标签，如“贪婪最大化”，那么头条新闻就会比较宽容地说“人们并不是贪婪的最大化者”而不是“人们不理性”。

博弈论是一个纯数学领域，因此无法进行经验预测。然而，这门曾经处于边缘位置的数学学科，如今却主导了经济学、政治学、法学、伦理学和心理学等众多社会科学领域。尽管经济学家多年来一直努力将经济理论与更现实的人类行为联系起来，但经济学教科书中的观点往往已经过时几十年。经济学家赫伯特·金迪斯（Herbert Gintis）指出，物理学家不断更新他们的模型以符合实验数据。量子力学这个极其反直觉的领域最初源于黑体辐射的实验异常，现在已历经数十年的发展。理论家们对每一个新的实验困扰都非常重视，因为每一个困扰都表明还有更多未知需要去了解。一系列不断更新的模型最终导致了量子力学在概念上的突破。然而，经济学却并未遵循这样的路径。金迪斯在研究一本经典的微观经济学教科书后得出结论：“尽管这本教科书写得很好，但在整整1000页的篇幅中，却没有包含一个事实。”这些教科书平静地阐述着市场的“规律”，但实际上只是在不断重复同样的概念。它们的作者在数学之城中构建了一座虚幻的城堡，与现实脱节。

金迪斯认为，最大的问题在于假设人们出于自身利益行事。然而，太多证据表明，事实恰恰相反。心理学的诸多研究表明，人们不愿意对彼此撒谎，即使在个人利益可能受损的情况下。特别是在涉及大额金钱时，人们往往更加倾向于诚实。实验中的受试者对合作的重视程度极高，他们会对不合作的参与者进行惩罚，即使这样的惩罚可能会损害到他们自身的利益。因此，惩罚和奖励的机制以及社会制度（如处罚制度、贸易协定）可能是作为强制实行合作的工具而出现的。这也解释了为什么一个在很大程度上依赖于大规模合作的物种会展现出以他人为中心的行为。金迪斯认为，数学家们需要不断努力更新博弈论的前提以更好地解释这一现象。

调和博弈论与行为学研究的另一个难题在于，博弈论聚焦于个体的偏好，而实验者并不能总是洞悉参与者的真实意愿。实际上，参与者并没有偏好，是偏好定义了参与者，也定义了博弈。在这个过程中，并不存在谁在做选择；选择是参与者偏好的逻辑结果，而这些偏好又由参与者所做出的选择来衡量。这其实是重言式。在某些情境下，皇帝是一丝不挂的，但在博弈论中，是只有新衣没有皇帝。

了解一个人的偏好意味着了解他在各种可能情况下会做出什么选择。理性选择政策可能会动摇民主理想，因为专家们会将理论上的“最佳”选择强加于人们的实际选择之上。正如历史学家 S. M. 阿玛代（S. M. Amadae）所言，在博弈论中，“同意变得多余了”。博弈论原本旨在从数学角度描述行为体的行为，但却剥夺了参与者的主动性。

在实验室的特定环境中，参与者的选择是严格规定的，未必反映真实世界的动态。在这个人造环境下，偏好被强加而非被衡量：实验者设计了一个具有特定利益结构的游戏，并期待参与者按照这一结构行事。然而，参与者对游戏的认知可能与研究者所设想的大相径庭。他们的偏好可能涉及更多无形的利益（比如对合作的重视），这些利益往往难以量化。为了简化问题，理论家们通常忽视这些因素，将金钱或积分作为衡量功利的唯一标准，但这并不意味着参与者不重视那些无法被量化的价值。

弗洛德和德雷舍在设计“囚徒困境”实验时，假定受试者只关心如何尽量缩短虚构的监禁时间。然而，真实的参与者可能更关心其他事情。毕竟，受试者的态度往往都是合作的，他们认为自己和对手都在与一个第三方对抗。两个互不相识或互不关心的受试者可能会像囚犯一样，为了尽快脱离监禁而选择背叛对方。但是，如果我们把这两个受试者重新设想为一对命运多舛的恋人，他们会把对方的自由看得比自己的自由更重要，此时，“囚徒困境”就变成了恋人的乐园。这类受试者的回报与那些无知的“囚犯”不同，他们的均衡策略将是合作。

如前所述，理性选择意味着玩家做出符合自己愿望的选择，这些愿望本身不一定是日常意义上的理性选择，也不一定是利己的。即便是利己的选择，也可能是无私的。与其将参与者的合作倾向解读为理性的“失败”，也许我们更应该直接接受他们的选择。也许他们的行为确实出于自身利益，只是他们所关心的内容可能是研究者们未曾考虑到的某些因素。参与者可能更愿意为了乐趣而合作，而不是为了最大化那些毫无意义的得分或最小化诸如虚构的监禁时间之类的成本。是参与者的偏好而非我们对这些偏好的假设决定了他们如何参与游戏。

在博弈论中，人们通常假定参与者的偏好是固定不变的。然而，心理学家发现，人们对于博弈的背景和情境极为敏感，他们的选择往往会受到影响。在“囚徒困境”中，参与者的行为会因游戏的呈现方式有所不同。如果称其为“华尔街游戏”，参与者就更有可能选择背叛；相反，如果称其为“社群游戏”，参与者则更倾向于合作。尽管这两个游戏的结构、回报和惩罚（如监禁时间）完全相同，但仅仅是游戏的名称不同就会导致参与者采取不同的行动。游戏是一门相互依存的互动科学，玩家可以从游戏的框架叙事中获取线索，预测其他玩家是会选择背叛还是会选择合作。玩家还可以利用这一背景预测任何无形的回报，比如遵守共同的价值观和社会规范。金迪斯认为，规范就像一位“编舞师”，在幕后协调着游戏者的行为。玩家从社会环境中获取线索，预测其他玩家会做什么，然后据此相应地选择自己的策略。

另外，与经典的博弈理论中的参与者不同，现实中的玩家具备学习能力。游戏教会玩家如何行事。比如，《四海兄弟》（*Mafia*）这款游戏会奖励对朋友撒谎的玩家，而这常常违背了玩家的本性。再比如，一个决心以非暴力方式赢得视频游戏《文明 5》（*Civilization V*）的玩家，会发现游戏中的拿破仑·波拿巴正驾驶坦克穿越他的边界。无论游戏的结构是显性的还是隐性的，都会激励玩家的行为。虽然玩家在初次与陌生人玩一次性“囚徒困境”游戏时倾向于合作，但随着反复接触，他们会更频繁地选择背叛，就像通过经验学习了纳什均衡一样。玩家会在玩游戏的过程中逐渐学会背叛，而非事先确定策略。这是一场恶性竞争：对手背叛的次数越多，他们自己背叛的次数也就越多。但这并不意味着人类天生就自私自利、不可救赎，他们的选择只是反映了游戏的激励机制。哲学家唐·罗斯（Don Ross）写道：“是囚犯处境的逻辑，而非他们的心理，让他们陷入了低效。”金迪斯认为，在进化过程中，人类完全有可能将合作规范内化，以克服“囚徒困境”中的低效率问题。这就是为什么他们的第一本能通常是合作。

这是一个重要的考虑。在博弈论中，人们可以通过参与者的选择来推断他们的偏好，但在现实生活中，参与者很多时候的选择是出于需要，而非愿望。我们学会了做出得到所参与游戏奖励的选择——有时我们被迫参与游戏。用人们的选择来定义他们是有问题的，因为这些选择可能是被强迫的，而非出于真心。人们经常因为做出与其真实偏好相悖但与社会或企业利益相符的选择而获得奖励。在某些国家，由于工资无法满足生活所需，人们可能会“选择”接受剥削性的工作，因为这是他们唯一的生存方式。当一个人的选择空间被极度缩小，当他们被推到生存的边缘，我们还能期待他们坚持自己的真实价值观吗？博弈论的假设中包含了一个观点，即所有价值都可以被客观地衡量并被纳入到一个人的模型中。理论上，对功利的衡量可以并且应该考虑一个人的道德价值观，但实际上，经济福利通常以 GDP、工资或储蓄等指标来衡量，这就产生了一个对除了可以用金钱衡量的东西之外的其他一切都变得不敏感的系统。例如，它无法记录人类的苦难，除非能够从苦难中获利。

然而，我们不能简单地将这两种情况相提并论，断言某个人的偏好就是被迫选择的结果。人力资源部的员工可能会保护性侵者，因为他们的薪水和家人的医疗保险都依赖于这份工作。一个财务顾问可能更向往幼儿园教师的生活，但如此可能会使其无力支付房租。人们可能迫于经济或社会压力，做出了并不反映其真实偏好的选择，然后又被告知，这些被迫的选择反映了人性的某些方面。宾默尔写道："因此，市场是这样一个过程的最后一步，这个过程首先抽离文化中的道德内涵，然后通过塑造人们的个人偏好来侵蚀他们的自主性。"经济学家和工程师越来越多地借助博弈论来设计新的社会和经济结构。最为关键的是，我们需要建立起能够考虑到这种偏好扭曲的强大系统。博弈论将人类假定为拥有固定不变的偏好的个体，而事实上，人类是一个不断学习的系统。这仍然是一个重要的发展领域，博弈论的一些分支也包含了参与者学习的内容，但这些理论仍然倾向于将偏好视为固定不变的，而非可以改变或学习的。人们经常会把自己的个人目标与其有意或无意地参与的博弈悄然为他们设定的目标相混淆。

互联网揭示了我们的偏好是多么具有可塑性：人们可能通过接触逐渐极端的内容变得激进。由于社交媒体被有效地游戏化，人们可能会因为采取能够吸引关注或得到小众社群认可的立场，获得社交层面的奖励。他们可能会采纳一些世界观，但并非因为它们反映了现实，而是因为这些信念受到社交奖励的强化，比如使人们在特定社群中提升了地位。如果某些明显错误的观点吸引了足够多的信徒，它们可能会产生实质性的社会和政治影响，比如阴谋论组织“匿名者 Q”（QAnon）的兴起。

游戏不仅能扭曲我们的偏好，还能塑造我们的行为模式。这一认识已经存在了长达半个世纪之久，理论家们早已知晓，游戏有时会引发玩家做出完全不理性的行为。马丁·舒比克在普林斯顿大学攻读研究生时，就设计出了一种能引起玩家“病态行为”的游戏。在他巧妙设计的“1 美元拍卖”游戏中，玩家竞相出价以赢得 1 美元。起拍价仅为 5 美分，这看似是一笔极其划算的交易，但问题是，出价第二高的玩家必须向拍卖人支付其输掉的出价金额。只要有第二名玩家出价，一场竞价战就会开始。假设第一位竞拍者一开始出价 5 美分，如果第二位竞拍者出价 10 美分（期望赢得 90 美分的利润），这就会刺激第一位竞拍者出价 15 美分，否则将损失最初的 5 美分。结果第二位出价者将继续出价 20 美分，如此循环。当出价超过 1 美元时，这种逐级加价的情况就会发生：游戏机制激励参与者继续出价，因为他们认为赢得 1 美元至少可以抵消他们之前的损失。随着他们在亏损后不断投入越来越多的钱，两名出价者的境况只会越来越糟。赢钱的唯一办法就是不玩，但玩家往往会上钩。舒比克声称自己在演示这个游戏时赢了数千美元。

阿里尔·鲁宾斯坦（Ariel Rubinstein）是博弈论领域杰出的实践者之一，同时也是该领域最直言不讳的批评者。作为以色列的知名经济学家，他因在谈判理论方面的奠基性工作和其他贡献而被广泛认为早就应获得诺贝尔奖。他的父母在大屠杀中失去了大部分家人，随后移民到了以色列。鲁宾斯坦的网站上有一个名为“可以思考的咖啡馆”的庞大数据库——尽管他讨厌咖啡，但他在咖啡馆里的工作表现最出色。鲁宾斯坦认为，博弈论是一门美丽的纯数学领域，但对现实世界没有任何借鉴意义。事实上，他怀疑博弈论可能使世界变得更加糟糕。在为冯·诺依曼和摩根斯坦的《博弈论与经济行为》一书撰写的后记中，鲁宾斯坦写道：

> 就我个人而言，我无法确定博弈论是否真的“改善了世界”。总的来说，经济学，尤其是博弈论，并不仅仅是对人类行为的描述。当我们教授博弈论时，我们可能会影响人们在经济和战略互动中的思维方式和行为模式。有没有可能，经济学中的博弈论研究会让人们变得更善于操纵或更加自私呢？

在许多学术圈子中，博弈论已成为衡量人类行为的标准。但由于人类具有学习能力，这一标尺可能会扭曲其所要评估的系统。归根结底，这还是由于人类具有可塑性。在游戏中，天真的玩家倾向于采用常识性的策略，而经过博弈论熏陶的玩家（如在大学课堂里所学）则倾向于使用理论上正确但在现实中可能效果不佳的策略。他们知道“正确”的答案——纳什均衡解——因此可能会选择效率低下的结果，比如在“囚徒困境”游戏中选择背叛。由于博弈论学者认为这是合理的解决方案，受过博弈论教育的玩家便会违背自己的本能，只考虑自身利益而不顾及他人的策略。鲁宾斯坦将这些不幸的、悲观厌世的玩家称为“博弈论受害者组织成员”。他认为，在现实生活中，这些人的成就可能不及那些未经博弈论“洗礼”的睿智的人，但这并不妨碍一些战略专家将博弈论的解法奉为“神圣规则”。鲁宾斯坦认为，那些盲目地信奉博弈论逻辑的人注定会因为他们的信仰而招致更糟糕的结果。同样，赫尔曼·黑塞（Hermann Hesse）在《玻璃球游戏》（*The Glass Bead Game*）中写道：“只要你知道怀疑的存在或可能性，你就会立即受到它们的折磨。”

我们无须将对人类行为的研究重点放在抽象理论上，而可以直接从人类行为的根源——大脑——着手。心理学家发现的几种经典偏见，即我们理性的“失败”，似乎是多巴胺系统的特征。在经济学中，效用代表了从商品或服务中获取的所有价值的总和。而在大脑中，多巴胺则负责编码关于奖励的预测，这些奖励包括性、金钱、食物、水和社交等方面。简而言之，多巴胺看起来就像是经济效用的生物对应物。这或许可以解释为什么人们比博弈论中的行为体更亲社会：几项研究表明，合作本身就会触发多巴胺的释放。与博弈论中行为体的僵化偏好不同，多巴胺能神经元对奖赏的反应是动态的、与环境紧密相关的。这再次表明，人类更适合被建模为学习系统，而非静态的数学方程式。

多巴胺还能解释其他一些著名的偏见。大脑中的多巴胺反应也体现了经济学中的边际效用概念：一个人拥有的某样东西越多，对它的渴望就越小。1000 美元对身无分文的人来说比对百万富翁更为珍贵。沃尔夫拉姆·舒尔茨的研究小组发现，口渴的动物在见到果汁奖励的线索时，多巴胺能神经元会强烈反应。然而，一旦动物喝饱，这种反应便会减弱。它们喝的果汁越多，对果汁的珍视程度就越低。这正是享乐适应理论的本质：人们逐渐适应更高的生活水平，一旦习以为常，便会追求更为极致的奢华。

这种现象也体现在所谓的“时间贴现”偏见上。人们往往更看重眼前的回报，而非未来的回报，即使未来的回报更大。比如，大多数人更喜欢看电影，而不是备考，尽管备考成功可能带来更好的工作机会，但回报需要等待数月甚至数年。舒尔茨和他的同事训练猴子在闪光信号的提示下按下杠杆以换取果汁奖励。在受过训练的动物身上，多巴胺能神经元会对预示果汁的闪光信号做出反应。当研究小组在原始闪光信号前增加了一次额外的闪光时，猴子大脑中的多巴胺能神经元学会了对较早的闪光信号做出反应，但这种反应并不那么强烈。随着提示与实际奖励之间的时间间隔增加，多巴胺（也就是动机）的反应就越弱，这表明我们更倾向于为了现在而牺牲未来的倾向。

多巴胺反应还与另一种认知习惯奇妙相关：我们对相对而非绝对的衡量标准更为敏感。假设有两名研究参与者执行相同的任务以获得报酬。第一个人被告知完成任务将获得 5 美元的报酬，而第二个人则被告知将获得 50 美元。如果第一个人得到的是 6 美元而不是预期的 5 美元，第二个人得到的是 48 美元而不是预期的 50 美元，那么第一个人的快乐感受会更为强烈，尽管从绝对值来看，第二个人赚到的钱是第一个人的8倍。这背后正是多巴胺能神经元在追踪奖励预测错误的机制。举例来说，多巴胺能神经元的释放强度显示了实际奖励与动物预期相差多少。如果得到的奖励超出预期，多巴胺能神经元就会增加释放；如果得到的奖励低于预期，多巴胺能神经元则会减少释放。它们记录的是现实与信念之间的相对差异，而不是奖励本身的大小。重要的是与预期的偏差。

经济学家误以为的“偏见”并非掩盖纯粹思维视野的缺陷，而是思维运作的方式。基于学习的理论（如强化学习）比博弈论更能解释人类的许多行为和偏见。然而，这并未阻止学术界将博弈论置于社会科学的核心地位，也未阻止博弈论推广者将其逻辑重新包装为商业智慧。但人类并非静态的等式，人们会根据所处的游戏背景（无论是华尔街还是社区）调整自己的行为，并从中学习。同样，信念在多巴胺系统的预测中也发挥着作用。这有两层重要含义：首先，我们的行为会受到所参与游戏的影响，因此设计这些游戏时需格外谨慎。游戏可能会教我们干坏事——这并非因为人性本恶，而是因为游戏可能会奖励我们这样做。我们都会基于自己的信念行事，这可能会改变游戏的本质。其他玩家的选择也会影响我们的信念。在重复进行的“囚徒困境”游戏中，一个反复背叛的玩家可能会引发其他玩家的背叛行为。我们的信念和相互依存的选择在实质上影响了现实中的我们，定义了社会层面上的博弈。

博弈论由一个受过创伤、渴望探究人性深处的人开创，但它只涉及数学领域，追求的是最大化函数的动态，而非真实的人类行为的动态。我们必须小心谨慎，避免其模型对我们自己产生任何影响，也要小心防止其寓言侵蚀到社会共识的智慧领域。零和偏见便是一个例子。全球各地的人们普遍认为所有资源都是有限的，但实际情况却并非如此。孤立主义者可能会反对移民，认为移民会“偷走”固定数量的工作岗位，但却未意识到移民也会推动经济增长，创造新的工作岗位。狂热的民族主义者可能会认为他国取得的任何进步都必然会导致本国衰退，而非共享繁荣。种族主义者可能会得出这样的结论：给予其他群体的任何援助都必然转化为自身群体的损失。并非每种情况都是零和游戏，但这种偏见已成为一种普遍的世界观，也是个人和政治关系中一个被过度使用的隐喻，它破坏了信任，阻碍了合作，而合作对人类的成功至关重要。

然而，博弈论本身并非零和偏见的罪魁祸首——冯·诺依曼创造零和偏见这个术语时只是描述了一类特定的博弈。在数学家正式化这一概念之前，人们就已经怀有某种形式的零和偏见。但由于博弈论在学术界的特殊地位，人们可能会误将这种民间观念视为既定真理，并利用博弈论为自己扭曲的观点辩护或开脱。一个人对零和思维的敏感性，往往取决于其文化和个人历史。例如，美国白人相较黑人更容易将种族地位视为零和博弈。男性则更可能将性别视为零和博弈，并反对公平的职场政策。那些其公民更容易陷入零和思维的国家，通常伴随着较低的国内生产总值、较低的多元化程度、降低的政府效能以及较少的人权。容易陷入零和思维的人往往缺乏积极情绪，并且他们的生活满意度也较低。零和思维会导致个人和群体之间的对立，甚至可能驱使人们为不道德行为辩护或基于错误假设做出错误决策，因为他们无法看到双赢的解决方案。考虑到人类心理的复杂性，我们很难确定因果关系，即零和思维是否导致更糟糕的经济结果，或者反之。我们不清楚这种偏见是进化的产物，还是我们在发展过程中学到的。也许，这种思维模式源自过度悲观的神话，或者是从类似国际象棋这样的零和游戏中学来的，然后误用于现实世界。

这并非理论问题。显而易见，人们的信念对其行为有着重大影响。政治战略家希瑟·麦吉（Heather McGhee）在她的著作《我们的总和》（*The Sum of Us*）中，详细描述了零和思维在种族分歧上给美国人造成的代价。将市场、社会等模糊概念视为零和博弈的想法是彻头彻尾的错误。市场的本质是正和的，正是广泛的社会合作才使人类取得了今日的成就。然而，在政治辩论中，零和思维的论调却随处可见，一些选民也将零和思维带入投票中。

麦吉详细描述了几种美国白人在投票上违背自身利益的方式，因为他们错误地认为美国黑人在社会或经济上的收益会导致美国白人蒙受损失。20 世纪 60 年代，当黑人也有机会分享社会成果时，白人对政府援助项目的支持便开始下降。麦吉将此与心理学研究联系起来。研究表明，人们更关心自己的相对地位，而非绝对福祉。例如，在某项游戏研究中，玩家之间的相互合作会带来奖励。然而，许多玩家仍然选择背叛，只为了能比对手获得更高的分数，即使奖励较少。可能是研究环境影响了玩家的行为。人们玩游戏通常是为了获胜，因此在这些实验室场景中，玩家们可能会产生获胜的期望，而不仅仅是收集毫无意义的分数。这些行为并不一定反映了人类的本性，相反，它们反映了特定游戏或文化的期望和价值观。如果人们认为生活在一个零和的世界里，他们就会做出符合这种信念的选择。问题不一定在于我们自身，而在于我们对所玩游戏的信念。

令人担忧的是，尽管博弈论在经验上存在不足，但在某些圈子里，它仍被视为推理的黄金标准，用于预测人类行为。以生态学家加勒特·哈丁（Garrett Hardin）于1968年发表的著名论文《公共资源的悲剧》（*The Tragedy of the Commons*）为例。在这篇论文中，哈丁运用博弈论预测了人口增长对公共资源的影响。他描述了当地牧民共享草地的情景。随着人口的增长，牧民们在这片土地上引入了更多的牲畜。“作为理性的人，每个牧民都在追求自己收益的最大化，”哈丁写道，“对他们来说，唯一明智的做法就是为自己的畜群再增加一头牲畜，再添一头，再添一头。这也是每个共享公共资源的理性牧民都会得出的结论。”每个牧民都有动机尽可能地增加牲畜的数量，而过度放牧的成本则由所有人共同承担。每个个体都想改善自己的处境，最后，牧民们共同毁掉了牧场。

哈丁得出的结论是：“共有资源的自由使用最终会给所有人带来灾难。”因此他断言：“生育自由是不可容忍的。”哈丁进一步主张应该限制生育权以避免人口过剩。他认为这一结果是不可避免的：“有关共有资源的内在逻辑不可避免地导致了悲剧的发生。”人们被迫竭尽所能、不计代价地追求个人效用的最大化，这是那些博弈论支持者的一种奇思妙想。

当然，哈丁描述的并非现实，而是基于最大化函数的抽象概念：一种数学上的重言式的逻辑结果。他构想的解决方案同样显得苍白无力。此后，各国政府纷纷以他的观点为借口，对共有资源进行拆解或私有化。哈丁的论点并非出于逻辑，而是带有种族主义色彩：美国南方贫困法律中心（the Southern Poverty Law Center）在其极端分子档案中将哈丁列为白人民族主义者。在 1997 年的一次采访中，哈丁承认："我认为多民族社会的理念是一场灾难。"他在《公共资源的悲剧》一书中写道，如果"不节俭的父母的孩子都饿死了，那将是最理想的状态"，因为过度生育会给种系带来自身的"惩罚"。他后来将自己的哲学称为"救生艇伦理"，实际上是在主张为了让自己的救生艇浮在水面上，全球富人都应该抛弃穷人，尤其是那些试图"窃取"发达国家财富的贫困移民。

在哈丁发表那篇揣测虚构的公地运作方式论文的前三年，埃莉诺·奥斯特罗姆（Elinor Ostrom）便完成了她的博士论文，详细探讨了公地在现实世界的运作情况。她继续深入研究人们如何管理共享资源，包括非洲的牧场管理、西班牙和尼泊尔的灌溉系统管理，以及缅因州和印度尼西亚的渔业管理。她发现，当地人建立了多种机构来监管这些自然资源。尽管她所研究的机构并非都秉持可持续理念，但她发现大多数稳定的管理系统都遵循共同的设计原则。2009 年，奥斯特罗姆成为首位获得诺贝尔经济学奖的女性。

这些并非脱离现实的纯粹思维实验，亦非数学领域中的浮光掠影。奥斯特罗姆收集了翔实的数据。正如她的丈夫兼长期合作者文森特（Vincent）所言，他们的研究方法结合了“形式化方法、田野调查和实验，以便‘深入’社会现实，而非利用形式化技术‘远离’它”。奥斯特罗姆认为，人类是“复杂且容易出错的学习者，在面对各种限制时，他们会尽力而为，学会各种启发式方法、规范和制定规则的方法，从而改善结果”。人们通过坚守声誉、信任和互惠等价值观，共同创造出对全球有益的结果，而非抛弃这些价值观。需要强调的是，奥斯特罗姆的研究并不意味着人们总能以可持续的方式解决集体问题。若真如此，我们也不会毁掉地球上如此多的资源。然而，她的案例研究为我们提供了基于实证的希望，即集体治理可以取得成功，并且往往比私人或政府控制更为有效。奥斯特罗姆写道：“我们既未陷入无法避免的悲剧，也未摆脱道德责任。”

奥斯特罗姆对人类行为先验模式的抵制，曾经（并将继续）与现代经济学研究的时代思潮直接对立。她声称，她的工作被批评为“过于复杂”。对此，她反驳说，我们必须“能够理解复杂性，而不是简单地拒绝它”。社会制度的多样性应被视为一种值得保护的自然资源，如同生物多样性一般。然而，人类很难克服简化的冲动：“仍然有人问我，‘该怎么做这件事？有什么方法吗？’在不同的环境中，有许多种方法可行。”奥斯特罗姆的理念已经被滑稽地简化为一条以她的名字命名的简单法则——“奥斯特罗姆法则”，即“在实践中有效的资源安排在理论上也是行得通的”。

尽管有缺陷，“共有资源悲剧”的概念仍然深植于文化记忆之中，并常常被简化为一个流行口号。这是一个令人不安的例子，显示了一个本应客观的思想实验如何被误用，用来掩盖出于政治动机的论点。哈丁的理念被用来为自然资源管理的私有化方案辩护，过分强调理论上的效率，却忽视了可持续性等重要目标。该意识形态根植于20世纪的优生学——这正是冯·诺依曼希望博弈论可以对抗的那种恐怖思潮。几十年来，哈丁的观念激发了种族主义、本土主义和反福利等情绪和政策。目前，哈丁论点的一种具体表现是所谓的“大替代”理论，它暗示白人种群正因移民和低出生率而被替代。这种观点激发了多起美国国内恐怖袭击事件。哈丁本人曾积极游说国会支持反移民政策和削减社会服务。哈丁的著作和保罗·埃尔利希（Paul Ehrlich）的《人口炸弹》（*The Population Bomb*）共同提出了新马尔萨斯主义论点，对全球政治产生了令人不安的影响。仅在印度，就已经有数千万男女接受了绝育手术。成千上万的人在恶劣的医疗环境下接受仓促手术，导致死亡，其中大多数手术对象是来自社会下层的贫困妇女。

我们对自己、对游戏中的其他玩家、对我们所处的游戏世界的结构所持有的信念，影响着我们的偏好和选择。我们建构的世界模型——就像哈丁的共有资源悲剧一样——包含了我们为之设想的解决方案。世界是相互连接的，我们的选择会对其他人的选择和生活产生影响，这些选择改变了其他玩家游戏的条件，比如，“囚徒困境”变成了恋人的乐园。我们可能成为博弈论的受害者，做出更糟糕的选择，因为我们误以为其他玩家是理性的策略家。或者，我们可能会陷入像舒比克的美元拍卖那样的怪圈，为了用两美元购买一美元而争斗。

关于人类行为，博弈论能教给我们的知识实在有限，除了或许展现出人们对相互理解的渴望。实际上，博弈论的诸多错误或许可以解释为何心理学家几十年来一直如此忠实地对其进行研究。多巴胺能神经元具备预言的能力，它们将大脑内部的世界模型转化为对接下来会发生的事情的预测。这些神经元会记录预测误差，即预测与实际有所偏差的情况。当大幅偏差出现时，这提示大脑需要学习，表明模型存在某种误差。这是一个精妙的系统，但也很容易被我们接受的信念操纵。人们往往容易受肤浅的观念和世界模型影响，例如浅显的 TED 演讲中的观点或某本机场畅销书中的一句式的论文摘要表达的观点。与动物不同，人类可以通过语言分享自身的内在模型，而他人可以根据自身需求对其进行调整或拒绝。一个观点的简单性就像病毒的传染性一样。过于简单的观点容易感染很多人，因为它们太过简单。观点越容易传播，其传播范围就会越广。如果某个观点出人意料或有悖直觉，效果会更佳，大脑会将其视为特别突出。这就是为什么机场畅销书作者和键盘侠博主会因用简单而出人意料的论点来吸引读者而得到回报。如果一个观点既简单又出人意料，就会具有双倍的感染力。一个观点或潮流是否合适，可以通过其传播范围来衡量，这与正确性无关，而与其被理解、记住和传播的方式有关。

最不幸的是，如果我们把其中一种错误的想法视为真理——或许是因为它是由某个具有适当社会背景、宗教背景或学术背景的人提出的——那么这个想法几乎变得无法证伪。如果我们将一个错误的想法纳入我们的世界模型，它可能会产生大量的预测错误，因为它对世界的模拟不够准确。然而，如果我们对这个想法非常重视，我们就会将这些预测错误视为学习的机会，而不是反对它的依据。为了论证这一点，让我们以博弈论中关于人类理性的模型为例。该模型假设人类是理性的：人们会像追求最大利益的自利个体一样行事。然而，在实证测试中检验这个模型时，研究人员发现，人类在许多重要方面都偏离了这个模型。但这并未削弱博弈论对人类行为的解释力，反而是被视为表明人类并非完全理性。许多行为经济学家通过记录人类偏离理性假设的多种方式而成就了自己的事业。从博弈论产生如此多的预测错误来看，我们似乎正在从中学到一些东西。也许，博弈论之所以备受重视，正是因为它揭示了真实人类与博弈论中的行为体之间的许多惊人差异，而这些惊人的结果在发表论文中起着重要作用。但这难道不也可能意味着博弈论并不是一个很完善的人类行为模型吗？或许这样表达更清晰一些：为什么我们要固执地把人类与数学理想之间的差异称为偏见，而不是将其视为博弈论并非一个理想的人类行为模型的证据呢？博弈论专家罗伯特·萨格登（Robert Sugden）写道：

> 这就像决策者因未能按照公认的理论行事而被认为是错误的，而不是因为该理论未能做出正确的预测而被认为是错误的。在我看来，我的许多行为经济学家同行似乎并没有足够认真地对待心理学证据，而是急于发表规范性声明。

哲学家、自然科学家、社会学家、诗人、士兵和平民都关心的一个问题是人类的“真实”本性是什么样的。也许历史上对此缺乏共识本身就是一个教训：我们的本性难以确定，因为它并非固定不变。我们的标志性品质是可塑性。借用历史学家约翰·赫伊津哈（Johan Huizinga）的话来说，我们是“游戏的人”。我们在各种身份、价值体系和行动机制中进进出出，就像玩家在游戏的规则中自由切换一样。

一直以来，游戏都在帮助我们揭示我们的本质。朋友和家人都会一致同意暂时放下日常生活，共同投入游戏。游戏可以帮助我们更敏锐地了解与我们互动的人的目标和意图，并揭示他们性格中隐藏的一面。游戏让我们摆脱自我桎梏，解放身份的束缚，让我们在虚拟世界中探索，以不同于平日的方式行事。想象一下：那位平时不起眼的姨妈竟是“大富翁”高手，在游戏中无情地大杀四方；那位吃素的朋友却在虚拟世界中展现惊人的杀敌能力。游戏让我们能够互相学习新的策略和思维方式，即使我们并不一定说同一种语言。也许正是因为这个原因，游戏才一直在进化。正如天文学解释恒星和行星的运动一样，游戏也是一门关于自我的科学：它是一种不动声色的实验，教导玩家互动的原则。几千年来，我们一直在记录土星的位置，于是我们知道晚上应该把望远镜指向哪里；同样，由于我们在游戏中完善了策略，所以我们既能应对竞争对手的挑战，也能更好地预测盟友的需求。

游戏不仅仅展示我们的本质，也奖励我们的某些行为。只有在游戏的激励下，人们才能变得优秀。人们对游戏本身和其他玩家的期望越高，表现就越出色。人类并非一成不变的偏好集合，我们不断学习，我们的行为是在所处游戏的情境中塑造而成的。博弈论作为数学的一个崭新分支，是复杂计算机网络动态、进化动态和某些机器学习算法的杰出模型。但博弈论并不能解释人性。博弈论中的行为体没有对我们的感知，也没有对社群的关怀，而人类却具备这些特质。

博弈论之所以强大，在于其表现力：它能通过简单的机制传递动态的故事。遗憾的是，博弈论有时被误用，用来洗白可疑的信念，将种族主义、本土主义政策描述为客观或不可避免的。一些危险的寓言被片面引用，被误解为符合被广泛接受的普遍认知。如果博弈论继续被用作人类行为的模型，那么人类就需要对其进行重大修订，以便其更准确地反映绝大多数人的利益而并非单纯关注个人利益。尽管如此，我们最好还是将人类建模为灵活的学习者。当然，人类不仅仅由神经回路组成，相比数学的抽象方式，我们更容易从生物学的角度来理解自己。事实上，如果我们将从这些数学模型中得出的经验教训应用于真实世界的决策中，可能会导致更为糟糕的后果。无论我们认为自己是在参与“华尔街游戏”还是“社群游戏”，我们的选择都会受到环境的影响。那么，我们究竟在玩着怎样的游戏？我们又是否能设计出更加有益的游戏呢？

第七章　失真的地图

战争之所以持续不断，其主要原因并非源自人类对死亡的隐秘渴望，亦非无法抑制的侵略本能，更非裁军所引发的严重的经济和社会危机——尽管这一因素看似颇具说服力。战争持续不断的背后实则是一个简单的事实：在政治舞台上，尚未有一种力量能够取代战争作为国际事务最终裁决者的角色。

——汉娜·阿伦特（Hannah Arendt）

自第二次世界大战中核武器问世以来，各国争相寻求新的外交平衡。这并非科学首次打破国际力量平衡。每一种新的军事技术都携带着某种宿命，就好像它潜藏在某个超越现实的领域里，耐心地等待被发现和重新发现。早在 1943 年凝固汽油弹活活烧死第一批受害者之前，拜占庭人就发明了一种被称为希腊火的易燃物质。这种物质于公元 672 年首次被记载下来，700 年来一直守护着君士坦丁堡不受外人侵扰，直到配方失传。这种看似超自然的技术势不可当，即使是水也无法将其熄灭。大约在同一时期，中国和欧洲的工程师们独立完善了弩，这种武器最终能够穿透盔甲，让中世纪的骑士们请求废除这一致命武器。1139 年，教皇英诺森二世 (Innocent Ⅱ) 禁止对基督徒使用弩，尽管在十字军东征中，欧洲人仍然使用这一技术对付非基督徒。

接下来，火药震惊世界。这种致命的混合物被意外地发明，显然是在寻找长生不老药的过程中。11 世纪，中国的军队开始在一种类似火焰喷射器的武器中使用火药，后来又在大炮中使用火药。大约从 13 世纪开始，欧洲和中东的工程师进一步研制出火炮，然后是火枪。然而，更糟糕的情况还在后头：19 世纪，阿尔弗雷德·诺贝尔（Alfred Nobel）在其早期职业生涯中一直致力于完善硝化甘油的配方，这种炸药最初用于商业采矿和建筑。诺贝尔是一个公认的和平主义者，但却继续将炸药作为军事技术来开发，因为他相信炸药会对好战分子产生震慑效果。诺贝尔认为，使用炸药在道义上太可怕了，难以想象。1891 年，他向他的朋友——著名的和平主义作家和活动家贝尔塔·冯·苏特纳（Bertha von Suttner）夫人吹嘘道："也许我的工厂会比你们的国会更早终止战争。当有一天两个军团可以在一秒钟内互相消灭对方时，所有文明国家一定会惊恐地退缩并解散他们的军队。"

技术能够结束战争的想法仍然出人意料地坚定存在。英国作家威尔基·柯林斯（Wilkie Collins）在 1870 年的评论中表示："我开始确信，唯一的文明影响就是，总有一天人们会发现一种可怕的毁灭性武器，使战争等同于毁灭，从而迫使人们保持和平。"军事学者扬·布洛赫（Jan Bloch）在 1898 年也指出，先进的军事技术使战争"无论从军事、经济还是政治角度来看都是不可能的"。在飞机刚被发明时，人们猜测它可能会被用于空中侦察，但公众的良知决不允许飞机向城市投掷爆炸物。核战略专家刘易斯·施特劳斯（Lewis Strauss）写道："在几十年的时间里，公众的良知就变得麻木不再，实在令人难以理解。"第一次世界大战的恐怖景象曾让另一场全球冲突看似不可想象。然而，随着希特勒的上台，记者们开始紧张地猜测"历史上最古老、最血腥的谬论：'终结战争的战争'"是否会卷土重来。

冯·诺依曼热切地将自己的智慧献给了盟军。1943 年，他与英国军方合作，利用极小化极大策略确定了德国海底水雷的最佳扫雷位置。这些复杂的计算需要计算机的辅助，正是因为这个工作，冯·诺依曼坦言自己对计算技术产生了“难以描述的兴趣”。随后，他在计算领域取得了多项重大突破，现代计算机架构也是建立在他的设计基础上。运筹学在此期间得到了建立，其基础便是极小化极大策略和其他计算优化技术。科学家们承诺，这一新领域将简化复杂系统，进一步展现博弈论的实用前景。然而，公众对这个新的计算领域感到担忧。有传言称，研究这些机械大脑的科学家中有近一半人疯了，他们虔诚地将令人眼花缭乱的算术计算相加，仿佛陷入了一个迷离的循环。

同年，冯·诺依曼被征召加入洛斯阿拉莫斯的曼哈顿计划（The Manhattan Project），研究爆炸物理学。据情报显示，德国科学家已经在研究原子弹；美国必须率先发明原子弹。冯·诺依曼将他的新计算技能用于原子弹动力学的建模。军方也信任他，让他处理重大政治决策。他是目标城市推荐委员会的成员，负责平衡目标城市的军事用途和摧毁后的心理影响。冯·诺依曼希望维护捍卫知识自由的政治制度。他坚信这是改善人类状况的主要途径。他的女儿玛丽娜写道：“其实，我深信，他与权力机构的所有关系都是出于他对自由的脆弱性的感知。”1944 年，德军占领了匈牙利。一年后，冯·诺依曼的终生好友和忠实通信者鲁道夫·奥特维在布达佩斯自杀。

广岛和长崎的核爆结束了第二次世界大战，同时也让世界陷入了危险的境地。美国人发展出了一种能够毁灭世界的技术，但外交、伦理和政治战略却未能同步跟进。导弹、飞机和核武器极大加速了战争的进程。以往可能需要数月时间筹划的决策，现在由于地面部队的推进速度，必须在几天甚至几小时内做出。冯·诺依曼写道：“仅仅知道敌人只有 50 种可能的战术，而且每一种都有应对之法，这是不够的，我们必须能够在敌人出招的瞬间做出应对。”为了应对这种生死攸关的局势，思想家们迅速创立了一门新科学——战争微积分。决策必须迅速且精准，不受任何人类偏见或道德顾虑的束缚。冯·诺依曼提出了博弈论，也成为“冲突科学”，作为应对挑战的解决方案，因而受到了美国军方的高度重视。

这位数学家玩“战争游戏”长大，而博弈论在许多方面都是他对德国技术挑战的一种回应。“战争游戏”是对战场的鸟瞰，而博弈论则是对冲突本身的鸟瞰。冯·诺依曼承诺，博弈论将揭示那些被认为人类再也无法做出的理性决策。防御性反射将被计算所取代。博弈论家阿纳托尔·拉波波特（Anatol Rapoport）表示，战争将被提升到博弈的层面，“在博弈中，智力得以充分发挥”。

杜鲁门总统的政府认为核弹是一种恐怖武器，是与常规武器不同的最后手段。然而，杜鲁门总统的许多军事顾问——包括冯·诺依曼在内——都认为应该大量使用核弹。冯·诺依曼自称是强硬的鹰派人士。他主张进行“预防性战争”，希望在苏联发展出核武器之前对其发动核打击以削弱其国力。冯·诺依曼写道：“对于进步，没有治愈之法。”这种思维在一定程度上受博弈论战略思维的影响。如果一个国家研发某种武器，其他国家可能会受到激励，也研发类似的武器。冯·诺依曼争辩道：“对于苏联人来说，问题不是是否打他们，而是何时打他们。如果你问为什么不在明天轰炸他们，我会问为什么不在今天？如果你问今天五点钟，我会问为什么不是一点钟？”但这也反映了许多欧洲人内心的遗憾。1935 年，希特勒宣布德国将违反《凡尔赛条约》，重新武装自己。许多人认为，如果当时欧洲列强没有对这位独裁者采取绥靖政策，而是主动攻击这个仍然弱小的国家，或许就可以完全避免大屠杀和第二次世界大战的发生。

冯·诺依曼未能说服美国军方对苏联进行先发制人的打击，后来则为时已晚。由于洛斯阿拉莫斯的物理学家克劳斯·弗赫斯（Klaus Fuchs）的背叛，苏联获取了“胖子”（Fat Man）原子弹的设计图。1949 年 8 月 29 日，苏联在哈萨克斯坦进行了首次核试验，并迅速建立了核武器库。新世界秩序的缔造者们现在需要找到一个稳定的平衡点，因为裁军已不再可能。冯·诺依曼提出了后来被称为 MAD［“相互保证毁灭”，（Mutually Assured Destruction）］的威慑战略。根据这一原则，对另一个核大国使用原子武器应予以强烈反击，从而导致攻击方和防御方彻底毁灭。他认为，这种“不成功便成仁”的方法可以稳定国际关系，阻止侵略行为。“相互保证毁灭”是一种纳什均衡：相互威慑的参与者不会选择其他策略。如果他们挑起冲突，就必定会将自己毁灭；如果他们解除武装，就很容易被敌人消灭。

冯·诺依曼致力于开发技术，使相“互保证毁灭”变得可行，其中包括设计可以直接打击苏联心脏地带的远程导弹以支持反击威胁。他还为氢弹的研发做出了贡献，而氢弹的破坏力甚至超过核弹。全球公民都受到战争威胁，担心被卷入未经同意的政治博弈，或者被自己的军队作为人质挟持。他们疯狂写信给科学家和官员，担心核弹可能在海底炸出一个洞、点燃大气层、形成新山脉、引发海啸或破坏地球重力等问题。历史学家 S.M. 阿玛代指出，战争的博弈论模型打破了经典自由主义的相互尊重原则，即通过尊重他人的权利来保护自己的权利，而更倾向于纯粹的自我关注。曼哈顿计划是现代科学的一项惊人壮举，带来了无数科技创新，但也可能加速了一些美国顶尖人才的离世。参与曼哈顿计划的科学家中，有几位因罹患侵袭性癌症英年早逝。冯·诺依曼在肩膀疼痛数月后，于 1955 年被诊断患癌症，最终只能在轮椅上度过余生，后来更是长卧病榻。他全身心地投入到最后的工作中：一份未完成的手稿，探讨计算机和大脑之间的类比，主张智能本质上是统计。

冯·诺依曼在生命中的最后一年居住在沃尔特·里德（Walter Reed）医院，病痛缠身，对自己的学术遗产念念不忘。他在现代计算机、早期人工智能、原子弹的发明和天气预报方面都扮演了重要角色。他前瞻性地预测了全球变暖和气候变化，将量子力学公理化，并理论化了可以复制和进化的机器自动机的存在。他的工作改变了历史的进程。然而，据他的同事、数学家拉乌尔·博特（Raoul Bott）透露，冯·诺依曼承认，“他从未真正觉得自己达到了他人对他的期望”。

在生命的最后时刻，冯·诺依曼的内心充满了无力感。他开始痴迷于追求永生：不仅仅知识贡献方面的永生，还有灵魂的永生。令所有认识他的人感到惊讶的是（根据一位同事的说法，他从“不受道德考量的约束”），他在生命的最后一年皈依了罗马天主教。冯·诺依曼唯一的女儿玛丽娜常去医院探望他。她猜测，父亲信仰的改变，是为了验证帕斯卡的赌注，并确保在可能的来世中得到庇佑。他经常与神学学者、本笃会修士安塞尔姆·斯特里特马特尔（Anselm Strittmatter）会面，发挥自己童年时对古代语言的天赋，用原版拉丁文背诵忏悔诗篇。

然而，冯·诺依曼并未从宗教中寻得太多宁静。《生活》杂志的讣告报道称，他的身体“他从未多加留意，却比他的思维为他服务的时间更长”。身患疾病使他无法行动，他只能在止痛药和疾病的阴霾中目睹自己智力的逐渐衰退。为了记录思维逐渐消失的过程，他请求玛丽娜对他进行基本加法测试。小时候，他心算八位数乘法的速度曾令大人们惊叹不已，而如今，他几乎连一个简单的加法都无法记住了。他的同事爱德华·泰勒（Edward Teller）回忆说：“当冯·诺依曼的大脑不再运转时，他所遭受的痛苦远超过我所见过的任何人。”他的精神完全崩溃了。他深陷于对死亡的恐慌中，每晚都在绝望恐惧中尖叫。美国军方在他的病房外设立了24小时的安全警戒，确保他在精神错乱时不会泄露核秘密。他的经历如此可怕，以至于他的妻子和兄弟都提前写下遗嘱，拒绝接受医疗干预来延续生命。1957年，冯·诺依曼去世，享年53岁。六年后，克拉拉·丹自沉于太平洋。

在冯·诺依曼的葬礼上，斯特里特马特尔肯定地说，这位数学家从未对他参与原子弹项目表示过任何悔意。该项目的负责人罗伯特·奥本海默（Robert Oppenheimer）曾引用《薄伽梵歌》（*Bhagavad Gita*）中的一句话来哀叹自己的角色："如今我已成为死神，世界的毁灭者。"冯·诺依曼当年曾反驳说："有些人认罪是为了给自己犯下的罪恶邀功。"然而，根据下面这位修士的说法，冯·诺依曼已经意识到，科学洞察力无法抹杀人类价值的必要性：

> 他越来越强烈地感受到现代科学最伟大胜利所带来的道德问题。他意识到，人类正走在一条可能导致力量失控的道路上，这启示他洞察到另一片领域，开始探索一个不可忽视的价值世界，这个世界同样真实广阔，甚至比他曾探索的原子世界更为广袤。在这里，责任的重要性不容忽视。他无法逃避这一问题的多重含义。

尽管如此，学者和战略家们仍将博弈论作为模拟冲突的标准框架，希望它能帮助他们在核外交时代的错综复杂国际关系中游刃有余。他们继续梦想着，人类能够从实际战争转变为计算战争。政治理论家兼兰德公司顾问托马斯·谢林在其1960年的著作《冲突的战略》（*The Strategy of Conflict*）中，探讨了将美国和苏联之间的核对峙模拟为"囚徒困境"的想法。如何才能促使困于"囚徒困境"的参与者合作？谢林认为，这需要一种坚不可摧的相互承诺，一旦任何一方背叛，便会受到惩罚。他认为，“相互保证毁灭”的威胁正是实现这一目的的关键。一国叛变，另一国承诺立即进行惩罚。事实上，双方根本无须发生真正冲突；相反，以威胁与恫吓为主的“恶性外交”将通过持续的议价来稳定彼此关系。令人费解的是，强硬态度竟能保障和平。也许，正如拉斯克所期待的那样，博弈论将使战争变得多余，只需以核武威胁取代实际战争。谢林因将冲突建模为一种议价形式而荣获 2005 年诺贝尔经济学奖。

并非所有人都同意谢林的评估。1960 年，兰德公司的研究员赫尔曼·卡恩（Herman Kahn）出版了《论热核战争》（*On Thermonuclear War*），详细阐述了原子弹如何改变冲突的本质。卡恩故意在读者心中播下恐惧的种子。他认为，“相互保证毁灭”策略极易受到流氓、意外和破坏的影响。这本书启发了斯坦利·库布里克（Stanley Kubrick）在 1964 年拍摄的电影《奇爱博士》（*Dr. Strange love*），其主角奇爱博士与讽刺性的布兰德公司（BLAND）有着关联，是冯·诺依曼和卡恩等多位战略家的集合体。在电影中，美国军方得知苏联制造了一台核末日机器。该机器在遭遇核攻击后会自动启动，引发高辐射水平，使地球无法居住。不幸的是，一名美国流氓将军在苏联宣布这一威慑机制之前对苏联发动袭击，从而毁灭了整个世界。这部电影揭示了“相互保证毁灭”政策的脆弱性，尤其是在沉迷理性的军事战略家面前，更是不堪一击，这显示出它的逻辑顺序存在缺陷。卡恩是这样演示的：假设美国总统刚刚接到通报，称纽约市遭受了一枚多兆吨级炸弹袭击。你认为他会怎么做？

20 世纪 50 年代中期，当这个问题首次被提出时，一般的答案是“按下所有核力量发射按钮，然后回家”。我和观众之间的对话大致如下：

卡恩：接下来会发生什么？

观众：苏联会做同样的事！

卡恩：然后会发生什么？

观众：什么都不会发生。双方都被毁灭了。

卡恩：那么，美国总统为什么要这么做呢？

对于威胁进行大规模报复并不是理性的行为。用毁灭世界作为惩罚是否明智？然而，“相互保证毁灭”政策要求双方都必须真实可信，并全力承诺彻底毁灭。敌方必须确信对手能够还击并愿意坚定执行。只有毫无道德感的行为体才能实施这种报复，因此，要维持这种威胁，双方都需要一个可以执行承诺的计算机系统或一个负责其武器库的“疯子”。

认识到这一点后，苏联人和美国人都致力于开发可以执行承诺的计算机系统，这些系统就像库布里克的“末日机”一样，一旦受到挑衅，就会自动进行不可逆转的报复。这一想法在大众媒体中占据了重要地位。1951 年的科幻经典电影《地球停转之日》（*The Day the Earth Stood Still*）想象了一个外星联盟，他们赋予其机器人警察绝对的权力以彻底消灭一切侵略行为。当时的技术还远远无法实现自动决策，但政治家却将这一幻想奉为现实。

幸运的是，这样的系统从未存在过。在冷战时期，我们几次险些陷入核灾难，但最终幸免于难，这要归功于人类的理性，而非机器的推理。我们避免了最终的核毁灭。1962 年，赫鲁晓夫秘密在古巴部署了核导弹以阻止美国入侵这个小国。他并非要挑起战争，而是要维持一种所谓的“恐惧平衡”，从而防止战争爆发。可是，当美国军方官员发现他的行动时，随之而来的政治动荡几乎引发了一场核危机。幸运的是，通过明智的外交策略，而非博弈论，两国最终都做出让步，同意拆除对准对方的整套核武器。1983 年，苏联军官斯坦尼斯拉夫·彼得罗夫（Stanislav Petrov）凭借过人的判断，认定来袭导弹的警报是虚假警报，从而成功避免了一场全面核打击的灾难。按照程序，他本应向上级报告这一警报，以便他们启动核反击协议，但他并未这样做，因为他认定这个导弹警报更可能是技术错误，而非真实袭击。历史证明了彼得罗夫的判断是正确的——警报是由太阳耀斑触发的。回顾过去，我们清楚地看到，将这种责任交给机器协议将是多么可怕的错误。彼得罗夫的英勇行为凸显了卡恩对“相互保证毁灭”政策的批评。任何一名理智的官员都会拒绝执行毁灭世界的命令，这样的人理应被视为救世主。

美国战略家辩称，领导人可以干脆放弃理智，而代之以自动化系统。一个国家可以让一个不讲道德的领导者控制核触发器，从而发出可信的报复威胁。这种基于纯粹理性的战略却需要非理性的因素才能让人信服，这不禁让人感到费解。谢林曾将这种外交策略比作“胆小鬼博弈”。赢得“胆小鬼博弈”的关键在于不顾脸面。一个人的声誉一旦丧失，就无法挽回。他将边缘政策描述为“故意让局势有些失控的策略，只是因为局势失控可能会让对方无法忍受，迫使他妥协”。举个例子，想象两个囚犯被铁链锁住了脚踝，被抛在悬崖边上，他们的任务是为自由而战。只有一个人可以被释放。如果其中一名囚犯威胁要推另一名囚犯下去，这显然不可信，因为这会导致两人同时掉下去。相反，其中一人可以利用不可预测性：在悬崖边缘跳舞，离悬崖越来越近，直到被锁在一起的伙伴屈服。在这种情况下，看似非理性的威吓其实是理性的。

尼克松和他的顾问重新发现了一个历经千年的古老战略，从美国东南部纳切兹人（Natchez）首领“大太阳”（the Great Sun）到专制主义“太阳王”路易十四都在使用这一战略。他们通过实施一些暴虐无道的行径，表明自己不受传统道德的约束，尽管他们设想着将道德秩序强加给自己的王国。然而，尼克松的继任者、虔诚的吉米·卡特（Jimmy Carter）笃信基督教，这很显然会影响任何报复行动。因此，卡特政府从“相互保证毁灭”政策转向“核能使用目标选择”（NUTS）。

卡恩所倡导的“核能使用目标选择”是基于核力量无须终结世界的理念。理论上，国家可以像使用常规武器一样，以逐步升级的方式使用原子武器。“核能使用目标选择”方案的一个设想是，使用战术核武器的官员应先瞄准军事基地和基础设施，然后再升级到攻击城市或造成平民伤亡。但卡特的国防部长哈罗德·布朗（Harold Brown）很快意识到，任何一次核武器的使用都“很可能”会升级为全面核战争。军事顾问小斯普根·基尼（Spurgeon Keeny Jr.）和沃尔夫冈·潘诺夫斯基（Wolfgang Panofsky）也得出结论:“核冲突的前所未有的风险大部分并不取决于理论或其应用。”无论美国正式认同“相互保证毁灭”还是“核能使用目标选择”，任何核力量的使用都会升级到全面毁灭。

正如之前讨论的，玩家的行为取决于他们认为自己参与的游戏。战略家们将国际外交比作“囚徒困境”，因此他们主张在谈判中采取更为对抗性的策略。有些人甚至认为，玩家们应该故意装疯卖傻，或者将控制权交给冷酷无情的自动系统，从而更可靠地确保全球毁灭。只有少数高级顾问完全了解核外交的不稳定性。赫伯特·约克（Herbert York）是一位莫霍克血统的核物理学家，曾担任劳伦斯·利弗莫尔国家实验（Lawrence Livermore National Laboratory）的首任主席，也是美国核计划发展的关键人物。他对美国政府试图用技术手段解决社会政治问题的做法提出了警告，认为“不存在所谓的好的核武器系统。通过核武器实现国家安全是不可行的”。技术上的狂热只会威胁全球安全，使双方陷于不断升级军事力量的竞争中。结果是我们都变得更加不安全。约克担心，电脑程序或“预设了程序的总统”可能会在不自知的情况下，执行多年前某个运营分析师写下的命令，从而导致世界末日的到来。

约克并非唯一持有这种担心的人。1961 年，当德怀特·艾森豪威尔（Dwight Eisenhower）总统卸任时，他向公众发出了对军工复合体增长势头的警告，并预言“公共政策可能会受科技精英团体的控制”。然而，他坚持认为军工复合体和科技精英最终是必要的。他的继任者约翰·F. 肯尼迪（John F.Kennedy）总统任命管理顾问罗伯特·麦克纳马拉（Robert McNamara，兰德公司的追随者）为国防部长，这标志着技术化战争方法的采用。在第二次世界大战期间，麦克纳马拉曾在统计控制办公室工作，负责分析轰炸机效率。战后他和办公室的同事组建了一个咨询小组，将自己的分析才能带到了福特汽车公司，利用优化原则使这家陷入困境的公司重新焕发了活力。麦克纳马拉在福特公司一路晋升，直至当上 CEO，并最终接受了任命，成为肯尼迪内阁的一名成员，尽管他坦言担忧自己缺乏足够的军事技能。肯尼迪宽慰麦克纳马拉说：“我们可以一道学习如何做好工作。我也不知道该怎么当总统。”

麦克纳马拉将科技优化信念带入越南战争，将理性管理原则应用于这场灾难性的战役。他的平民顾问团队将军事战略简化为可量化的要点：采用何种武器、在何处使用、数量多少。他根据预测的性能指标和预算考虑，如牺牲人数、基础设施损失比例，最终做出决策。众所周知，他摒弃了军事专家的建议，转而依赖手下分析师的综合理性。

兰德战略家伯纳德·布罗迪（Bernard Brodie）回忆道，麦克纳马拉“显然钟情于”他的系统分析方法：“他沉醉于那些五颜六色、层层叠叠的图表，有人试图将一些体现政治直觉的‘诗意’融入其中，但他坚决拒绝。”然而，在一场没有明确胜利状态的战争中，这种看似科学的技术导致了美军兵力的巨大增加。他用于拯救福特的工具在军事领域的运用却失败了。

麦克纳马拉任命了兰德公司经济学主管查尔斯·希奇（Charles Hitch）为国防部长助理。希奇对博弈论的经验证据不足有了更深入的了解，这大大削弱了他将人们建模为理性行为体的信心。因此，他对花哨的分析方法的滥用持更为谨慎的态度。在兰德公司，他已得出结论，博弈论在军事领域的应用“令人失望”。他主张进行更全面的分析：

> 未来充满不确定性。自然充满变数，而敌人和盟友更是变幻莫测。（分析师们）缺乏一种通用技术，既无法最大化预期结果，也无法对其进行极小化极大或博弈化处理，因此无法揭示最佳策略。如何才能找到最佳行动方案并推荐给决策者呢？答案很简单：可能找不到。

在越南战场，理论上有效的战争无法与游击战术相匹敌，部分原因是美国人在优化一些指标，而这些指标并不适用于这个发展中国家。美国的炸弹无法摧毁军事或工业基础设施，因为越南几乎没有这两样东西。美国战略家犯了重大的假设错误：他们假设对手的效用函数与自己相同。到 1965 年，麦克纳马拉清楚地认识到，他那些乐观的、用计算机做出的预测与实地情况严重不符。德国人曾利用“战争游戏”准确预测军事行动，但美国的游戏模拟却失败了，因为他们彻底误解了规则。越南游击队员改变了战争的本质。在写给《外交政策》（*Foreign Policy*）的一封回顾信中，布罗迪承认他和他的分析师同事“在过去的十年中，在试图预测越南战争的特点和结果时遭遇了惨败……这个结论很重要，并且很令人不安”。

麦克纳马拉在压力之下显得力不从心，而肯尼迪的继任者林登·约翰逊（Lyndon Johnson）总统则指责他“崩溃了”。1968 年，麦克纳马拉辞去或被迫离开国防部长的职位。在任期的最后一天，他含泪恳求约翰逊停止派遣部队前往越南：“又有何用？这该死的轰炸行动毫无价值，毫无作用。他们在越南投下的炸弹比第二次世界大战期间整个欧洲投下的炸弹还要多，却没起一丁点儿作用。”然而，情况并未改变。1969 年，为了支持日益高涨的反战运动，兰德公司的博弈论专家丹尼尔·埃尔斯伯格（Daniel Ellsberg）公布了自己通过军事许可获得的 7000 页机密文件。这些文件被称为“五角大楼文件”，揭露了几位总统及其军方随从的谎言计划，以及针对东南亚平民的一系列违宪战争罪行。此时，大多数美国公民都已对这场战争持反对态度。一位军事官员指出，美国各地“普遍存在一种强烈的感觉”，即“当权者已经疯了”。然而，越南战争又持续了 6 年。美国军方官员认为，这场战争对维护他们对苏联的威慑威胁的可信度至关重要。

只能说，博弈论在美国公众中并不受欢迎。许多人认为它是为核战争辩护的工具，其“客观”的理性性质得到了一个神秘智囊团的认可，该团体的资金来自一个第二次世界大战结束后寻求维持市场需求的战争供应商。各国陷入了战略合理性的逻辑困境，因放弃传统道德以提高其核威胁的可信度而受到奖励。奥本海默毫不留情地对此提出批评。他问道：“我们应该如何看待这样一个文明，它一直将伦理道德视为人类生活不可或缺的一部分，但在面对几乎屠杀所有人的前景时，却只能用谨慎的博弈论术语来自圆其说？”

核毁灭的威胁至今依然存在。库布里克在《奇爱博士》中描述得很准确：一个拥有核授权的流氓官员就足以毁掉世界。1974 年，尼克松对记者吹嘘道：“我可以走进办公室，拿起电话，25 分钟后 7000 万人将丧生。”美国公民和政客曾联名呼吁废除这种危险的特权。考虑到一个人可能因瞬间的错误判断而独自做出毁灭性的决定，给予至少另一名官员否决美国总统的权力似乎是合理的。美国历任总统的个人缺陷更放大了这种危险。

在冷战期间，博弈论加剧了国际紧张局势，而另一场博弈却有望缓解这种紧张。20 世纪 80 年代初，随着相对平静的 20 世纪 70 年代的结束，核战争恐惧再次升级。在美国国防部长的邀请下，谢林组织了一场名为“骄傲的先知”（Proud Prophet）的大规模战争博弈模拟。在数周内，200 名高级军事官员和政治家研究了亚洲、欧洲和中东地区发生有限和无限核战争的各种情景。每一种结果都异常残酷。其中，最不具致命性的结果也导致了 5 亿人口的虚拟死亡，而随着核辐射使北半球无法居住，更多的人将丧生。逐步升级的“有限”核战争——这与军事战略家们在讨论乌克兰冲突时仍在探讨的战术相同——不可避免地导致相互毁灭，将地球上所有生命都消灭殆尽。参与“骄傲的先知”的每个人都深感不安。显然，美国的现有战略不足，其领导人也毫无准备。

里根在戴维营观看了电影《战争游戏》(*War Games*)，他的反应让“骄傲的先知”的悲惨结局雪上加霜。影片中，马修·布罗德里克(Matthew Broderick)饰演精通电脑的少年大卫·莱特曼(David Lightman)，误将一家游戏公司的服务器当作黑客目标，却不慎侵入了军方的核模拟引擎，险些引发全球性的核战争。他进入的WOPR(战争行动计划响应)系统不断研究潜在的战斗场景，以“避免我们无法承受的错误”。莱特曼误以为这是一款电子游戏，无意中邀请WOPR发动了第三次世界大战。WOPR服从了命令，策划并实施了针对苏联的攻击计划。攻击启动后，莱特曼发现自己无法阻止电脑继续执行攻击，于是，他干脆不去阻止了，而是邀请WOPR玩井字棋。在一系列平局之后，WOPR意识到“有时，唯一的制胜法宝就是不玩”，于是在最后一刻解除了导弹发射。《战争游戏》吓坏了里根，他随即修改了国家安全措施，通过了一项反黑客立法，这一立法至今仍以某种形式存在。考虑到“骄傲的先知”的后果，里根政府改变了美国的核言论，将重点放在防御性的降级措施上，并优先进行了遏制核扩散的会谈。“骄傲的先知”和《战争游戏》出乎意料地有效遏制了军事升级。原子外交的威胁有所缓解。

公众仍然不信任博弈论。负责制定有限核战略“核能使用目标选择”的战略家卡恩对其著作所受到的批评感到不满。他指出，这些批评并非针对他的论点本身的优劣，而是关注撰写甚至思考热核战争是否道德。对于那些批评博弈论“冰冷而理性”的人，他反问道:“难道你们更希望看到温暖、人性化的错误吗？难道美好、令人感动的错误会让你们感到更舒服吗？如果我们一味地将每一个理性的尝试视为冷漠无情，将每一次客观的尝试视为不道德，那么我们就无法期待对安全问题展开充分的讨论了。”

但是，卡恩在为博弈论的客观性辩护时却忽略了博弈论的循环论证。事实与数学真理并非等同。博弈论不能完善我们的决策，也不能防止我们做出错误的选择。博弈论无法替代人类的价值判断。即使是资本主义的守护神亚当·斯密，也不主张不受约束的自私自利。他认为，个人的自我关注可以给集体带来好处，但他也默认道德是存在的。顾客仍然可以信任自私的商人，因为人们一般都希望维护自己诚实和道德的声誉。斯密写道：“无论一个人被认为有多么自私，他的本性中显然有一些原则使他对他人的命运感兴趣，并且使他人的幸福对他至关重要，尽管他除了看到这一点带来的快乐就再没有从中获得任何好处。”

数学家阿里尔·鲁宾斯坦在其著作《经济学寓言》（*Economic Fables*）中，将博弈论（复杂情况的数学抽象）比作带有过于简单的道德教训的寓言。他警告我们不应将其误解为现实。我们应该探索博弈论的数学之美，但不应忽视其无法完全反映真实世界情境的现实。鲁宾斯坦认为，很多学者并不完全理解博弈论，并且常常不清楚其局限性，如果博弈论仅作为纯粹的学术追求，那么这并无大碍，但问题在于，博弈论已被应用于影响全球数十亿人的现代系统中。鲁宾斯坦写道：

我认为，对于人们来说，用一些简单的东西去解释非常复杂的情况——比如经济危机或核威慑——是一个非常诱人的想法，但这只是一个错觉。现在，我不得不说，与我的许多同事相比，我的观点比较极端。我认为博弈论非常有趣，我花了很多时间去思考它，但我不认为它具有直接应用价值……在我的一生中，我从未见过一个博弈论者能够基于这一理论给出比外行更有用的建议的例子。

博弈论在某种程度上可以看作是人工智能的前身：它提供了一种合成的理性，有望增强甚至完全取代人类的决策能力。早在 1962 年，数学家阿纳托尔·拉波波特就在一篇文章中警告道，博弈论存在被滥用的可能性。他批评了战略家们将战争建模化为零和博弈的做法（“绝非如此！”）。博弈论只能为特定类型的博弈提供最佳策略。此外，博弈论最擅长的是划定能做什么和不能做什么的界限，却很少能指导实际行动。他写道：“它教会我们必须要具备哪些能力，才能将智慧应用于人类冲突的科学中。”我们可以期望把战斗从反应性反射层面提升到博弈层面，但博弈论理想化的解决方案忽略了诚实、责任和类似美德等关键考虑因素。若没有这些“博弈论之外”的考量，像“囚徒困境”这样的冲突就会陷入僵局。传统的人际交往技巧（如沟通、倾听和洞察力）可以打破这种僵局。

人们希望合成推理能够取代人类决策，并减轻我们的道德责任负担，这种希望在今天的战争机器人身上得到了体现。塞拉斯·华纳（Silas Warner）于 1981 年创作的《机器人战争》（*Robot War*）便是一个没有玩家参与却广受赞誉的早期视频游戏之一。这款游戏开创了现代无人机作战的先河，想象了这样一个世界：在战争中，人类的生命被机器取代，机器们要为生存殊死决战。“**欢迎来到未来战场！**”游戏手册的开篇这样写道：

> 现在是 2002 年。战争仍在肆虐，但终于被正式宣布对人类健康有害。现在，唯一的战士是那些秘密制造的机器人，它们经过编程，可以互相进行殊死搏斗！
>
> 贵国最新研发的战斗机器人被誉为史上最高效的作战机器，理论上它应无敌于天下，但它的部分微型计算机“大脑”依然是空白的。唯有将精妙的战略编程注入其内存，这台机器人方能真正投入战斗。现在，摆在您面前的任务是：
>
> **给机器人编程，打造一台其他机器人无法摧毁的机器人！**

用户无须亲自玩游戏，而是通过编程让机器人替他们玩游戏。这些机器人只是简单地照固定规则执行操作。每个机器人都配备了模拟雷达和武器，用于探测和攻击敌方机器人，而敌方机器人的战术则是由其他用户编码的。也许未来的战争将不再涉及人类生命，而是以软件程序为基础，运用博弈论的战术来争夺优势。

华纳的这款游戏展现出了先见之明：21 世纪初，美国军方在中东地区打击目标时，无人驾驶飞行器的使用迅速增加。全球各国仍在竞相开发这些技术，甚至借鉴了游戏系统的战术。2020 年，美国空军宣布，他们重新利用了谷歌 DeepMind 开发的棋盘游戏算法 MuZero，将其应用于 U-2 飞机的传感器控制，执行瞄准和侦察任务。ARTUμ 这一系统彰显了美国军方向完全自主决策系统迈进的步伐，实现了博弈理论家的梦想，将繁重的人类责任交由合成理性。美国空军执行官威尔·罗珀（Will Roper）写道："ARTUμ 的出现，与其说是为了执行什么特定任务，不如说是为了保持战场决策的优势，我们的军队必须完全接受人工智能。"

自围棋和国际象棋问世以来，军队就开始利用游戏来教育士兵。"战争游戏"通过数据驱动的计分法，将游戏从抽象的战略领域转变为定量的规划领域。20 世纪 80 年代，美国国防部高级研究计划局（DARPA）开始资助电子游戏公司开发用于新兵训练的游戏。他们每年拨款数千万美元，用于研发更加逼真的战争模拟游戏。到了 20 世纪 90 年代初，他们与游戏设计师合作，改进飞行模拟器，开发了多用户飞行模拟器 SIMNET，用于培训飞行员。在第一次海湾战争期间，士兵们使用 SIMNET 测试和开展复杂的战术演习。SIMNET 的成功也催生了家用程序和更先进的视频游戏模拟器。"9·11"恐怖袭击事件中的一些劫机者从未驾驶过真实飞机，但他们曾使用微软的《模拟飞行》（*Flight Simulator*）游戏进行过训练。

战争与游戏之间的界限逐渐模糊。麦克纳马拉曾试图将越南战争转化为数字游戏，试图求得每一次死亡和破坏的“得分”。第一次海湾战争在电视上被大规模转播。夜视等技术的进步使普通民众可以在电视上追随战争进程，通过一种奇异的类似电子游戏的绿色光芒将暴力疏离并抽象化。这标志着赛博朋克作家布鲁斯·斯特林（Bruce Sterling）所说的“军事 - 娱乐复合体”开始崭露头角。越来越多的士兵被隔离在电脑屏幕后，利用改装过的 Xbox 控制器操纵无人机，远离了暴力的现场。“玩家”与其行为的道德后果产生了距离，他们的对手被技术媒介非人化和非实体化。这种疏离使无人机操作员患创伤后应激障碍的风险降低，但并未将其完全消除。一些军事研究人员提出，无人机系统应该加入拟人化的自动助手，接受操作员的指令，这样操作员就不太可能感到自己犯下了破坏性行为；这是一种技术手段，用来转移负罪感，安抚他们的良心。

如今全球各地的军队都在利用电子游戏招募和训练士兵。自堑壕战时代以来，战争所需的卓越技能已经发生了变化，军方在明确地招募游戏玩家。2018 年，美国军方成立了自己的电子竞技团队，并在 Twitch 频道上举办赠送活动，链接了招募表格。年仅 13 岁的孩子就可以在无人监管的频道上与招募人员聊天。目前，美军最成功的招募工具是 2002 年首次推出的视频游戏《美国陆军》（*America's Army*）。评论家对该游戏的逼真程度赞不绝口：玩家在游戏中会学习如何包扎伤口、与战友协调战术行动以及使用武器。然而，这个游戏与现实情况有一个显著的差异：在玩《美国陆军》时，即便玩家阵亡，也能立即复活。

其他军事组织纷纷模仿美国的先例。来自不同国家的游戏开发商也以同样的方式响应了《美国陆军》。2013 年，爱德华·斯诺登（Edward Snowden）泄露了美国国家安全局对极端组织利用网络游戏论坛招募新成员的担忧。美国国家安全局、中央情报局、联邦调查局和国防部成员设立了监控账户，监视《魔兽世界》（*World of Warcraft*）等网络游戏的玩家。游戏中布下的卧底人员数量庞大，导致各机构意识到彼此相互监视太浪费时间，不得不设立一个“消除冲突”小组以促进合作。

这些战术不仅旨在招募士兵，更意在赢得民心。研究显示，游戏能够改变公众对军事行动的看法。通过虚拟体验战争行为，玩家更容易支持这些行动。由前军事和政治官员领导的游戏公司动视（Activision）推出的“使命召唤”系列热门游戏，重新演绎了美国的军事行动，将道德模糊性剔除。玩家们意识到，2019 年的《使命召唤：现代战争》（*Call of Duty: Modern Warfare*）再现了海湾战争中一场臭名昭著的大屠杀，这起事件发生在一条后来被称为“死亡公路”（The Highway of Death）的道路上。1991 年，美军和盟军对撤退的伊拉克车队进行了长达数小时的猛烈轰炸，危及数百名平民、外国工人和投降士兵，科林·鲍威尔（Colin Powell）称之为“肆意杀戮”。然而，在游戏中进行杀戮的是俄罗斯军队，而非美国军队。这种看似为美国错误行为开脱，实际却在诋毁俄罗斯的煽动性宣传，令许多玩家感到震惊。千百年来，游戏一直引发道德恐慌，从沉迷赌博的风险到《龙与地下城》（*Dungeons & Dragons*）中被想象出的有关“撒旦”的信息。如今的焦虑往往集中在电子游戏的暴力内容上，但研究人员并未发现游戏中的暴力与现实世界中的暴力之间存在联系。或许，我们在道德上应更关注的是，游戏可能有助于消解战争这一巨大悲剧。

与实物相比，玩具差了什么？赌注。孩子玩的微型收银机并不能雇用员工或养活家人；屏幕上看似供交易员操控的数字，却代表着一对退休夫妇的未来；电子游戏中的士兵中弹后会复活，而真正的士兵不会；在游戏中，我们可以假装死亡和痛苦不存在，但在现实中，我们却无法做到。军事战略家们急于摆脱可能危及人类的决策责任，把这些责任交给了博弈论。在几次险情中，人类幸免于难，是人类理性而非合成理性拯救了我们。

将世界命运寄托于漏洞百出的检测系统之上，这种道德缺失令人震惊。同样令人痛心的是，我们越来越依赖自动化监控和军事系统，这些系统正被广泛采用。2023 年，欧洲议会呼吁建立一个没有大规模监控的社会，并禁止对其公民使用自动监控工具，但同时又批准将这些工具用于移民，这与教皇英诺森二世禁止基督徒使用弩但允许对非基督徒使用弩的逻辑相同。技术可能通过类似游戏的界面成功让我们远离战争的恐怖，但它无法免除我们对生命的道德责任。

哲学家阮氏（C. Thi Nguyen）强调了游戏的一个核心方面：虽然参与游戏的玩家表面上在竞争（即便是在玩国际象棋这样的零和游戏），但实际上他们是在协作中展开竞争。玩家们同意暂时放下现实规则，共同遵守游戏规则，共同努力实现同一个目标——度过一段愉快的时光。竞争只是达到这一目的手段：玩家必须全力以赴，努力取胜，才能充分享受其中的乐趣。阮式写道："我们甚至可以称（游戏）为一种社会技术，它能够将攻击行为转化为一种社会利益，甚至可能是一种道德善举。"这正是伊曼纽尔·拉斯克创立博弈科学的初衷，也是冯·诺依曼对博弈论的期望。这些都是旨在最大限度地减少暴力发生的工具。但它们的实践者往往忽略了阮氏的更大框架，即大多数人只想友好相处这一重要见解。

博弈论的逻辑在抽象层面上是毋庸置疑的。玩家们不可避免地被拉向均衡点。20 世纪中叶的战略家们也曾认为，为了维持力量平衡，他们注定要发展超级武器，这是不可避免的。自此以后，各国纷纷陷入恶性循环，在过去的一个世纪里投资了数万亿美元，用于日益复杂的防御和导弹系统，而非正和博弈技术的研发。为了维持威胁的可信度，就必须陷入疯狂，将一切道德顾忌抛诸脑后。美国军方杀害了成千上万的无辜民众，以此向其他核大国证明自己的可信度。尽管如此，我们个人的良知似乎并未完全泯灭。在这种暴行能够完全自动化之前，如通过自动无人机，研究者提供了一些权宜之计，通过让士兵摆脱其行为后果的影响来安抚他们的良知。归根结底，所有这一切都可以被视为一个项目，旨在把艰难决策的责任推卸给机器系统——我们坚信，机器系统的推理能力很快就会超越人类。然而，这种合成理性与人类的理性完全不同，人类不能假装它是一种有效的或道德上可以接受的替代品。

作为新自由主义世界秩序的理性基础，博弈论的自利假设在我们设计的社会体系中仍然广泛存在。该理论最初是为了描述人类行为而创立的，但后来被扭曲了其初衷。博弈论学者们期望创造一门能够终结战争的科学，然而武器的失控扩散却让我们更加脆弱。历史学家发现，美国的核竞赛在很多方面都存在很大偏颇。原本推动曼哈顿计划的德国核项目于 1942 年便宣告失败。兰德公司的理论家在研究苏联的核实力时，基于错误情报得出了错误结论，误以为美国军事已经落后于苏联。这种“导弹差距”让分析师们产生了近乎救世主般的文化信仰，深信自己正在拯救世界。数十年来，美国的战略家们一直在与自己的想象力竞赛。如今，危险比以往任何时候都更加严峻。

正如密码学家布鲁斯·施奈尔（Bruce Schneier）所言，并不存在抽象的安全。抗病毒软件不能保护用户免受病毒侵袭；汽车警报器也无法确保车主身份不被盗用。有时，安全系统反而会让我们变得更加脆弱，因为我们可能会因为它们的保护而自以为安全，放松警惕。博弈论专家们在抽象的数学世界中寻求普遍的解决方案，而我们的领导者由于相信专家们那些技术官僚主义的解决方案，让世界变得更糟。

这一切都应让我们停下来思考。诺贝尔文学奖得主若泽·萨拉马戈（José Saramago）在其小说《所有的名字》（*All the Names*）中写道：“严格来说，不是我们做出决定，而是决定造就了我们。”如果这是真的，那么当我们把我们的决定权交给数学时，我们又是谁呢？人类的特征包括可塑性和适应性，全球各地的人类文化和规范的多样性正是这一点的体现。

使用简化模型来指导政治决策的危险在于人类会学习。正如心理学家斯金纳断言的那样，我们不能通过使用错误的原子模型来伤害或改变物理规律。然而，他错误地将这一点推广到人类身上：我们对人类的认知模型可能会伤害人类。人类行为是由奖励和激励塑造的，我们的选择取决于我们对所参与游戏的信念。我们关于自己是谁的信念可能会从根本上改变我们所做的决定和生活方式。不难想象，通过建立基于激励自私行为模式的社会、政治或经济体系，我们可能会改变人类的动态。驱动核边缘政策的鲁莽做法似乎便证实了这一点。我们关于世界的一些理论引发了严重的道德滑坡。

第三部分
培养更优秀的玩家

第八章　国际象棋——智能界的果蝇

国际象棋是一个纯粹的思维游戏，它不受偶然性的影响。尝试和自己下棋，这在逻辑上就如同试图跳过自己的影子，极为荒诞。

——斯蒂芬·茨威格（Stefan Zweig）

1938年，德国吞并了奥地利，作家斯蒂芬·茨威格（Stefan Zweig）携年轻的妻子逃离了欧洲大陆。他们辗转于英国与美国之间，四处流亡。茨威格渴望的不过是一个能够让他安心工作的和平环境。与同为流亡作家的托马斯·曼（Thomas Mann）不同，他无法公开抨击纳粹。他只想独善其身。欧洲似乎已无处容身，于是在1941年，茨威格和妻子迁居至巴西的彼得罗波利斯。他说那里“远离政治”，人们可以“更接近自己的心灵和大自然”。然而，日本对珍珠港的轰炸令他心生恐慌，他开始担心轴心国甚至可能征服美洲。他感到自己与这个世界越来越格格不入，与同样忧郁的妻子在异国他乡，与昔日的朋友渐行渐远。他说：“我的生活、书籍、音乐会、朋友、交谈都离我越来越远。”

茨威格的最后一部小说《象棋的故事》（*Chess Story*）正是这段经历的写照。小说中的B博士是一位奥地利金融顾问，与天主教会和没落贵族有着千丝万缕的联系。B博士在维也纳被捕，遭到盖世太保的残酷拷问，他们企图掠夺他客户的财产。他被囚禁在一个空荡荡的酒店房间里数月之久，无法与人交流，也没有书籍和写作材料：“无所事事，无声可闻，无物可观，无论何时何地，四周皆是空无一物，完全是一片没有时间和空间的虚无……只有孤独，无尽的孤独。”他设法从一名警卫的口袋里偷走了一本关于国际象棋大师对局的书。在熟记了书中的 150 盘棋局后，他发现自己可以在脑海中与自己下棋，将心灵一分为二，成为“我执白子”和“我执黑子”的两个自己。这种转移注意力的方法让他暂时抵御了盖世太保的酷刑，但他沉迷其中，最终患上了“象棋中毒症”，精神崩溃。盖世太保意识到他在精神错乱的状态下无法提供有用信息，便释放了他。那个曾经为他提供短暂解脱的心灵世界，最终却将他困在了游戏的囚笼之中。

B 博士最终康复并乘船逃离欧洲，前往阿根廷。在那里，他遇到了当时的国际象棋世界冠军。琴托维奇棋艺高超，但下棋方式却有些机械且乏味，只是为了金钱而下棋，对象棋的智力层面毫无兴趣。由于不识字，他被认为是那些未受过教育但却擅长规则和法规的法西斯分子的代表。其他乘客鼓动 B 博士与这位粗鲁的象棋冠军对弈。B 博士赢得了第一局比赛，第二局也进展顺利，直到琴托维奇发现他可以通过拖延每一步棋来激怒对手。每一次停顿都让 B 博士独自面对自己的思绪，就像在维也纳的酒店房间里一样。他思绪纷飞，在内心狂热地计算，同时狂烈地与自己对弈。最终，B 博士选择了投降，而不是陷入疯狂。他发誓再也不碰国际象棋。茨威格在 1941 年写下了《象棋的故事》，第二年，他和妻子便自杀身亡。和 B 博士一样，茨威格和他的妻子也决定，不下棋才是取胜的唯一方法。茨威格的传记作者乔治·普罗尼克（George Prochnik）描述了警方拍摄的现场照片：茨威格双手交叉，他妻子的头靠在他的肩上，她的手放在他手上。“他看起来已经离世，”普罗尼克写道，“而她则仿佛沉浸在无尽的爱意之中。”

《象棋的故事》描述了一个人通过在头脑中创造另一个棋手来克服荒芜环境的过程。茨威格通过这本书预见了20世纪一个伟大的尝试：在硅基系统中重新创造智能。随着计算机科学家致力于模拟智能的目的性本质，游戏成了这一探索的核心。国际象棋后来被称为人工智能领域的果蝇：正如遗传学家钟爱的模型生物果蝇一样，它成了工程师衡量其程序智能的标准。工程师们将游戏视为程序学习和提升能力的乐园。就像B博士让自己的智力与自己对抗一样，工程师们也让程序在自我对弈中与自身的副本竞争。在一场又一场的较量中，这些程序逐渐学会适应游戏的要求，就如同生物在演化过程中适应环境一样。

当一个行为体被赋予了愿望以及实现这一愿望的基本手段时，神奇的事情就会发生。生物渴望生存和繁衍。游戏作为内在目标的载体，是模拟这一过程的绝佳媒介。对游戏的研究——无论是由沉浸其中的玩家还是远离游戏的学者所做的，都揭示了欲望的逻辑。冯·诺依曼发明了一种数学技术，仅通过了解行为体的欲望就能预测其选择。他认为人类的自私是一种“自然力量”。能量守恒原理使预测物理系统的运动成为可能。同样，冯·诺依曼认为自私主导着人类活动，使人类的行为变得可解释。这一观念并不新鲜。印度哲学认为，人类的痛苦源于无法满足的欲望。欲望是各种表象下的统一原则。一旦人们认知到奋斗的真正本质，奋斗便会转化为平静：它没有明确目标，因此也没有归宿。欲望既是无尽痛苦的根源，也是其永恒的疗愈。古希腊诗人萨福把欲望描绘为“甜蜜且苦涩的生灵，我们对其无可奈何”。柏拉图谈到了欲望之间的冲突：尽管人们从根本上寻求真理，却被身体阻挠，因为身体“使我们充满渴望、欲望、恐惧、各种幻觉以及诸多荒谬之事，因此，可以说，实际上从来没有任何思想源自身体”。他认为，身体上的欲望是一切战争和内乱的根源。17 世纪哲学家巴鲁赫·斯宾诺莎（Baruch Spinoza）主张“欲望是人的本质”。概率论早期的倡导者提出，人们在做决策时总是力求利益最大化。资本主义体系便是建立在欲望驱动经济的信念之上。弗洛伊德认为男人在潜意识中被无尽的性欲驱动。德国哲学家亚瑟·叔本华（Arthur Schopenhauer）受印度思想启发，将宇宙视为一场统一的、无意义的奋斗；在他看来，意志是被外表掩盖的核心现实。

欲望是行为的第一要素。赋予一个能够采取行动的行为体以欲望——无论是在进化过程中获得的，还是通过编程植入的——你就能拥有类似智能的最简单方法。在进化过程中，为了服务于生存这一最初目标，复杂的、以目标为导向的行为出现了。古生物学家道格拉斯·埃尔文（Douglas Erwin）曾这样写道：

> 古生物学家经常说，化石记录中的多样性爆发只是“填补了生态空间”，好像每一个新物种只是在已存在的棋盘上占据了一个方格……然而，我认为一个更贴切的比喻是构建棋盘本身。尽管某些生态空间可能独立于任何占据它们的物种而存在，但更多的生态空间是由物种

及其相互作用来定义的。

在进化过程中，动物不仅适应了它们单调的静态环境，还在相互之间进行着适应。新物种可能改变现有的生态空间，或占据全新的生态空间。20 亿年前，光合作用的藻类彻底改变了古老的大气环境，为地球提供了富含氧气的环境，推动了更复杂的生命形式的出现。珊瑚礁成了成千上万水生物种的家园。而陆地上的地衣和真菌则让岩石地面为多细胞植物和动物的生命做好了准备。这种动态不仅适用于物理生态空间，还适用于行为的适应。随着神经系统的进化，动物获得了有目的地移动的能力，并逐渐发展出更加智能的策略和对策。一旦捕食者获得了移动和捕猎猎物的能力，其他动物种群也会从中获益。新的行为和策略不断涌现以对抗其他参与者的行为，最终导致了智慧的爆炸式增长，促使现代人类出现。

环境的复杂性限制了其栖居者所能达到的智力水平。在一个只有细菌的世界中，人类水平的智能不会出现，同样，一个游戏的复杂程度也限制了玩家能够学到的东西。一个人可以成为天才的国际象棋选手，但却不存在所谓的井字棋神童。人工智能研究员乔尔·莱博（Joel Leibo）和他的同事们设想了一个场景：一个“唯我主义者”可以通过反复试错，在一个 19 × 19 的格子上玩接龙游戏。玩家的目标是在棋盘上放置棋子以占领尽可能多的地盘。“显然，最佳解决方案就是沿着格子的边缘放置棋子。”一旦玩家发现这一点，就没有更多可以学习的了。

行为体的智能达到了上限，陷入了停滞不前的状态。现在，让我们引入另一名玩家，通过放置白色棋子来阻止第一名玩家的行动。“白色棋子及其围成的地盘形成了屏障，阻止了黑棋地盘的扩张。于是，围棋诞生了，这个游戏的复杂性足以让数百万人思考上千年。”

在试图从零开始重建智能的过程中，一些研究人员开始从智能的原始来源——生命——中汲取智慧。有一点越来越清晰：生物智能的产生既要归功于合作，也要归功于竞争。早期的生命由无差异的原始细菌组成，并非按照传统的达尔文主义竞争模型进化而来，也不一定有确切的物种存在。基因不仅以垂直传播的方式传给后代，这些类似细菌的生命形式还通过一种称为水平基因转移的过程相互分享进化中的创新——新基因和新机制。它们如同现代细菌般，在巨大的且具有保护性的微生物群落中进行合作。另一个关于合作的见解为新的、更复杂的生命形式铺平了道路：一个单细胞的近亲躲藏在另一个细胞的近亲内部，形成了现在被称为真核细胞的合作结构。被内化的线粒体为真核细胞提供了大量能量，使其能够执行全新功能，实现专业化，并共同构建出多细胞动物。这最终催生了我们今天所熟知的达尔文进化论，即遗传物质的遗传传递和物种多样性的发展过程。

生物学家和人工智能研究人员都认识到，进化的过程是一个学习过程。在这个过程中，基因池不断调整，细胞的蛋白质机制进行微调以适应环境的要求。不同的有机体对周围环境提出的问题采用了不同的解决方案。一些物种因专注于特定的生态空间而成功繁衍。例如，雪人蟹在南极深海热液喷口周围几平方米的范围内活动，能在高达 700 华氏度（371 摄氏度）的水温下生长。而其他物种则成为通才，进化出应对环境变化的方法。例如，哺乳动物的温血特性使它们能够迁徙到更冷的气候并在夜间活动。重大的环境扰动（如火山爆发和小行星撞击）导致了高度特化物种的大规模灭绝，而通才物种则因能更好地应对干扰而存活下来。

应对环境变化的一种方法被称为表型可塑性，如根据环境压力改变身体形态。水蚤在发育过程中，如果感知到其栖息水域的捕食者分泌的化学物质达到高水平，会长出保护性的刺。迁徙蝗虫有一种孤立形态，与蚱蜢相似，如果它们感受到其他蝗虫的挤压——可能意味着蝗虫数量超过食物供应，就会触发形态的改变。它们会转成聚群形态，如同《圣经》中描述的蝗灾，大规模聚集并吞食庄稼。蜜蜂的不同蜂群（如工蜂和蜂后）会根据哺育蜂给幼虫的食物数量和质量发育。在实验室条件下，获得适量食物的幼虫会发育成介于工蜂和蜂后之间的体型。

在表型可塑性中，环境线索会引发生物基因组读取方式的改变，从而改变其身体和行为的表达方式。有趣的是，在所有这些例子中，从一种形态到另一种形态的转换（至少部分）是由多巴胺介导的，而我们也知道，多巴胺还负责动物处理环境变化的另一种方式——学习。多巴胺并非所有物种表型可塑性的唯一因素，但它已被重新用于管理体型和行为的变化。身体和行为的表达是与当地环境及其中的生物相互作用的结果，这是一场由历史偶然性和现代需求共同组织的伟大博弈。行为和身体的可塑性都是为了应对环境的变化进化而来的，其在时间尺度上发生的变化比基因组的进化变化更快。比如，当某个生态系统变得越来越潮湿时，动物可能通过学习建造隔热的巢穴来适应环境的变化。动物还可以通过游戏发现新的行为，因为游戏有助于神经系统产生多样化的行为，并从中选择新的行动模式。游戏使动物能够模拟与同伴的互动和经历，是一种安全的探索方式。

随机变异是一个不断被验证的现象。进化依赖于基因突变，这些突变引发了变异，供自然进行筛选。这种变异能够带来身体的多样性，使动物能够根据环境展现不同的形态。学习和游戏则促进了行为的多样性。动物的神经系统能够学习和储存各种行为，以备未来选择运用。游戏可以扩展动物的行为范围，增强其主动性。正如令人惊叹的形态复杂性源自随机突变一样，智慧也是在数十亿年的自发游戏中演化而来的。这里的基本算法是这样的：通过变化去尝试多种选择，记录有效的行为（无论是通过适者生存的自然法则还是成功策略的相关记忆），并将这些有效行为应用于实践中。

当然，生命并非单人游戏，动物之所以进化出智慧，不仅是为了与其他伙伴打交道，也是为了应对环境的挑战。几个世纪以来，科学家们一直理所当然地认为，大脑的进化是为了处理关于世界的各种信息，神经系统的目的是忠实反映环境。因此，神经科学家们将研究重点放在感官处理上，如视觉、听觉和触觉。直到 20 世纪 70 年代，生物学家们才意识到，一些动物之所以发展出更大的大脑，可能是为了更好地管理复杂的社会关系。建立和维护这些关系需要大量的认知努力，包括交流和欺骗。为了贴近当时的思潮，科学家们最初将此称为“马基雅维利假说”，暗示灵长类动物进化出智慧是为了相互操纵。

英国人类学家罗宾·邓巴（Robin Dunbar）最终将其称为“社交大脑假说”。他发现，灵长类动物大脑的大小往往与其平均群体大小成正比。这些动物可能需要更大的大脑来维持较大的社会群体的稳定，而更大的群体能带来生存上的优势。在群体中，灵长类动物可以集体抵御捕食者的袭击，共同承担育儿或觅食任务，还能在文化技术方面进行创新，比如使用工具。邓巴基于人类大脑大小进行推测，认为人类能够维持稳定社交关系的最大人数约为 150 人，这就是人类社会群体的理想规模约为 150 人这一常被引用的说法的起源。表面看来，人类同理心的极限似乎被固定在了一个数字上，但这其实并非一个数据点，而是一种推断，存在极大争议且误差较大。有时人们会使用邓巴数来解释人类为何会自然地形成内外群体，或者用它来暗示种族主义是不可避免的，因为人们只能关心约 150 人。这种推演并不足以支撑这一结论。

社交大脑假说并非生物学的普遍真理，社会复杂性也并非大脑进化变大的唯一动因。社会性胡蜂物种中的个体不一定比独居性胡蜂物种中的个体更聪明。实际上，在集群物种中，随着个体在特定蜂巢任务上变得更加专门化，其大脑的复杂性可能会有所降低。胡蜂通过共享的信息素的气味来识别其同伴，而不是记住成百上千个其他胡蜂的面孔。

当邓巴将其他哺乳动物和鸟类的大脑与它们的社会行为进行比较时，发现了一个惊人的差异：除了灵长类动物，大脑的大小与群体规模并无关联；相反，他发现，进行一夫一妻制交配的动物拥有最大的大脑。也许高智商并非来源于生活在大群体中的计算需求，而是与配对的需求有关。灵长类动物可能利用最初为了与性伴侣建立联系而发展的社交技能来建立与其他个体的关系，如友谊。也许更高的智力正是从这种协作平台上发展而来。研究者发现，思维方式多样的团队在解决难题和提出创新解决方案方面表现更佳，胜过个体或同质团队。人工智能研究人员已开始采纳这一见解来训练更强大、更具协作性的智能体。

生命和智慧源自互动。在茨威格的《象棋的故事》中，B博士通过在脑海中创造另一个玩家，摆脱了孤独监禁的折磨。达尔文的进化论也是通过创造新的参与者进行的。每个有机体都在与其他生命的互动中磨炼自己的适应能力。每个有机体都要感谢其他生命的存在。自然选择塑造了适应特定生活方式和环境的多样身体结构，并发明了一些机制，使得这些身体结构能够随环境变化而调整。随着神经系统的进化，动物可以更快地应对新的压力和挑战。经过数十亿年的进化，人类的智慧在社会互动中逐渐产生。那些希望在硅基上构建智能的工程师们注意到了生物学的简单配方：欲望加互动。游戏将为他们的努力提供理想的试验场。生物天生具有生存的欲望，而人工行为体则被研究人员注入了获胜的欲望。

第九章　进化的终结

生命是什么？当巍峨的山峰化作尘埃，大陆与海洋在时间的轮回中交织起舞时，究竟是什么让那些脆弱、易逝的生物得以生存？

——罗伯特·罗森（Robert Rosen）

在达尔文的进化论出现之前，人们一直认为自然界的平衡是如此完美，以至于其每个细节都仿佛是上帝存在的证据。就像人们笃信掷骰子反映了上帝的意志一样，他们认为自然界正是上帝完美的杰作。每一种生物都与其生存环境完美契合，仿佛是按照特定规格精心制作而成的。1802 年，神学家兼实用主义哲学家威廉·佩利（William Paley）出版了他的最后一本著作《自然神学》（*Natural Theology*），在书中以大量经过研究的生物实例重申了这一论点。他指出，鱼的鳍和鸟的翅膀分别非常适合在水中和空气中活动；鲑鱼与生俱来的乡愁驱使它回到出生地安全产卵；交喙鸟的分叉喙是一个精巧的装置，可以从松果中提取种子。在当时，佩利对生物学细节的朴实颂歌就像是上帝存在的不言自明的证据，每一个明显的完美对应关系都在诉说着造物主的无限仁慈。佩利写道，如果一个人在森林中无意间踩到一块石头，他几乎不会怀疑这块石头是如何出现在那里的，但如果他踩到的是一块怀表，就必定会意识到这块怀表是被人放在那里的，是有人制造出来的。怀表的出现绝非偶然，它不像鹅卵石那样，在不经意间掉落在那里。怀表有专门定制的机械装置，其各部分协同工作，而且有着明确的用途。所以，它一定是由什么人创造出来的。

查尔斯·达尔文在大学时曾阅读过佩利的著作，尽管他当时并未进行深入思考，但却对其论点深信不疑。他承认自己被佩利的逻辑吸引，就如同被欧几里得几何学中的明晰逻辑吸引一般。然而，达尔文后来的实地考察逐渐打破了这种迷思。他认识到，自然法则也可能让事物呈现出设计的外观，并受到环境必然性的塑造。在构思自然选择理论时，达尔文受到了托马斯·马尔萨斯（Thomas Malthus）的启发。马尔萨斯在其1798年的著作《人口原理》(*An Essay on the Principle of Population*）中提出了一个观点：人类的进步实际上是一个无休止的、类似于西西弗斯推石上山的循环。改善社会物质条件必然导致人口增长，进而可能会引发饥荒和疾病，从而又降低物质条件。达尔文在马尔萨斯的著作中看到了自然界的相似之处，即导致新物种产生的"生存竞争"。他推断，生命并非由某个造物主所创造。生命根本不稳定，而是不断变化的，不过这种变化受到固定法则的驱动。自然元素在相互平衡的对立力量中塑造。一切生命的产生都源于冲突，这才是真正的自然法则。

达尔文花了几十年的时间才公开发表他的理论，因为他知道这将震惊整个社会。事实正是如此，并且这种震惊一直持续至今。达尔文将他的研究成果寄给了他敬仰的天文学家约翰·赫歇尔（John Herschel），但通过间接途径得知，赫歇尔对这一理论持蔑视态度，甚至称其为"乱七八糟的法则"。就像古希腊人在数学中忽视偶然性一样，当时的科学家们仍然对随机性的力量视而不见。偶然事件怎么可能在大自然的和谐中发挥作用呢？创造又怎么可能简化为掷骰子呢？

在此之前，"偶然性"曾被用作证明上帝存在的另一个论据。博物学家们发现，许多物种的雌雄比例是平衡的，这似乎暗示着一种有意的设计。到了 18 世纪，英格兰开始收集大量的社会数据，为这一论点提供了新的证据。1710 年，数学家约翰·阿尔布斯诺特（John Arbuthnot）发表了对英格兰洗礼记录的分析。他发现，男女出生比例并非完全一致，相反，每出生 13 个女孩，就会有 14 个男孩出生。奇怪的是，在过去的 82 年里，每年都是如此。阿尔布斯诺特将此视为上帝的先见之明。他推断，男性会遭遇更多的“外部事故”（如狩猎时遭遇危险），从而导致男性的死亡率更高。男性出生时的过剩数量被他们更喜欢冒险的天性抵消，因此，一旦他们达到生育成熟期，男女比例就会保持在完美的 1∶1。阿尔布斯诺特认为，这绝非偶然。假定默认的男女比例应该是相等的，那么男性人数凑巧连续 82 年超过女性的概率微乎其微。他认为这是神迹的无可辩驳的证据。上帝为每个人都安排了一个配偶。

达尔文提出了另一种解释这一谜团的方法，即群体选择，这与他的理论相矛盾。他最初假设自然选择是在相互竞争的个体层面上发挥作用的，但随后他推测，在某些情况下，自然选择可能作用于整个种群。这就解释了为什么会出现一些适应性特征，这些特征对个体动物而言可能并不具有优势，但对整个群体确实有益。否则，如何解释像蚂蚁这样的社会性昆虫中存在不育个体为其蚁后劳动的现象呢？显然，这些个体为了物种的整体利益而放弃了繁殖。有些动物会为了更大利益而共同努力，这种想法是一种自然的直觉。数个世纪前，哲学家托马斯·霍布斯（Thomas Hobbes）曾写道，对蚂蚁来说，与人类不同，“共同利益与私人利益并无差别”。然而，达尔文意识到，这并不完全合乎逻辑。蚂蚁个体怎么会知道什么对群体来说是“最好”的呢？是什么驱使它为蚁后服务？他怀疑雌雄平衡在某种程度上对整个物种有利：“但我现在明白了，这个问题实在太错综复杂，更安全的做法是将其留给未来解决。”

在科学家们对遗传基质有确切了解之前，没有研究者能够解释自然选择是如何作用于后代的。直到格里高尔·门德尔（Gregor Mendel）在对豌豆植物进行精心育种时，才首次意识到了进化的统计本质。20世纪的数学家罗纳德·费希尔（Ronald Fisher）进一步发展了这一见解。门德尔勾勒出遗传规律的轮廓，而费希尔则研究了其与更广泛的进化过程之间的关联，运用偶然性逻辑，用数学语言描述了自然选择。费希尔深信随机性的力量，并利用它改进数学技术和实验设计。他凭直觉意识到偶然性在许多方面都富有成效。例如，进化就借由随机性重新组合和混合等位基因以筛选出最成功的基因组合，从而创造出看似奇迹般的生物形态。正如生物学家朱利安·赫胥黎（Julian Huxley）所言：“自然选择加上时间是产生极高不确定性的机制。”组织精巧的动物是通过偶然事件产生的，微小的变化代代相承。

费希尔在遗传学领域的工作虽早于DNA及其机制的发现数十年，但对进化生物学有着巨大的阐明作用。他将进化描述为种群中基因变异的波动。以体毛为例，影响体毛的基因可能有多个变体（或称等位基因），分别控制体毛的浓密程度。若某一等位基因在繁殖中占据微小优势，如冰河时期浓密体毛有助于保暖，那么编码浓密体毛的等位基因就会在后续几代中逐渐普遍。如果环境发生变化，如冰河时期结束，性状不再适应环境，则该等位基因在种群中就会变得更加罕见。费希尔将进化归结为统计流。曾经被视为上帝杰作的事物，现在可以用管理掷骰子的数学逻辑来描述。

1930 年，费希尔在其巨著《自然选择的遗传学理论》（*The Genetical Theory of Natural Selection*）中汇总并扩展了他的遗传学见解，这本书几乎以一己之力重振了达尔文的思想，并将其从学术界多年的冷落中拯救出来。在这本书中，费希尔以他独特的隐晦风格阐述了当今进化生物学中极具盛名的论述之——同时也是生命科学中博弈论思想的早期种子。他重新审视了性别平衡的问题，并解开了自然选择如何实现性别平衡的奥秘，而没有诉诸涉及群体选择的模糊想法。实际上，达尔文和其他思想家已经预见到了他的论点，但费希尔更清晰地表达了这一观点。

假设某个种群雌性后代偏多，导致性别比例失调。在下一代中，由于男性在总人口中占比较小，他们将有更多的伴侣可供选择，并因此相对拥有更多的后代。任何生育更多男性后代的倾向都会不成比例地遗传给下一代，从而导致更多男性出生，重新平衡男女比例。这种不平衡将在连续的几代中迅速得到纠正，因为较稀有的性别必然会获得更多繁殖的机会。这就是著名的费希尔原则，它本质上描述了性别之间的博弈。

至于阿尔布斯诺特关于上帝存在的证据，他认为大自然提供 13 名女性配 14 名男性的情况十分罕见。但费希尔意识到，这个博弈并非简单维持 1 : 1 的比例。性别平衡会根据父母为子女付出的努力程度而发生变化。自然会在生产任一性别后代所需付出的总努力相等时找到平衡点。由于男性儿童的死亡率略高于女性儿童，他们平均所需的父母投入更少，因此自然选择倾向于这一性别。稳定的性别比例并非造物主存在的证明，而是博弈的平衡点。

到了 20 世纪初，达尔文的惊世理论已经在科学界获得更广泛的认可。这些概念被片面解读和曲解，用于为政治意识形态辩护，甚至成为 21 世纪一些最严重暴行的辩护词。达尔文的堂兄弟弗朗西斯·高尔顿（Francis Galton）创造了“优生学”这个术语，并定义其为“研究社会管控下可能改善或损害（无论是在身体上还是在精神上）未来种族素质的机制”。他随后在今天被称为伦敦大学学院（University College London）的地方设立了高尔顿国家优生学实验室。一些著名的科学家和公众人物也公开支持优生论，包括费希尔、H.G. 威尔斯（H.G.Wells）和温斯顿·丘吉尔。他们中许多人并不支持绝育手术（当然也不支持死亡集中营），而是支持“积极”优生学，例如，为“理想”人群（即上层阶级）提供税收激励措施以鼓励他们多生育。

优生主义者相信他们的“先进技术”可以治愈从酗酒到犯罪等所有社会弊病。然而，这实际上只是唤醒了古老的恐惧。德国科学家是最早且最热衷于采纳达尔文思想的人群，但美国却是在实践中首个推行优生学计划的国家。优生学的支持者认为，它是可以解决日益复杂化的社会中所存在的各种问题的一种理性、科学的方法。美国有30多个州实施了强制绝育，而许多受害者至今仍然健在。不幸的是，优生学的幽灵依然困扰着现代话语，从彻头彻尾的种族主义意识形态到硅谷初创公司承诺的（在科学上不可能实现的）基于“积极”优生学的胚胎选择方法。优生学的支持者将人类设想为可以优化的指标，却未能意识到多样性才是进化的基础。狭窄的统一性对任何种群都意味着生存的危机。在这个以假想中的适应性作为得分点来衡量的虚构游戏中，道德被边缘化：它在这里只是一个正常社会的点缀，而非其基石。

优生学的乌托邦式冲动建立在一个错误的前提下，即认为基因而非环境是人类品质和行为的主要来源。费希尔和当时的许多学者相信，一个人的美德和恶习，包括他们的外貌、道德本能和宗教敬畏，都是由基因决定的。优生学家支持这一观点，主张通过选择性繁殖和淘汰来“净化”人类。随着优生学带来的种族灭绝的恶果在欧洲肆虐，费希尔和其他许多人纷纷远离了这一理念。优生学的重点研究期刊和实验室也开始自我改头换面，以“遗传学”这一经过精心处理的名字对自己进行重新包装。纳粹主义的阴影持续笼罩生物学领域长达数十年，导致对遗传在人类行为中的作用进行勉强暗示的研究都受到了压制。尽管20世纪60年代知识界笼罩着这种氛围，研究生威廉·唐纳德·汉密尔顿（William Donald Hamilton）仍决心深入探索利他主义的遗传基础。

在剑桥大学攻读本科期间，汉密尔顿通过研读费希尔的著作学习了生物统计学。从此，他开始将所有生物都视为处于一场伟大博弈中的平衡点。生物在出生和死亡循环中不断争夺着一个巨大奖励：让它们的后代有机会参与下一轮比赛。这些博弈涉及物种间、物种内部、与环境以及基因之间的互动，塑造了平衡的力量，维系了生命网络的平衡。汉密尔顿对利他主义的神秘出现尤其感兴趣，因为这似乎与达尔文主义格格不入。如果生命是个体之间为生存而进行的竞争，那么无私行为又怎么会出现呢？汉密尔顿相信，肯定有比群体选择更合理的解释。

1963 年和 1964 年，汉密尔顿发表了两篇关于社会行为的论文，开创了进化论的"基因视角"（后来被称为"自私基因"，但可能更容易引起混淆）。在这个框架下，进化是基因之间的竞争，而非生物之间的竞争。既然利他行为需要付出代价，有时甚至会让个体付出生命的代价，那么利他行为的基因如何会在群体中出现呢？从基因的视角来看，只要这一基因在群体中的其他复制品能够存活，携带这一基因的利他主义个体是否存活并不重要。汉密尔顿以鸟类向邻居发出鹰出现的警报为例：发出警报的鸟会冒一点额外的风险，因为它会让捕食者知道它的位置，但从基因的角度来看，只要附近的鸟类也携带相同的基因，这种代价就值得它们发出警报。他推导出了一个简单的等式来描述利他行为基因何时会出现。该行为的成本必须小于其对种群中其他复制品自身的益处。可以把利他主义看作是一种经济计算，汉密尔顿在他的论文中精辟地表达了这一点："在我们的生物模型世界中……每个人都会牺牲（自己的生命），只要他能因此拯救两个以上的兄弟，或四个同父异母的兄弟，或八个以上的表兄弟。”汉密尔顿的观点后来被称为“亲缘选择”，与“群体选择”相对。这些行为往往更倾向于支持近亲而非远亲，因为近亲更有可能共享基因变体。这一规则并不要求利他主义基因在另一个个体身上“识别”自己——基因可能会通过一些普遍规则影响行为，比如“只要看到张开的嘴就喂食，但前提是在自己的巢里”。

汉密尔顿的工作很快引起了业余学者乔治·普莱斯（George Price）的注意。1967 年，时年 45 岁的普莱斯在度过了一段似乎漫长的中年危机后，踏上了驶向伦敦的航船。他和前妻已经离婚超过十年，多年未曾见到他的两个女儿。一次由一位老朋友进行的甲状腺手术失败造成普莱斯部分身体瘫痪，这让他痛苦不堪、悔恨交加。几十年前，一位面试官在普莱斯 1940 年的哈佛大学入学申请表上写下：“可能会精神错乱。”尽管普莱斯的性格“莫名其妙”，但他仍然获得了令人艳羡的奖学金。他的职业生涯犹如一场狂风暴雨，频繁穿梭于那个时代的重大技术突破之间。研究生期间，普莱斯参与了曼哈顿计划，研究钚 235 的特性。在哈佛大学短暂任教后，他加入了贝尔实验室，致力于改善晶体管的化学特性，当时晶体管正成为计算机革命的推动力。后来，他对冷战军事战略进行了博弈论分析，然而这项工作却未能完成。与此同时，他向 IBM 提出了开发一种通用“设计机”的构想，这种“设计机”可以看作是 CAD 程序的前身。在 IBM 工作了一段时间后，他对这个项目逐渐失去了兴趣。几十年来，普莱斯的论文发表虽不定期，但他的思绪从未停歇，不断探寻更有价值的事业，渴望在科学领域留下自己的印记。

关于伦敦之行，普莱斯对女儿们撒了谎。在一封信中，他声称只计划去几个月，写几篇杂志文章。然而，对于一位同事，他坦率地透露了实情：他打算利用手术失败后的保险赔偿金，资助自己对人类家庭起源的研究。他甚至做好了准备：如果计划失败，便一了百了。或许是因为潜意识中他长期逃避支付女儿的抚养费，对家庭未尽到责任，所以，普莱斯对父爱的起源产生了浓厚的兴趣。他注意到，很少有其他雄性哺乳动物会参与育儿。人类为何与众不同呢？他整日穿梭于伦敦庞大的图书馆网络中，自学进化生物学的知识。他被汉密尔顿将利他主义简化为亲属互助的论文吸引，但他觉得这还是太过狭隘。关于人类对陌生人的慷慨行为的故事数不胜数，这些又如何解释呢？

普莱斯与正在巴西进行实地考察的汉密尔顿建立了通信联系。汉密尔顿在信中附上了他最新发表的论文，其中运用了博弈论来扩展费希尔关于性别比例的观点。并非所有物种的性别比例都相同。例如，有一种寄生蜂的雌蜂会在蜂蛹内产下大约50个卵，但其中只有一个是雄性。这些卵孵化后，没有翅膀的雄蜂会为所有雌蜂受精，之后雌蜂吃掉蛹并飞出去产卵，留下它们的兄弟等待死亡。汉密尔顿利用博弈论模拟了几种具有非标准交配和性别决定机制的物种。他进行了计算机模拟，将决定雄性和雌性的基因视为玩家，并以适应性作为收益。这些玩家最终稳定在特定的性别比例上，与实际数据高度吻合。汉密尔顿的博弈论模型预测了昆虫性别比例的奇特现象，

从 *Anaphoidea nitens*（每三只雌虫配一只雄虫）到 *Siteroptes graminum*（每二十只雌虫配一只雄虫）都有涵盖。他将这种现象称为物种的“无敌”策略，类似于纳什均衡，没有玩家愿意偏离这一状态。

就像曾经看似毫无逻辑的偶然性一度被认为难以用数学描述，生物学长期以来也被认为难以系统化，但它同样屈服于博弈的逻辑。研究人员采用博弈论来描述进化过程并预测其终点。普莱斯对将进化模拟为博弈的想法非常着迷——毕竟，他曾多年钻研博弈论在核威慑战略中的应用。维持和平微妙平衡的关键并非使用核武器——这将导致相互毁灭——而是虚张声势，让对方相信自己的威胁，相信自己会使用核武器。同样，普莱斯也意识到，尽管冲突几乎是自然界的普遍现象，但动物王国却充斥着有限战争，而非全面战争。长期以来，自然学家们一直对鹿角感到困惑，因为他们无法完全弄清鹿角的用途。它似乎是一种神秘而昂贵的装饰品，或是一种莫名其妙的无效武器。假如它真的是为了战斗目的而设计的话，那它太钝了，无法造成致命伤害。如果鹿能进化出锋利的角，在交配季节杀死对手，岂不是更有意义？然而，事实却恰恰相反，发情的雄鹿只会利用它们的鹿角与其他雄鹿搏斗，争夺配偶，这种行为相对无害，只是一种展示力量的方式。那种嗜血的生命本能去了何方？为何大自然满足于风雅的游戏，如展示羽毛和仪式性搏斗？

有限冲突的普遍性在当时被认为是群体选择的进一步证据：大自然将“物种的利益”置于个体之上，避免了每个交配季节的大规模屠杀。为了验证这一观点，普莱斯利用博弈论模拟了个体之间的反复争斗。他建立了一个模型，其中的个体具有不同的冲突缓和倾向。经过迭代模拟，他发现那些愿意缓和冲突的动物表现最佳。有限的战争对个体和群体都有利。即使有进化出致命鹿角的异常个体出现，它们也不会取代整个种群。有限战斗策略始终占据主导地位。这里的“策略”一词并非指深思熟虑的决定，而是指由基因决定的行为或适应性。

普莱斯总结说，冲突也可以用来为集体服务。非洲猎犬是一种高度合作的动物，它们成群结队地狩猎，有时会围攻在狩猎中没有尽力的成员。这种监管在“囚徒困境”中可能是强化合作的机制。怠工者会受到惩罚，而惩罚者则避免了自己受罚。即便个体之间并无直接关联，他们仍然可能表现出利他行为——只要这些行为对群体有足够的益处，并得到积极的执行。

普莱斯的论文原则上已被《自然》杂志接受，但他一直未能完成必要的修改以使其得以发表。几十年后，历史学家奥伦·哈曼（Oren Harman）在普莱斯的档案中发现了这篇论文。审稿人约翰·梅纳德·史密斯（John Maynard Smith）被普莱斯的想法吸引，主动联系了他，希望能与他合作，对这一问题进行更严谨的数学处理。1973 年，他们发表了《动物冲突的逻辑》（*The Logic of Animal Conflict*），这篇论文将催生一个新的研究领域。文中，他们设想了一个物种为争夺有限的资源而发生冲突的场景。个体可以选择不同的策略，通常被称为“鹰策略”和“鸽子策略”[一]。采用“鹰策略”的个体在遇到其他同类时倾向于挑起冲突，而采用“鸽子策略”的个体则相反，会避免冲突，但如果没有冲突发生，它们也会平等地分享资源。在连续几代的进化过程中，哪种策略将在种群中占据主导地位？当鹰遇到鸽子时，鸽子会选择退缩，鹰则会获得全部资源；若两只鸽子相遇，它们会公平地分享资源；若两只鹰相遇，它们将发生冲突。平均而言，扣除战斗成本后，每只鹰都会获得一半资源。尽管好斗的“鹰策略”看似应在种群中占据主导地位，但主张和平主义的“鸽子策略”却更有助于提高资源利用效率。这导致了两个种群的混合现象。突然之间，以往无法解释的各种生物行为现象，现在都可以通过博弈论来解释。惊人的行为多样性可以在单一物种中共存。普莱斯和梅纳德·史密斯认为，这些是进化中的稳定策略，类似于汉密尔顿的无敌策略和纳什的均衡理论。只要环境不发生变化，其他策略都不会比这些进化稳定策略表现得更好。

为了将博弈论应用于生物学，梅纳德·史密斯、普莱斯等人不得不放宽博弈论中的经典假设，这些假设认为理性的参与者具有惊人的远见。细菌没有思想，但它们配备了出色的策略。有些细菌制造毒素和解毒剂，与竞争对手进行化学战争；有些则具有蛋白质长矛，用于入侵其邻居；还有一些聚集在保护性的生物膜中。在进化博弈论中，参与者可以是任何拥有目标的实体，如一台计算机、一家公司或一个癌细胞。生物体不

[一] 普莱斯和梅纳德·史密斯将这些策略称为“鹰策略”和“鸽子策略”，因为普莱斯刚刚虔诚地信奉基督教，他不想玷污圣经中鸽子的象征意义。

需要大脑来玩游戏——自然选择是决策者，它优化的是适应性而不是分数。由进化生物学家引入到博弈论中的无意识特征，后来证明对工程师尝试创建人工智能具有帮助。

理查德·道金斯（Richard Dawkins）后来在1976年出版的《自私的基因》（*The Selfish Gene*）一书中推广了汉密尔顿、梅纳德·史密斯、普莱斯等人提出的框架。十年前，乔治·克里斯托弗·威廉斯（George Christopher Williams）在他的《适应与自然选择》（*Adaptation and Natural Selection*）一书中也提出了相同的论点。然而，这本书并没有像道金斯那样的夸张论述以吸引广泛的读者。他们都认为，基因是选择的基本单位，是生命游戏的主角，而我们——基因的个体表现——只是配角。这两本书普及了一个有潜力的理论框架，尽管它并未被生物学家普遍接受。基因视角的进化论采用了对基因的模糊定义，可以说是以牺牲真正的生物学意义为代价，获得了一个方便的解释性隐喻。道金斯后来辩称，“自私的基因”这一框架应被视为像内克尔立方体幻觉一样：它是一种看待生物学的方式，但并不一定比其他观点更准确。

道金斯挪用了“自私”这个充满价值判断的词来定义一个技术术语，就像博弈论者挪用“理性”一词一样。但基因的“自私”与人类的自私截然不同。基因并不“想要”得到某种特定的结果。这让许多读者感到困惑，有时甚至让道金斯也感到困惑——尤其是在书的第一版中，他将基因与人混为一谈，声称“我们生来自私”。尽管有免责声明否认基因决定论，但很难不在读完这本书后产生一种基因有意自私地操控着宿主身体的感觉。这是一种常见的认知偏差，反映了人类与生俱来的慷慨，就像孩子赋予泰迪熊意识一样。人类总是不由自主地将意图投射到无生命的实体上。即使使用最谨慎的语言，也几乎不可能完全消除这种冲动。道金斯后来对选择“自私的基因”这个词感到后悔，觉得“不死的基因”可能是更恰当的选择。近五十年来，这些观点一直是大众话题的一部分，但许多读者和学者仍将基因的数学模型与真实人类的行为混为一谈。

如今，进化基因视角被认为是博弈论中的一大显著成就。它也是一种一刀切的做法，将生活的丰富性简化为简单的方程式。尽管人们很容易批评博弈论过于简化复杂的动态，但这也是关键所在：所有模型都是简化过的。生理学家丹尼斯·诺布尔（Denis Noble）就反对生物学中的这种遗传简化论。细胞的脂质膜没有遗传密码；胚胎直接从母亲那里继承线粒体和模式信号。生命不能完全简化为构成遗传密码的核苷酸字母表。他写道：“生命之书，就是生命本身。”

虽然博弈论有其局限性，但它确实使生物学更像是一门预测性科学。癌症医学就是一个典型的例子。癌症是进化的偏差，揭示了构成我们的细胞仍然具有独立生存能力的事实。为了让多细胞生命得以正常运作，大自然找到了限制个体细胞间竞争的方法。细胞通常是体内守法的公民，只根据功能需要进行分裂，而癌细胞则不同。在分裂过程中，细胞可能会发生突变，使得复制不受控制。这些细胞不断分裂，迅速积累新的突变，表现得更像自私的个体，而非合作的整体。细胞通常具有广泛的错误检查机制以确保其遗传物质被仔细复制，但在细胞的快速疯狂增殖中，这些机制也可能失灵。由于数学上的必然性，任何能让细胞分裂更快的突变都会在肿瘤细胞群中传播。在错误检查机制失灵的情况下，这些叛逆的细胞会以更快的速度累积突变，并常常获得新的功能。有些细胞会退化，重新拥有它们未被驯化的、单细胞祖先的古老习性，如重新采用发酵方式。有些癌细胞具有某种单细胞的繁殖方式，使得它们可以进一步混合基因；还有一些癌细胞则具有出芽能力，能在血液中循环，在患者身体的其他部位扎根。

肿瘤学家的目标是将化疗药物与特定癌症相匹配，但癌症本身就是一个移动的目标，因为大多数肿瘤都是突变细胞的异质混合体。治疗过程可以被视为医生与癌症之间的一场博弈，因此，医学专家开始利用博弈论来设计更好的治疗方案。如果医生只使用单一的药物或策略，癌症可能会产生抗药性。这就像在玩“剪刀石头布”游戏。也许肿瘤由“石头”策略细胞主导，医生采用“布”策略消灭了“石头”细胞。但是，如果医生只使用一种策略，那么那些原本数量极少的“剪刀”细胞可能会肆意生长。因此，医生应该轮换治疗方法，时而采用“石头”策略，时而采用其他策略。通过博弈论建模，医疗团队可以制定所需的动态策略，与不断变化的疾病做斗争。

汉密尔顿最初提出的问题一直困扰着普莱斯：是什么巩固了利他主义的进化起源？汉密尔顿已经确定，利他主义可能出现在有亲缘关系的个体之间，但普莱斯渴望找到一个更为普适的解决方案。他摒弃了尽可能多的假设，从零开始，推导出一个描述自然选择的简单等式。这个等式现在被称为普莱斯等式。它具有广泛的适用性，可以描述各种随时间变化的系统。它用数学术语阐述了“适者生存”的原理。在种群中，对于某个令人感兴趣的特征（例如，突变带来的更好视力），这个等式决定了如果这一特征能提高适应性，那么它将在连续几代中变得更加普遍；反之则不那么普遍。等式中的第二项表示环境对这些变化的影响。例如，系统性偏差或突变可能会影响父母及其后代的适应性，或者采用利他主义准则的文化可能会更好地发展。

这些联系似乎显而易见，但令人惊讶的是，直到普莱斯之前，还没有人从数学角度捕捉到这一点。普莱斯等式为进化动力学提供了极大的概念上的清晰度。正如生物学家大卫·奎勒（David Queller）所言，普莱斯等式揭示了“我们所要努力解释的选择并不是一个事物，而是一种关系，一种适应性与遗传价值之间的关系”。例如，它表明自然选择可以在没有资源竞争的情况下进行，而长期以来，由于马尔萨斯对达尔文的影响，人们一直认为资源竞争是进化的必要组成部分。只要基因变体在种群中以不同的速度传播，进化就会发生——种群本身无须受到限制。普莱斯将这一发现告诉了伦敦大学学院统计学教授锡德里克·史密斯（Cedric Smith），史密斯立即在伦敦大学学院为他提供了一间办公室。后来，普莱斯在给母亲的信中写道：“这太简单了，我觉得肯定有人早就发现了。”就连普莱斯自己都觉得，一个生物学的局外人能够推导出这个等式，“简直是个奇迹”。

这个等式的美妙之处在于其普适性。普莱斯最初将其用于描述基因频率在进化过程中的变化，但他后来意识到，它的通用性足以捕捉任何变化，甚至如他在写给朋友的信中所说，这个等式就像转动收音机上的调频钮来选择电台一样灵活。它可以描述任何类型的遗传，不仅限于基因遗传，还包括表观遗传、行为遗传或符号遗传。普莱斯希望开创一个新领域：选择科学。他在一篇遗作中写道："一个能够统一所有类型选择（化学、社会学、遗传以及其他各种选择）的模型，可能会为发展一种类似于通信理论的通用'选择数学理论'开辟道路。"

通信理论（又称信息论）是对接收者之间传递信息的保真度的研究，克劳德·香农（Claude Shannon）提出的这一理论是计算机革命的基础。一旦信息被定义，信息理论领域便蓬勃发展起来。同样，普莱斯也希望选择的定义能催生一个新的领域。他认为，选择不仅关系到物种的命运，也关系到语言、历史、经济增长、学习和科学实践本身的命运：

> 选择的主要研究领域在遗传学，但其范畴远不止遗传选择。例如，在心理学中，试错学习简单地说就是通过选择来学习。在化学中，选择在平衡条件下的重结晶过程中发挥作用，不纯净、不规则的晶体会溶解，而纯净、形态完整的晶体则会生长。在古生物学和考古学中，选择尤其偏爱石头、陶器和牙齿，并大大增加了人类骨骼中下颌骨的出现频率。在语言学中，选择不断地塑造和重塑语音、语法和词汇。在历史上，我们从马其顿、古罗马和沙皇俄国的崛起中看到政治选择的影响。同样，

> 私营企业制度中的经济选择导致了企业和产品的兴衰。科学本身也在一定程度上受到了选择的影响，实验测试和其他标准在相互对立的假设中进行选择。

尽管统一的选择理论尚未问世，但科学家们已经利用普莱斯等式在遗传和表观遗传进化、社会进化、语言变化、药物相互作用、生态位构建等领域取得了进展。普莱斯关于选择作用于观念的观点预示了理查德·道金斯的“模因”论，即作为一种实体，观点在心理和文化表现上相互竞争。哲学家卡尔·波普尔（Karl Popper）也将知识的获取和生成比作生物选择，将这一过程描述为“进化认识论”。新思想就像基因突变一样，大脑会提出几种提案，然后通过某种选择程序淘汰它无法接受的可能性。

然而，普莱斯没能实现他的目标，即发现纯粹无私的生物学基础。他意识到，尽管汉密尔顿法则描述了基因如何产生利他行为，但这只是他的等式的一个特殊案例。普莱斯等式表明，只要利他行为对整个群体有益，那么随着时间的推移，利他行为就会受到自然选择的青睐。然而，他也意识到，利他行为和自私一样，都是自然选择的结果。但恶意也可能得到青睐：当个体与另一个体的亲缘关系低于种群平均水平时，他们可能会互相伤害，即使这样做会让自己付出个人代价。重要的是，这些特质是否能提高其携带者的适应性；从根本上说，这是一种自私的无私行为。在我们的利他主义观念中，内在的概念涉及牺牲和损失，如果有所得，就不是真正的利他主义。然而，更令人振奋的视角是，我们惊叹于生命结构的奇妙，因此通过帮助他人，一个人也有可能帮助自己。没有人是孤岛，没有人能与整体分离。

普莱斯将我们过于严肃地对待数学模型的危险形象化。他对自己的等式及其所隐含的将利他主义置于自私之下的暗示感到不安。诗人济慈曾说，牛顿“把彩虹简化成棱镜，破坏了彩虹的诗意”。同样，普莱斯也绝望地认为，他的等式偷走了利他主义的所有美好。这一发现让他既眼花缭乱又惊恐万分。这位曾经激进的无神论者开始被耶稣的神启幻象困扰，这很可能是他糟糕的健康状况所引起的。他开始痴迷于为他人服务。在一次加速他生命终结的狂喜的神启幻觉中，乔治·普莱斯听到了耶稣在向他低语：“凡向你求的，你就给他。”

这个世界对他的信仰构成了巨大的考验，他拆除了生命中的每一道防护栏。他没有更新他的英国签证和补助金，并尽可能地避免进食。他停止服用甲状腺药物，相信这会让他更容易接受上帝的指引，对耶稣在登山宝训中“不为明日忧虑”的忠告进行了直接的理解。他捐出了自己所能捐出的一切来推翻自己的等式，或者至少从经验上加以验证。他向伦敦街头的流浪汉介绍自己：“我是乔治。我能为你做些什么吗？”他在伦敦大学学院的同事们非常担心他，恳求他搬到他们那里住。梅纳德·史密斯写道：“我比你更不相信上帝会提供帮助。如果我能帮忙，请告诉我。”

上帝并未伸出援手。几个月内，普莱斯失去了他的公寓。

把一切都捐出去后，他做起了夜间清洁工，利用业余时间完成了与汉密尔顿合作的最后一篇论文。然而，他对基督教服务的热忱远超对世俗责任的承担。让他感到绝望的是，即使作为一个利他主义者，他也是一个失败者——没有实质性地帮助过任何人，反而毁了自己。他混迹于棚户区，与艺术家、酗酒者、革命者为伍，爱上了一个比他小一半岁数的版画家，但她拒绝了他的求婚。普莱斯无法解决自己的道德难题。他牙齿腐烂、指甲肮脏、皮肤发黄，最终在棚户区里用裁缝剪刀剪断了自己的颈动脉，结束了自己的生命。

警方找来汉密尔顿确认尸体的身份。普莱斯的葬礼上，仅有四位来自棚户区的居民以及他的前合作者汉密尔顿和梅纳德·史密斯出席，后两者都是 20 世纪著名的生物学家。普莱斯的室友坦率地承认，他们根本不知道他曾是成就斐然的科学家，数十年来，普莱斯的坟墓上未留下任何标志其卓越贡献的痕迹。若非看到普莱斯关于有限战斗演化的未发表手稿，梅纳德·史密斯可能不会写下奠定他职业生涯的论文。他写道：“遗憾的是，普莱斯博士更擅长构思而非发表。因此，我所能做的就是承认，如果这个想法中有任何价值，功劳应归于普莱斯博士，而不是我。”梅纳德·史密斯的谦逊有些夸张，他的工作其实为进化博弈理论奠定了基础。但显而易见的是，普莱斯正站在这一新领域的前沿。他的研究和随之而来的道德困境就像是 20 世纪生物学和伦理学的和解的隐喻。汉密尔顿形容他的一生为“一件完整的艺术品”。

汉密尔顿认为，普莱斯刻意保持低调：他的基督徒式的谦逊使他在论文中显得过于保守。受到信仰的束缚，他不敢夸夸其谈，因此他的文笔显得异常简练。他希望自己的研究只对那些愿意认真思考的人揭示其深度。他依赖他人来解读他的等式的深奥影响——汉密尔顿推测，就像耶稣的使徒们解释简洁的福音书一样。汉密尔顿写道："在这个过程中，我相信我被选中成为他的第一位启蒙者。"25 年后，汉密尔顿去世，但他仍然坚信普莱斯等式尚未向世人展现其全部魅力。

有个事实至今未曾改变：普莱斯一直追求建立一种普适的选择科学，但这个愿望尚未实现。普莱斯等式是进化的基本定理，可以用来推导其他基本的进化定理。这个等式的普适性赋予了它强大的力量，但也因此容易让那些不熟悉其细微差别的研究人员误用。有些人认为普莱斯等式不过是一个统计学上的等式，是重言式，但也有人对其深度表示赞赏。生物物理学家史蒂文·弗兰克（Steven Frank）认为，普莱斯等式与多个领域有着深刻的共鸣。例如，热力学、物理力学和贝叶斯更新的基本方程都涉及某个量（如熵、动量和信息）的最大化，这和普莱斯等式中适用度所起的作用相似。弗兰克认为，普莱斯等式"为变化的几何结构提供了强大约束"，并"暗示着深层次的共同数学结构"，将这些领域统一了起来。自然选择与信息论、熵、概率和其他基础物理可能存在着深层关系，这一切都体现在一个看似简单的等式结构中。

科学家们发现，进化这一反直觉的过程——利用偶然性累积秩序——最好用赌徒最初创造的语言来表达。达尔文的观点初看似乎令人难以置信：像眼睛这样精巧的器官竟然可能源于偶然，这种推测简直太荒谬了。但生命的运作方式是无限的。在漫长的进化过程中，不同的物种积累了各自的特殊天赋。自然选择是一个产生高度不可能性的过程。事实证明，阿尔布斯诺特计算出的“不可能”的性别比例既非偶然，亦非设计的结果，而是一场数十亿年前的选择游戏的产物。

虽然许多生物实体本身并没有大脑，但在这个进化游戏中，玩家无须思考，只需追求欲望。每个生命体都有欲望，都需要能量和维持自身生存所需的条件。当两个生物实体的欲望以某种方式相互作用时——一个吃细菌，另一个吃以细菌为食的变形虫——博弈便产生了。博弈早于大脑的出现——实际上，博弈是大脑出现的基础，因为在进化的历史中，物种们制定了越来越复杂的策略以超越彼此。可以说，正是博弈塑造了自我的意义：通过与其他玩家对抗，我们定义了自己。自我是在与他人的关系中发现其边界的。过去400年的科学发现彻底颠覆了人类对自身在宇宙中所处地位的认知。天文学将我们从宇宙的中心推离，地质学将我们从时间的中心推离，而生物学则将我们从生命的中心推离。我们成了巨大而冷漠的物理过程的简单产物。在生命的游戏中，我们并不扮演任何角色，是生命的游戏塑造了我们。

经济学家们曾绝望地认为，他们的领域可能永远无法成为一门严谨的科学，而生物学家们则曾一度认为生命研究注定只能是一堆事实的堆砌。然而，博弈论为生物学提供了与经济学类似的理论支撑。但对于进化论而言，博弈论并非完美的框架，其原因与它对经济学的奇怪适用性相同：它是静态的，仅描述了均衡点，而进化是一个动态的过程。正如费希尔所言，生命的创造“仍在进行中，在不可思议地持续着”。即便如此，博弈论依然可以模拟生命的“终点”：进化在达到纳什均衡点时“结束”。它详细描述了民间智慧中长期存在的自然平衡状态。重要的是，普莱斯等式还表明，进化并非必然依赖于资源竞争，达尔文的马尔萨斯主义色彩可以被忽略。近几十年来，进化论科学家越来越重视合作在生命中作为基本原则的多种表现方式。

统计学和博弈论将进化生物学从一门历史性、描述性科学转变为一门预测性科学。生物学家曾经只是简单地罗列生命的无尽变异，现在则能解释这些策略产生的原因，并预测其他潜在的平衡状态。生物学与物理学和化学不同，后两者遵循的是被动定律，而生物学则要求其研究者思考生命的目的。这些观点甚至可能帮助我们更清晰地定义生命，并在生命世界和非生命世界之间划清界限。博弈有助于将复杂领域系统化，在此过程中，博弈论本身也得到了扩展：博弈者不再受严格理性假设的束缚，也不再需要无限的远见和计算资源，他们可以是更简单的存在，如一棵杉树、一只变形虫或一只阿拉伯莺。博弈者并非自主选择他们的特征或策略，而是继承它们。没有智力的实体也可以参与博弈，或许智力本身也可以从博弈中获得提升。

第十章　机器智能

在一个关于国际象棋的谜语中，哪个词是绝对不能使用的?

——豪尔赫·路易斯·博尔赫斯

（Jorge Luis Borges）

信息论的奠基人克劳德·香农在1950年的一篇论文中指出，游戏为开发机器智能提供了理想的环境。在此之前，研究人员主要利用计算机进行大量的数字计算，而香农认为，计算机有朝一日可以处理“国际象棋棋局、电路、数学表达式和文字”。他提出，游戏本身并不实用，但它们可以成为解决其他问题的训练场，比如将文本翻译成不同的语言、做出战略性军事决策以及创作音乐——换言之，模拟人类智慧。在这篇论文中，他介绍了一个早期的国际象棋程序，尝试着对思维进行概略估算。

香农认为国际象棋是这个项目的理想起点。国际象棋是一个定义明确的领域。与现实世界的问题相比，国际象棋更容易管理，并且游戏内的进展更容易衡量。游戏是离散的，玩起来似乎需要一些典型的智力要素：策略、规划和逻辑。游戏是使智力变得可观测的一种方式；它们为研究人员提供了一种词汇，用以表达思维的隐形力量。香农并非第一个有此认识的人：历史上最早的程序员艾达·洛芙莱斯就曾思考过，像纸牌这样的游戏是否“可以被转化为数学公式，并得以解决”。她最早意识到，巴贝奇的计算机可能不仅能进行简单的数值分析，还能分析和创建游戏、文本和音乐。游戏就像一个充满可能性的分支网络。最开始，玩家面对的是一棵包含所有数学上合法棋步的树，每一回合都像修剪树枝，会缩减下一步可能走法的范围。在有限的博弈领域中，玩家的智慧可以归结为两个基本组成部分：对所有可能未来的有效搜索，以及选择最有可能获胜的路径。为了探索这些潜在的未来，香农转向了博弈论。冯·诺依曼认为，理性的玩家会做出他们认为能使未来收益最大化的选择。同样，香农建议创建一个国际象棋程序，利用极小化极大估值算法引导其选择走向胜利。那么，这个程序如何确定哪步棋最有希望？国际象棋没有明确的分数，但人类棋手通过观察棋盘，可以大致判断自己是胜是负，并推断某一步棋对自己是否有利。香农为他的程序配备了一个硬编码的评价函数来选择棋步，取代了人类主观的判断。

评价函数成为早期游戏系统的核心组件。它要求研究人员反思自己是如何驾驭对弈的，并描绘出他们内心推理和位置判断的解剖图。研究人员将复杂的数学公式串联起来，总结出国际象棋专家认为重要的因素：剩余棋子的数量、它们在棋盘上的位置、国王的脆弱性、孤立的兵等。每个因素的相对重要性都经过衡量。例如，一个象的价值可能相当于三个兵的价值，但这一价值仅为皇后价值的一半。香农提出的程序将为所有合法的下一步棋计算这一价值，然后对对方棋手的反应也同样进行评估。我们可以设想，对方棋手的目标是最大限度地减少先行棋手的得分，而程序将据此预测其后续走法。在接下来的几个回合中，程序将持续评估所有可能的连续反应的结果，并选择最有可能获胜的棋步，同时假定双方都希望尽量减少对方的得分。

考虑到当时的计算技术，香农估算，若要详尽无遗地计算出所有可能的棋局，所需时间将超出已知宇宙的年龄。但他的目标并非打造出一个能下出完美棋局的程序，而是一个具有一定技巧的程序。在论文中，香农戏言，若棋手真的拥有博弈论所假设的理想预见力，那么国际象棋看起来便不似游戏了。

两位智力高超的棋手甲先生和乙先生的对局将会如下进行。他们落座于棋盘前，选好棋子，然后观察棋子片刻。随后：

（1）要么甲先生说："我认输。"

（2）要么乙先生说："我认输。"

（3）要么甲先生说："我提出和棋。"乙先生回答："我接受。"

在实践中，程序只需计算未来数步中的一小部分，就能表现出色。毕竟，即使是国际象棋大师也承认，他们只能预见有限的几步。作为原理验证，香农概述了一个简单程序的设计思路，该程序能枚举所有合法的棋步，并从中随机选择。他与这个算法对弈，手动计算它的走法，结果在五个回合内就取得了胜利。他诚实地指出："采用这样的策略下棋，水平实在是糟糕得难以置信。"但他也意识到，计算机会不断进步，最终将能为分析博弈形势提供更迅速、无误差且不知疲倦的计算。他写道："这些优势必须与人类头脑的灵活性、想象力、归纳和学习能力相互平衡。"

在大西洋彼岸，艾伦·图灵也一直在思考同样的问题。

到 20 世纪 40 年代末，他和同事戴维·钱珀瑙恩（David Champernowne）“基于对我下棋时思维过程的内省分析”，设计了一个名为 Turochamp 的程序。Turochamp 与香农的设计类似，计算了所有可能的棋步和回应，然后根据重要棋子的移动性和安全性为每步棋分配点值，并使用极小化极大法来选择产生最高预期值的棋步。然而，当时的计算机性能有限，无法运行该程序，因此他们只能手动计算算法。1952 年，他们使用纸上计算的 Turochamp 程序与同事阿利克·格伦尼（Alick Glennie）进行了对决。Turochamp 的表现优于香农的程序，在走了 29 步之后才告负，每一步都耗费了半小时的计算时间。

游戏颠覆了智能研究中的一个重要挑战：对智能进行严格定义。图灵曾经提出了著名的模拟游戏，也就是我们熟知的“图灵测试”，用来衡量程序的智能水平。在这个游戏中，一个人类评审员通过键入的文本与语言程序或另一个人类进行交流。在图灵看来，若一个计算机程序能让评审员相信其为人类，则应被视为是智能的。但这种方法容易受到主观解释的影响：评审员可能会受到自己的经验和对话对象的假设的影响，做出不同的评估。而国际象棋等游戏则是明确的：有明确的结果，并且不受解释的影响，非赢即输。通过赋予计算机程序一个目标（赢得比赛），研究人员可以追踪他们在定义智能方面取得的明确进展。在学术研究这个充满变数的领域，这一点极具吸引力，因为从定义上讲，学术研究既要探索未知，又要提供明确的基准，从而满足资助机构和投资者的要求。相互竞争的研究团队争先恐后地开发出能在流行棋盘游戏中战胜人类的首个程序。将游戏作为人工智能的基底，使研究领域本身游戏化。然而，这种对游戏的关注，却使我们对智能内涵的理解变得贫乏。

人工智能长期深受博弈论影响。数十年来，研究人员依赖极小化极大算法来指导他们的游戏引擎做出选择。但这将智能简化为一种经济计算。博弈论的核心目标是最大化回报。同样，人工智能研究者约翰·麦卡锡提出的一个著名的智能定义是“实现世界上目标的能力的计算部分”，这与博弈论的目的性相呼应。研究人员痴迷于构建能够实现明确目标的系统。令人遗憾的是，经济理论的成本效益分析已成为思考的代名词，将智能与单一追求可衡量的物质利益混为一谈。其他形式的天赋——包括身体、情感、语言、音乐——难以衡量或建模，因此被忽视。自我意识和同理心同样被忽略。研究者们开始意识到，过于专注于实现目标而忽视可能产生的副作用的系统，存在固有的危险。医生希望能治愈癌症患者，但不能在治疗过程中危及患者生命。

尽管数十年来游戏程序的研究持续进行，但直到 20 世纪 80 年代，计算机也只能在诸如井字游戏等最简单的比赛中击败人类。然而，这一追求推动了计算技术的巨大进步，这些技术至今仍然是该领域的基石。例如，亚瑟·塞缪尔在标准编程语言出现之前便投身于西洋跳棋程序的研究，因此他根据需要发明了一种新的编程语言。同时，游戏研究人员开发了树状搜索方法，可以推算出游戏中所有可能的走法，这些技术对于其他复杂数据分析也大有裨益。由于游戏需要搜索庞大的空间，相关研究催生了关于如何提高计算效率的重要思路。

然而，在绝大多数游戏中，人类仍占据主导地位。经过长达数十年的发展，塞缪尔的自动西洋跳棋程序仍无法与人类顶尖棋手相媲美。一位曾与该引擎对弈的西洋跳棋专家建议塞缪尔增加包含开局和终局问题的数据库，但塞缪尔婉拒道："我不能这样做，这会将西洋跳棋游戏简化为一种简单的表格查找。我并不是在教计算机如何下西洋跳棋，而是在教它如何学习下西洋跳棋。"如今，这种态度在人工智能研究者中已不多见。将对智能理解的追求转化为游戏的一大问题在于，许多研究者更侧重于赢得游戏，甚至依赖蛮力计算取胜，而非深入理解智能。塞缪尔并不旨在构建一个能在西洋跳棋游戏中获胜的系统，他的愿景是建立一个学习系统，其原理与更为重要的问题紧密相连。在 1960 年发表的一篇总结机器学习现状的论文中，塞缪尔写道："可以合理地假设，这些新技术将会越来越频繁地应用于现实生活场景中，而用于游戏或其他玩具问题的努力将会逐渐减少。"

计算机游戏演示沦为进度展示，成为吸引关注或赞助的宣传噱头。这些系统只是为某款游戏定制的，一丝意外的输入就足以打破它们错综复杂的依赖关系。因此，麦卡锡等研究人员放弃了计算机国际象棋研究。他写道："遗憾的是，让计算机下国际象棋的竞争性和商业性已经超越了其作为科学领域的意义。这就像是 1910 年后的遗传学家组织果蝇比赛，并集中精力繁殖能赢得这些比赛的果蝇。"

尽管塞缪尔拒绝在其西洋跳棋程序中使用查找表，但其他研究人员却完全能够通过这种方法解决西洋跳棋问题。西洋跳棋足够简单，完全可以由计算机控制，使其成为一个纯粹的数学对象。然而，实现这一目标仍需付出数十年的努力。20 世纪 80 年代末，计算机科学家乔纳森·谢弗（Jonathan Schaeffer）在阿尔伯塔大学（The University of Alberta ）成立了自己的实验室，并决定专注于研究西洋跳棋。如果智力可以被提炼为在众多可能性中做出明智选择的过程，那么西洋跳棋比国际象棋要容易得多。在国际象棋中，每个回合大约有 35 种可能的走法，而西洋跳棋中仅约 3 种。要列举国际象棋 3 个回合内所有可能的走法，需搜索超过 43000 个可能性，而西洋跳棋则仅有 27 种。西洋跳棋的棋盘仅有 10^{20} 个可能的位置，而国际象棋则有 10^{44} 个可能的位置。

谢弗的程序“奇努克”（Chinook）通过极小化极大法遍历可能的选择树，并依赖国际象棋专家提供的评价函数来确定最佳位置。“奇努克”与塞缪尔的程序不同，不能自我学习，而要经过预先编程，其行动完全受评价函数及早期和终局棋步数据库的约束。在西洋跳棋中，胜利的概率与几个简单指标密切相关，如每位棋手剩余棋子的数量、棋子升王情况等。为了更有效地搜索所有可能的棋步，谢弗采用了一种现今普遍使用的修剪方法——阿尔法 - 贝塔剪枝，这一方法由几个进行博弈研究的小组独立发现。该方法阻止了程序探索比已搜索过的走法更差的走法。例如，通过提前计算一定回合数，程序会发现某个棋步可能导致损失一颗棋子，于是便不再深入探索这一棋步，而是寻找更优的可能性。然而，这种方法使程序的棋风保守，因为它会停止搜索那些可能导致损失的分支，无法采取牺牲一些棋子来获取更大收益的策略。

然而，“奇努克”并不缺乏远见，它能够提前搜索几十个回合。它赢得了1989年伦敦计算机奥林匹克竞赛。在伦敦，谢弗遇到了西洋跳棋专家赫舍尔·史密斯（Herschel Smith），他一直密切关注“奇努克”在比赛中的表现。几十年前，史密斯曾与塞缪尔的程序对弈过，对谢弗的进展深感着迷。史密斯意识到，谢弗对高级棋局几乎一无所知，这使“奇努克”的成就更加令人瞩目。史密斯建议，如果谢弗真的想要证明自己的程序，“奇努克”就必须与公认的史上最伟大的西洋跳棋选手马里昂·廷斯利（Marion Tinsley）对弈。当时已年过六旬的廷斯利，在其40年的竞技生涯中参加了数千场比赛和演示，输掉的比赛还不到5场，而且从未曾两次输给同一人。廷斯利声称，在攻读数学研究生期间，他曾花了大约10000小时研究西洋跳棋（他承认，这主要是为了逃避学数学）。他的记忆力惊人，能够回忆起他下过的每一盘棋的每一步。

廷斯利是一位虔诚的基督徒，穿着整洁的西装，佩戴黑框眼镜，最喜欢的领带夹上用五彩石拼出“JESUS”（耶稣）的字样。他与母亲相依为命，直至母亲离世，始终未曾步入婚姻的殿堂。“我从未见过哪段西洋跳棋手的婚姻能成功，”廷斯利郑重地说道，“能与一个真正懂西洋跳棋的人结为伴侣的女性，实在是凤毛麟角。”西洋跳棋是他在尘世间的唯一挚爱。他说：“国际象棋犹如在茫茫大海中眺望远方，而西洋跳棋则如同凝视一口深不见底的古井。”

20 世纪 90 年代初，廷斯利同意在几场表演赛中与“奇努克”对弈。他仍然很笃定，并且告诉记者：“我的程序员比‘奇努克’的要好，它用的是谢弗，而我用的是上帝。”后来，他承认：“我不想让我的程序员失望，我相信我不会让他失望。”尽管廷斯利赢了这些比赛，但很明显，“奇努克”的表现比之前的程序要强得多。他们的大部分比赛都以平局告终。“奇努克”只输了一局，另一局也差点赢了廷斯利。

在一场棋局中，谢弗为“奇努克”提前走了一步棋，廷斯利惊讶地抬起头说：“你会后悔的！”谢弗回忆起自己当时的想法：“这家伙在说什么？我们没问题。”“奇努克”一直预测这盘棋会以和棋结束，这步棋并未改变它的判断。然而，经过 46 回合、计算了接下来的 19 步之后，“奇努克”开始预测自己将输掉比赛。“廷斯利可能提前 65 步就看出破绽了吗？”谢弗疑惑，随后又否定了这个想法，但“奇努克”最终还是败下阵来。赛后，谢弗分析了这盘棋，发现假设双方都下得完美无缺，廷斯利提到的那步棋之后的每一种结果都会导致对手输棋。也就是说，廷斯利的理解深度超出了机器的推算范围。在仔细研究了廷斯利的对局后，谢弗对他的下棋方式之接近完美感到震惊。

“奇努克”与廷斯利进行了多次较量，虽技艺相近，却始终未能取胜。直到 1994 年最后一次复赛前，廷斯利突然有了一种不祥的预感。次日清晨，他向谢弗如实讲述了这一异象：“我昨晚做了一个梦……在梦中，上帝告诉我，他也爱你。”比赛的第二天，廷斯利因胃痛退出比赛。不久，他发现自己患上了癌症。第二年，他不幸离世。

击败廷斯利一直是谢弗的唯一目标，让“奇努克”与其他西洋跳棋冠军对决似乎毫无意义。失去了这一目标后，谢弗转移了研究重点，不再让“奇努克”与人类对弈，而是着手解决西洋跳棋问题。一盘西洋跳棋开局时，棋盘上有 24 个棋子，大约有 10^{20} 个可能的位置；到了终局，仅剩 10 个棋子时，棋盘上可能仍大约有 39 万亿个位置。谢弗的团队首先模拟了所有可能的终局，并进行了编目。随后，“奇努克”开始搜索连接所有可能的西洋跳棋开局与终局库的路径，这需要进行长达十多年的蛮力计算。

“奇努克”的计算终于在 2007 年停止了。“搞定了，”谢弗对女儿说，“西洋跳棋问题解决了。”她回忆道：“他环顾四周，仿佛这是历史上最重大的时刻，他要把这一时刻的照片放在第一批登上月球的人的照片旁边。”谢弗和他的团队发现，如果双方下棋都很完美，西洋跳棋游戏总是以和棋结束。尽管谢弗的蛮力解决方案令人钦佩，但它并未增进科学对智能本质的理解。它使西洋跳棋成为由游戏规则及其逻辑推演所定义的一系列可能性。

国际象棋与西洋跳棋不同，其变数过多，难以完全计算。要解决国际象棋问题，人类需要研发更强大的计算机硬件。对于那些在冷战期间无法窥视铁幕的人来说，即使是那些看似不切实际的对智能的追求，也成了衡量超级大国技术优势的标志。除了 1972 年美国人鲍比·菲舍尔（Bobby Fischer）战胜鲍里斯·斯帕斯基（Boris Spassky），几十年来，苏联一直称霸世界国际象棋冠军。

这场比赛充满了政治敏感性，时任尼克松国家安全顾问的亨利·基辛格甚至在赛前亲自打电话给菲舍尔，鼓励他："美国希望你去那里打败俄国人。"国际象棋特级大师加里·卡斯帕罗夫（Garry Kasparov）后来渲染了这场胜利的政治象征意义，称其"被大西洋两岸的人们视为冷战中的重要时刻"。

曾经一度，苏联的研究人员似乎也要在计算机国际象棋领域占据主导地位。当然，这场人工智能建设的竞赛并非仅仅为了显示实力：军事和政治领袖们希望将充满道德挑战的决策交由机器来承担。前世界国际象棋冠军米哈伊尔·博特文尼克（Mikhail Botvinnik）花了数十年时间完善他的国际象棋程序"先锋"（Pioneer），他期望这个程序有朝一日能够比不完美的人类规划者更有效地管理苏联经济。面对当时有限的计算能力，博特文尼克利用自己的专业知识严格限制了"先锋"在搜索的每一步中考虑的走法。到了20世纪80年代初，开始传出关于由贝尔实验室研究员肯·汤普森（Ken Thompson）创建的引人瞩目的新美国竞争者"贝尔"（Belle）的传闻。博特文尼克邀请汤普森到莫斯科展示他的程序，汤普森欣然接受了邀请。

展示计划最终并未实现。抵达莫斯科后，汤普森方才得知，"贝尔"被美国官员扣押，无法离开国境。"贝尔"不仅仅是一个程序，它还是一套计算机系统。汤普森并未像博特文尼克那样限制程序的搜索能力，而是设计了更强大的硬件。汤普森因发明UNIX操作系统声名鹊起，是电脑游戏比赛的常客。谢弗回忆道，在他最早的一次比赛中，汤普森对他照顾有加，身着印有“一只大大的肥猫”的 T 恤，慷慨地分享睿智的建议。从苏联回国后，汤普森因涉嫌向苏联出口先进技术而被捕。一位报道此事的记者问汤普森，“贝尔”是否可用于军事目的。汤普森沉思片刻后回答：“也许，如果你把它从飞机上扔下，它确实可以置人于死地。”

1983 年，“贝尔”成为首个荣获美国国家大师称号的计算机系统，这无疑激励了其他研究人员加快他们的研究步伐。许峰雄（Feng-hsiung Hsu）在卡内基梅隆大学（Carnegie Mellon University）攻读研究生时研究了“贝尔”的架构，并设计了一个比它快 20 倍、便宜 1000 倍的芯片。这个芯片的阵列可以并行搜索数百万个棋步。许峰雄和他的同事们在极为有限的学术预算下进行的工作令人瞩目，以至于 IBM 在 1989 年决定将整个团队纳入麾下，继续推进该项目。

他们研发的国际象棋超级计算机将被命名为“深蓝”（Deep Blue），以纪念道格拉斯·亚当斯（Douglas Adams）的《银河系漫游指南》（*The Hitchhiker's Guide to the Galaxy*）中的“深思”（Deep Thought）计算机。“深蓝”的程序与之前的程序并无本质区别，它的主要优势在于其巨大的计算能力。“深蓝”根据香农在 1950 年提出的极小化极大原理来选择棋步。它无法独立学习，其工作方式更多地依靠蛮力。它每秒可以探索多达两亿个可能的位置。曾经是安装在一对两米高机柜中的巨型超级计算机的“深蓝”，如今却可以在智能手机上运行。

在国际象棋中，要判断一步棋是否有前途，其实比西洋跳棋更难。这涉及剩余棋子的身份、它们的合法走法和位置优势、手中棋子之间的无数潜在相互作用，以及其他众多因素。“深蓝”的最终评价函数涵盖了超过 8000 个组成部分，形成了一个复杂网络，其中各部分之间存在着条件依赖关系。研究人员调整了每个变量的权重以确定如何为“马”这样的棋子赋予价值，以及这些价值如何与其他玩家的剩余棋子及其相对位置相关联。

然而，这个程序只能“看到”其程序员能想象到的范围。目前，它尚未玩遍所有可能的国际象棋局面，也永远不会。国际象棋是一项拥有悠久历史的文化事业，数百万玩家研究这一著名的游戏，效仿流行的棋风和开局。“深蓝”和其他国际象棋程序也要接受这样的教育。人类通常能够在面对新情况时找到解决方案，但这些程序却不具备这样的能力，它们的决策是严格预设的，因此在面对不寻常的棋步或罕见的棋盘布局时往往会失败。人类玩家利用了这一点，采用了一种后来被称为“反计算机国际象棋”的风格。例如，传统上棋手们都争相控制棋盘中心，但采用反计算机战术的棋手可能会走到棋盘边缘以扰乱程序化的对手。这种策略同样适用于人类玩家：早期的国际象棋对局已经进行了大量优化，棋手们往往会坚持使用标准开局。世界冠军马格努斯・卡尔森（Magnus Carlsen）以非标准棋步开局而闻名，他能够迫使对手脱离那些精心准备的开局模式。IBM 甚至付费给国际象棋专家，让他们以非传统的方式与“深蓝”对弈以改进其评价函数并发现一切可能会被利用的漏洞。

1996年，经过十年的发展和训练，“深蓝”与当时的世界国际象棋冠军加里·卡斯帕罗夫展开了一场激战。卡斯帕罗夫至今仍被认为是历史上伟大的棋手之一。尽管“深蓝”最终输掉了比赛，但它成了首个成功战胜人类冠军一局的计算机程序，这归功于它的大胆尝试。在比赛中，“深蓝”在暂时将自己的国王暴露在外的情况下夺取了卡斯帕罗夫的一个兵。由于“深蓝”可以提前计算15步，它决定以毫厘之差守住这个漏洞。评论员们纷纷争论，人类绝不会冒险走这步棋。卡斯帕罗夫评论道：“在某些特定的位置中，它看得那么透彻，简直就像上帝在下棋一样。”计算机科学家道格拉斯·霍夫斯塔德（Douglas Hofstadter）被这场胜利惊呆了：“天啊，我曾经以为下棋需要思考。现在我意识到并不需要。这并不意味着卡斯帕罗夫不是一个深思熟虑的人，只是说在下棋时你可以绕过深思熟虑。”

1997年，在与卡斯帕罗夫的复赛中，“深蓝”获胜。在第二局比赛中，“深蓝”下出了一步精妙绝伦的棋招，以至于卡斯帕罗夫坚信这绝非出自机器之手。他确信是IBM请来的国际象棋专家干预了比赛：“这让我想起了1986年马拉多纳对阵英格兰队时的那个著名进球，那是上帝之手。”后来确认，阿根廷足球运动员迭戈·马拉多纳（Diego Maradona）确实作弊，用手而非头将球送入球网。在电脑游戏比赛中，作弊并不罕见。某个程序的操作员通常为其移动棋子，有些人甚至被发现替换了计算机的一步下法以掩盖特别尴尬的程序错误。卡斯帕罗夫要求查看“深蓝”的比赛记录，但IBM团队拒绝了，声称这将会过多地暴露深蓝的“内心想法”。实际上，该程序会在每个算法选择旁打印出其推理过程。尽管后来“深蓝”团队向中立仲裁人展示了这些记录，但卡斯帕罗夫仍然坚信“深蓝”有犯规之嫌。公平地说，卡斯帕罗夫处于劣势。“深蓝”研究了卡斯帕罗夫的整个职业生涯，将他走过的每一步棋都存储在其庞大的记忆中，而卡斯帕罗夫却无法查看“深蓝”的任何棋谱，因此无法为比赛做好准备。

这是人类冠军首次在国际象棋比赛中输给了计算机程序。国际象棋评论员米格尔·伊列斯卡斯（Miguel Illescas）评论说，卡斯帕罗夫下棋时好像很害怕。卡斯帕罗夫回答说：

> 我不怕承认自己的恐惧，也不怕说出为什么感到恐惧。它超越了世界上任何一台国际象棋计算机。我是个人类，你们知道的……当我看到远远超出我理解范围的事情时，我就会感到恐惧。

对于作弊指控和媒体的诽谤，IBM 团队感到非常沮丧。观众们对“深蓝”的胜利报以嘘声——人类希望卡斯帕罗夫获胜。许峰雄觉得这很令人费解：“这场比赛从来都不是真正意义上的‘人与机器的较量’，而是‘作为表演者的人与作为工具制造者的人的较量’。”虽然公众对“深蓝”公开表示敌意，但国际象棋专家们却为该程序展示了新的残局战术而兴奋不已。

尽管“深蓝”是工程学上的一大创举，也是当时计算机技术上的一大突破，但目前还不清楚这台机器——一个专门用于下国际象棋，除此之外再没有其他用途的巴洛克式的复杂引擎——最终为我们理解智能做出了什么贡献。和“奇努克”一样，“深蓝”也证明了可以通过强大的计算能力来模拟规划中的某些方面，它可以在庞大的树状搜索中找到许多路径，从而获得有利的结果。赛后，一位记者问“深蓝”的程序员之一乔·胡恩（Joe Hoane），该团队是否试图模仿人类的思维。胡恩回答说：“我们没有为此付出任何努力。这绝不是一个人工智能项目。我们在下棋时靠的是纯粹的计算速度，我们只是在各种可能性中转换，然后选择一条路线。”

“深蓝”只能反映其评价函数中编程的知识；它无法超越人类的理解能力。就像“奇努克”一样，它只能吐出棋步。“深蓝”团队的另一位成员默里·坎贝尔（Murray Campbell）在几十年后回首往事时略带遗憾：“在过去的几年里，我开始对围棋、国际象棋和西洋跳棋等游戏有了不同的看法。虽然这些游戏对人类而言很有挑战性，但事后看来，它们对人工智能来说并不那么有趣。我想这里的问题是，‘完全信息的二人零和游戏是否是今后人工智能研究的最佳领域？’我认为不是。如果你问我，我们从‘深蓝’中提取了哪些代码并应用到了其他问题上，我觉得没有。”

如果没有意外，游戏依旧是工程师们吸引眼球和资金的绝佳手段。IBM 的股价在比赛结束后的数月中飙升了约 40%。在与卡斯帕罗夫的对决落幕之后，“深蓝”被拆除，但它激发了一系列程序的开发，这些程序在性能上均超越了“深蓝”。其中，由数十位贡献者共同打造的开源社区项目 Stockfish 已经取代了“深蓝”，成为世界计算机国际象棋冠军。作为多年来一直名列前茅的国际象棋程序，它充分彰显了开源社区的力量。志愿者们慷慨地捐赠出他们的闲置 CPU 时间，进行并行训练，从而无须依赖超级计算机。Stockfish 的架构与“深蓝”类似，是一个由数十个独立工作部件组成的复杂系统，其评价函数以特定的电路板配置为前提条件。和“深蓝”一样，Stockfish 只擅长一件事：国际象棋。尽管游戏和计算机科学在良性循环中相互促进，但计算机游戏的进步并未带来理解智能的预期副作用。这些进步后来以种种不可预知的方式，为更智能的计算机程序的开发提供了反馈。

1962 年，麻省理工学院的三名研究生制作了一个工具，用来展示功能强大的新型计算机的能力。这就是世界上第一款电子游戏《太空大战》（*Spacewar!*）。在游戏中，玩家操控一艘被困在恒星的重力井中的宇宙飞船，展开一场生死搏斗。《太空大战》这款游戏太受欢迎了，以至于斯坦福大学的计算机实验室不得不在工作时间禁止学生玩这款游戏，从而确保他们能够继续专心研究。诺兰·布什内尔（Nolan Bushnell）还在犹他大学攻读工程学时就玩过这款游戏，并迅速为之着迷。他在当地的一个游乐园兜售益智类游戏，自诩为“巡回嘉年华”，从而资助自己读完大学。他敏锐地发现了《太空大战》这款游戏的商业潜力。他说：“我知道，如果我在这款游戏上加一个投币口，它就可以让我在商场里赚到一些钱。”然而，即使布什内尔有意投资这款游戏，也几乎不可能实现：当时的电脑售价高达数十万美元。不过，随着时间的推移，电脑价格越来越便宜。

1972 年，大学毕业几年后，布什内尔创立了雅达利游戏公司（Atari Games），公司名称取自日本围棋棋手使用的术语“叫吃”。雅达利的第一款游戏《电脑空间》（*Computer Space*）的灵感来源于《太空大战》。它采用定制硬件，装在一个闪闪发光的午夜蓝色机柜里。酒吧购买了几千台这样的柜子以满足醉酒顾客寻找比飞镖更前卫的娱乐方式的需求。但这款复杂的游戏一直未能流行起来。布什内尔和他的团队努力确保下一款游戏尽可能简单，于是《乓》（*Pong*）诞生了。布什内尔委托他的两名员工史蒂夫·乔布斯（Steve Jobs）和史蒂夫·沃兹尼亚克（Steve Wozniak）设计一款单人版的《乓》游戏，也就是现在的经典游戏《打砖块》（*Breakout*）。

与此同时，乔布斯和沃兹尼亚克还在努力推进一个项目，希望能借此让老板对他们刮目相看，即利用备用的微处理器打造一个家用电脑系统。然而，当他们向布什内尔推介苹果一代时，他却未表现出兴趣：这时雅达利公司正在推出家用游戏机，而布什内尔正忙于与华纳通信公司的收购谈判。几个月后，他同样拒绝了投资乔布斯和沃兹尼亚克创立苹果公司——乔布斯曾向他提议以 5 万美元的价格购买该公司三分之一的股份（如今，这部分股份的价值已飙升至约 10000 亿美元）。直至 1977 年，布什内尔才从雅达利的责任中解脱出来，得以全身心地投入他年轻时作为嘉年华工作人员时萌生的真正梦想：查克·E. 芝士比萨时光剧院（Chuck E. Cheese’s Pizza Time

Theatre）。他相信，这个宏伟的愿景将成为推动电子游戏走向主流的关键。

在此之前，街机游戏一直是酒吧和台球厅的专属领域，被脾气暴躁的青少年围绕。布什内尔认为，由于它们与机械式的窥视孔游戏机过于接近，显得有些不体面。考虑到雅达利游戏最初的生存环境，布什内尔在设计上特别注重简单明了，大多采用简洁的字体，这样"任何醉酒的人在任何酒吧里"都能轻松上手。因此，这些游戏也特别适合儿童，而儿童正是布什内尔最想吸引的受众。他试图通过查克·E. 芝士比萨时光剧院的感官享受，满足他心目中人类最原始的需求："无论是原始人庆祝夏至还是古罗马的马戏团，娱乐元素总是不可或缺的。"然而，布什内尔最终被他的共同开发者罗伯特·布洛克（Robert Brock）背叛，后者带着一位优秀的动画工程师离开公司，背弃了他们之间的协议，并利用他在查克·E. 芝士比萨时光剧院的经营中学到的知识，于 1979 年创建了 ShowBiz Pizza Place。1983 年，由于大量新公司和平庸的游戏涌入市场，电子游戏市场崩溃，查克·E. 芝士比萨时光剧院背负巨债，股价较高峰下跌了 90%。1985 年，ShowBiz Pizza 完成收购布什内尔这个备受困扰的梦想企业——尽管他在视频游戏领域创造的帝国将在计算机和人工智能领域留下永久影响。

布什内尔的直觉很准：儿童将成为推动视频游戏市场的主要力量。然而，这一大规模普及的载体并不是查克·E. 芝士比萨时光剧院，而是家用电脑和游戏机。在布什内尔忙于与其他企业斗争时，20 世纪 70 年代见证了个人电脑的诞生——这在很大程度上要归功于乔布斯和沃兹尼亚克。同时，Basic 等对用户更加友好的编程语言也开始流行起来。1978 年，《Basic 电脑游戏集》（*Basic Computer Games*）一书意外地大获成功。这本书向年轻一代介绍了专业编程的原理，书中包含了 100 款简单游戏的制作方法以及操作指南，使孩子们在上大学之前就能轻松流利地运用代码。这一代从游戏中学习编程知识的孩子后来纷纷创立了科技公司。比尔·盖茨（Bill Gates）最早开发的程序就是一个玩井字游戏的程序；青年桑达尔·皮查伊（Sundar Pichai）开发了一个国际象棋引擎；12 岁的埃隆·马斯克（Elon Musk）则编写了一款名为 Blastar 的《太空侵略者》（*Space Invaders*）山寨版小游戏。马克·贝尼奥夫（Marc Benioff）在成为赛富时（Salesforce）首席执行官之前，曾将自己开发的游戏作品卖给雅达利公司，其中包括《亡灵墓穴》（*Crypt of the Undead*）和《亚瑟王的继承人》（*King Arthur's Heir*）；以太坊（Ethereum）的少年创始人维塔利克·布特林（Vitalik Buterin）就是通过制作游戏来学习编程的。电子游戏是电脑的使者，吸引了数以百万计的年轻玩家涉足计算机工程领域。

消费者对视频游戏的需求也催生了图形处理器（GPU）的发展。为了展现日益复杂的电脑游戏图形，就需要高质量的视频显示器。在 21 世纪 10 年代初，研究人员发现，GPU 在训练神经网络方面的效率是 CPU 的数百倍，这是因为 GPU 适合并行处理大型数据阵列。计算机工程师利用了这一意外发现来训练 AlexNet——一款于 2012 年发布的图像标注程序，这标志着计算机视觉领域的一个转折。现在人们相信，早期的人工智能研究更多地受制于技术而非概念。如今，像 OpenAI 这样的公司在运作时都基于这样的假设：只要有足够的处理能力来扩展学习程序，智能就会自然而然产生。

大多数有关智能的定义都强调一种通用性：一个智能体应在各种任务中表现出色。“深蓝”可以击败国际象棋世界冠军，但完全无法玩简单的游戏，比如西洋跳棋和井字游戏。如果计算机工程师们希望重新创造智能，就需要构建更多能够学习的通用程序，而不仅仅是让程序按照预设规则运行。电子游戏提供了更加多样化的学习内容。2012 年，计算机科学家迈克尔·鲍林（Michael Bowling）和他的同事发布了一套标准化的雅达利游戏集，作为培训人工智能程序的训练场。考虑到当时计算机的处理能力有限，雅达利游戏都较为简单。但这些游戏数量众多，有几十款，每一款都需要不同的技能。《打砖块》需要快速的反应能力；《爆破彗星》（*Asteroids*）需要玩家构建直观的飞行器物理模型，才能成功绕过小行星；《逃离险境》（*Pitfall*）则要求玩家在获得分数之前先探索整个世界。电子游戏的设计初衷很明确，即通过简单的游戏教导人们如何玩游戏。

2013 年，伦敦一家当时鲜为人知的初创公司 DeepMind 利用鲍林的平台开发了一个强化学习智能体。它可以学会玩数十种不同的雅达利游戏，并达到或超越人类水平。研究人员为程序布置了提高得分的任务，然后输入原始游戏图像，让它进行数千年的加速游戏训练。程序学会了选择正确的行动来控制角色，无须明确告知其目标，例如，“你是潜水艇，看起来像一个不规则的黄色矩形，你应该击中那些敌舰，它们看起来像不规则的灰色矩形”。这一进展引发了以学习为基础的系统的复兴。接着，各游戏公司开始挑战更为复杂的电子游戏，如《Dota》和《星际争霸Ⅱ》（*Star Craft II*），这些游戏的逼真度更贴近真实世界的应用场景。

游戏依旧是评估程序能力的一种令人难忘的方法。在20世纪80年代初，研究生沙菲·戈德瓦瑟（Shafi Goldwasser）和西尔维奥·米卡利（Silvio Micali）通过想象如何利用电话玩安全的扑克游戏，创造了一种强大的新数学证明形式——交互式证明系统。它由证明者和验证者两个部分组成，它们相互交流信息，直到验证者“确信”答案正确。交互式证明已成为计算机科学和密码学的基本技术，也是我们希望通过游戏验证智能的核心所在。传统数学证明是不可避免的，每一步都是由上一步不可避免地推演出结论。相比之下，交互式证明基于概率真实性，通过反复测试，验证者逐渐相信证明者的陈述，比如，图灵测试可以在这个框架下进行数学化。游戏也遵循这个模式：人类专家会反复测试游戏程序以评估其能力。智能或其机械化的近似值并无单一的衡量标准，其评估本质上是一个互动过程，即对系统进行反复检验。

基于博弈论的极小化极大程序足以在多种棋类游戏中击败顶尖的人类棋手，但很少有人会将这些程序称为真正具备智能的程序。然而，游戏确实推动了计算机芯片和图形界面技术的发展，从而催生了更强大的程序和游戏。由于缺乏逐步解析思维所需的语言，研究人员将游戏作为一种媒介，用以阐述智能的某些方面，如规划和搜索。他们通过游戏的平台来引导和评估学习系统。游戏避免了对烦琐定义的需求，将一个棘手的哲学难题转化为一个二元结果：赢或输。一个程序展现出的智能程度，可以通过它在与人类对手的交互中所展现的掌控能力来体现。在应对其他玩家的棋步时，程序必须表现出适应性和远见。随着概率论的兴起，人们期望能够做出更为理性和审慎的决策。如今，计算机有望帮助我们穿越那些原本极为复杂且难以想象的可能性空间，精确列举出所有可能结果及其预期价值。然而，显而易见，人类的思维方式与那些在复杂的极小化极大梯度拓扑结构中漂移的数学方程式截然不同。

游戏能够让进展变得容易衡量。因此，对于希望为资助机构和投资者提供明确可交付成果的学术界和产业团队来说，游戏是一个完美的媒介。然而，这种进步是否真正指向智能的发展？游戏受限于明确的规则，而现实世界却缺乏这些规则；游戏有着明确的边界，而生活却没有；游戏的设计意在模拟现实中的某些抽象概念，但现实并不以游戏的方式呈现。即使是在概率游戏中，随机性也是有序的：骰子只能有6种可能的结果，纸牌也只有52种可能的结果。现实世界很难像游戏那样整齐划一。有这样一个谚语故事：一个醉鬼在路灯下找钥匙，不是因为钥匙掉在那里，而是因为那里最容易找。他或许会在灯下找到很多东西，但他却永远找不到自己的钥匙。同样，掌握游戏并获得高分，从直觉上看，似乎是在进步。但是，游戏成绩是否真的很重要，还是只是最容易计算出来？智能不仅仅意味着在知识树中简单搜索。机器学习系统可以搜索所有可预见结果的空间，比如在一局游戏中预测对手的所有合法走法，但这些系统无法捕捉到自然界中那些无规律可循的随机性，比如，规则可能在中途改变，敌人也可能把棋盘炸得粉碎。人工智能研究人员的下一招就是想方设法地让现实更像游戏。

第十一章　我思故我“零和”

经验乃一切知识之母。

——米格尔·德·塞万提斯

（Miguel de Cervantes）

1943年，物理学家琼·辛顿（Joan Hinton）还是威斯康星大学麦迪逊分校斯塔尼斯拉夫·乌拉姆的经典力学课上的学生。期末考试前一个月，她找到乌拉姆，询问是否可以提前参加考试，因为她有重要的事情要处理。她不便透露具体原因，但表示必须立刻离开。乌拉姆在信封背面匆匆写下几道题，辛顿便跪在布满灰尘的办公室地板上匆忙完成了考试。乌拉姆的同事和学生一个接一个地消失。乌拉姆怀疑他们被派去从事秘密的战争工作，但没人能给他提供更多信息。

乌拉姆渴望参与其中，但因视力不佳，无法加入美国空军。他出生于波兰的一个犹太家庭，长大后移民到美国。1939年8月20日，也就是纳粹入侵波兰的前11天，他的父亲送他和他17岁的弟弟登上驶往美国的轮船。在大屠杀中，他失去了除弟弟外的所有亲人。他的同事兼移民同胞约翰·冯·诺依曼从华盛顿寄来了盖有邮戳的信函。乌拉姆猜测他一定以某种方式卷入了战争，于是写信主动请缨。

冯·诺依曼在这个问题上保持着神秘，但同意在横跨美国的火车途经芝加哥时与乌拉姆会面。当冯·诺依曼从火车上下来时，他身边有两名“大汉”陪同，乌拉姆将他们理解为保镖，由此得出结论：“他一定是个非常重要的人物，才受到如此待遇。”在这次会面中，乌拉姆无意中提及他对原子分裂过程的浓厚兴趣，形容说“粒子增殖如同细菌一般”，因为他正在构思一种新的概率系统理论。事后，乌拉姆意识到这听起来与冯·诺依曼等人一直在研究的绝密核链式反应非常相似。然而，冯·诺依曼并未透露任何信息，只是凝视着乌拉姆，“眼中带着一丝怀疑或惊奇，淡淡一笑”。

不久后，乌拉姆收到一封邀请他参与项目的信，但信中未透露关于该项目的细节，只是说涉及“与恒星内部有关的物理学”。乌拉姆立即接受了邀请。他只被告知目的地是圣达菲（Santa Fe）。他从未听说过这个地方，便去图书馆借了一本新墨西哥州的旅游指南。“在书的最后一页，在借书人签名的纸条上，我读到了所有其他人的名字，这些人都神秘地离开了，到秘密的军工岗位工作，他们都没说去了哪儿。”乌拉姆加入了曼哈顿计划。

他的任务是设计原子弹的内爆过程，这需要对中间态物质的变化进行大量计算和模拟。为了成功完成任务，他必须找到方法来模拟呈指数级增长的粒子相互碰撞激发的级联过程。乌拉姆开玩笑地向同事们自我介绍说：“我这个纯数学家，竟然让我最新的论文中出现了带有小数点的数字！”冯·诺依曼估计这些计算“所需的乘法运算数量超过了全人类历史上的总和”，而乌拉姆则只用了一个粗略的估算来反驳。全球各地的学生在学习乘法表时，一年内进行的计算总量远远超过乌拉姆完成这项工作所需的计算量。然而，当时的计算机性能非常有限。在计算机变得更强大之前，乌拉姆必须设法将他的模型缩减至更易管理的规模。

1946 年，乌拉姆因患上神秘的脑炎而卧床休养，可能是在洛斯阿拉莫斯接触辐射的副作用所致。为了缓解头部的肿胀，医生在他的头上开了个洞，导致他昏迷了好几天。这是他一生中最痛苦的经历。他暂时失去了说话的能力，甚至一度担心自己的智力将永远无法恢复。与300年前的帕斯卡的医生的建议相似，乌拉姆的医生也劝告他减少脑力活动。乌拉姆像帕斯卡一样，通过玩游戏让自己放松。他玩了大量的纸牌游戏，同时思考如何在游戏进行中计算获胜的概率，就像帕斯卡曾经思考点数问题那样。正是在这个过程中，他做出了对计算机科学领域最具持久影响的贡献。由于所有可能游戏的组合数量太大，呈指数级增长，我们无法计算出所有可能性。乌拉姆认为，这一点“在智力上非常令人惊讶，虽然并非耻辱，却使人谦卑地意识到理性或传统思维的局限性”。

不过，他发现，可以通过玩一系列随机游戏——从所有可能游戏中抽样出的一个相对较小的子集——然后利用这些有限的模拟来估计总体获胜的概率。他立即领悟到，这种方法可以应用于任何涉及分支事件的过程，包括核反应。以铀为例，人们可以像玩想象中的接龙牌局一样，追踪一个中子的命运。特定的时间步骤中可能发生不同的事件——中子可能以某个角度散射、被吸收、加速或减速。科学家们了解每种事件发生的概率，可以利用这些概率模拟数百万个中子的连续命运，而每个中子的命运都会影响到其周围的中子。他们不再需要追踪千万亿条可能的路径，而是追踪一个按照已知事件概率的比例进行抽样而得到的随机子集。通过计算这些无偏的代表性样本的统计数据，科学家们就能够估算出整体人口的统计数据。这个方法很强大，使科学家们能够分析原本难以处理的庞大计算。

冯·诺依曼给这项技术起了个代号蒙特卡洛（Monte Carlo）以纪念那个赌徒的天堂：乌拉姆热爱轮盘赌的叔叔米哈乌（Michał）就是在这个“阴暗的人的阳光之地”度过了余生。1953 年，物理学家阿里安娜·罗森布卢斯（Arianna Rosenbluth）以当下最著名的形式实现了这一算法，如今它已成为模拟复杂系统常用的方法之一。美国海岸警卫队用它来估计海上失事船只的位置，精算师用它来计算保险产品的风险，天文学家用它来评估小行星的轨迹，气候科学家用它来预测地质过程，工程师则用它来设计传感器。从本质上讲，它是一种应对未知未来的方法，非常适合预测从自然科学到游戏等基于规则的领域的结果。

鉴于蒙特卡洛方法目前的普遍性，我们很容易认为我们已经能够量化特定结果的可能性：气象学家预测降雨概率为 40%；体育博彩公司向客户提供精心计算的赔率；统计学家发布选举预测。但这种思维框架只有几百年的历史。人类从盲目信仰神祇和命运，转向了基于数据的决策科学。掷骰子游戏让数学家能够思考机会的规律，使原本似乎只是运气的事情变得更加可预测。先进的统计方法将这种认知转变应用到了更复杂的领域。“战争游戏”和疫苗接种政策都是这种转变的早期例子。博弈论形成了一门决策科学，而人工智能研究人员则致力于构建能够在错综复杂的领域中做出明智选择的系统。当我们意识到能够测量多种结果时，我们就有了更大的责任，要做出更好的选择。然而，我们无法验证这些预测的准确性，也找不到反事实的宇宙可以作为参考。一旦选举结果揭晓，所有可能性都会化为现实。但至少，我们提供了一种方便的虚拟控制，使未来变得更加可预测。我们紧紧抓住这一工具，用它来管理焦虑。

50 年后，乌拉姆的洞见将助力计算机精通围棋。据说，围棋起源于 3000 多年前的中国，至今仍是全球受欢迎的棋盘游戏之一。在每个特定回合中，棋手可以将自己的一颗棋子放在 19×19 的棋盘格中的一个空交叉点上。游戏结束时，包围领地最多的玩家获胜。据报道，围棋爱好者爱德华·拉斯克（Edward Lasker）曾对这个游戏赞不绝口："国际象棋的复杂规则只能由人类创造，而围棋的规则如此优雅、有机，并且逻辑严谨，如果宇宙中的其他地方存在智慧生命形式，它们几乎肯定也会玩围棋。"虽然围棋常被比作军事战役，但围棋棋手大卫·奥默洛德（David Ormerod）和安永吉尔（An Younggil）却认为，围棋也可以被视为"对话、辩论或谈判，烹饪或建筑，一个人的一生，商业或经济的运作，精心编排的舞蹈或原始物理力量之间的相互作用"。

围棋是人工智能游戏研究者面临的最后一个挑战：在其他大多数流行的棋盘游戏中，程序都已战胜了人类专家。围棋规则的简单性掩盖了其巨大的复杂性。围棋的棋盘上可能有约 10^{170} 种配置。要在围棋对弈中预见三步棋的走势，就必须搜索 1500 万种可能性。下一盘国际象棋平均需要 50 个回合，而一盘围棋则平均需要超过 200 个回合。在西洋跳棋和国际象棋中行之有效的蛮力算法在围棋中毫无用处。研究人员需要找到一种有效的方法，只探索那些有可能获胜的棋步，以便在围棋庞大的树状搜索中游刃有余。

他们还需找到一种方法来评估围棋中哪些走法更有前景。这一挑战甚至比国际象棋更为复杂——请回顾一下，“深蓝”曾需要一个包含8000个参数的评价函数。在围棋中，确定哪一方会获胜并不总是显而易见，即使是大师级选手也可能误判局势。相比之下，西洋跳棋选手可以通过比较自己和对手的棋子以及王的数量来评估自己的形势。对围棋进行评估则更为复杂。当被问及某个棋步背后的推理时，棋手们常常耸耸肩说：“直觉！”乌拉姆的单人纸牌游戏激发了他的灵感，他用模拟结果替代了复杂的评价函数。

1992年，乌拉姆的思想实验启发了物理学研究生贝恩德·布吕格曼（Bernd Brügmann）的思考：“大自然会如何下围棋？”他的解决方案是蒙特卡洛围棋，即通过随机抽样所有可能的下一步棋，模拟一系列随机抽样的对局，直至分出胜负。这个程序无须评价函数来判断结果，而是将棋局一直走到结束，然后选择那些被认为具有最高获胜概率的棋步。

10年后，几个团队独立改进了布吕格曼的方法。这些程序不再随机抽样结果的子集，而是只针对那些通过历史经验认为最有前景的棋步进行抽样。想象一下，在赌场里，一位玩家面对多台老虎机，每台都有不同的回报和成功概率。玩家无法窥视这些老虎机的内部程序，只能通过游戏来估算它们的相对回报率。在每一轮中，他们都必须决定拉动哪个杠杆，权衡利用已有知识和获取新知识的利弊。一方面，他们希望利用那些已被证实具有高奖励概率的老虎机；另一方面，他们也希望探索所有选项，从而确定其他选择是否有更好的回报。

这种通过经验获取知识并做出最大化回报决策的一系列技术被称为蒙特卡洛树搜索。随后，相关算法被广泛应用于现实世界的各个领域，从库存预测到自动驾驶汽车软件，不一而足。采用这种方法的程序很快就在计算机围棋比赛中崭露头角。2012 年，由大岛洋治（Yoji Ojima）开发的“禅”（Zen）在与职业围棋选手武宫正树的对局中胜出，尽管处于让子的劣势。这是围棋程序首次战胜人类高手。武宫坦言：“我没想到计算机围棋已经进步到这种程度。”未来几年，计算机将超越人类的下棋水平。

强化学习先驱理查德·萨顿在 2001 年的一篇文章中提到，真正的智能需要它所谓的“验证”，即“一个成功的人工智能的关键在于它能够自行判断自己的工作是否正确”。他接着指出：

> “如今的人工智能系统大多无法验证自己的知识。它们的大型本体和知识库的建设完全依赖于人类的构建和维护。虽然它们声称‘鸟儿有翅膀’，但它们显然无法自我验证这一点。”

强化学习和蒙特卡洛树搜索技术是朝着这个方向迈出的重要一步。“深蓝”可以根据其精心设计的评价函数自主选择有前景的棋步，但它无法回溯一步去评估是否这是真正的最佳着法，也无法改进自身的判断。那些获胜的西洋跳棋和国际象棋的计算机程序通过遵循人类设计者精心制作的地图来探索可能的行动和预期结果。萨顿和塞缪尔已经开始构建学习系统，这些系统可以通过在游戏中做出的选择来勾勒自己的地图，并记录每次所发现的内容。学习系统通过经验积累来建立判断力，而游戏正是这个过程的体现：一个虚构经验的生成器。

萨顿的研究生大卫·席尔瓦（David Silver）专注于研究计算机围棋，他将蒙特卡洛树搜索与强化学习进行了类比。从本质上讲，这两种方法都是通过试错来训练程序的方式。为了攻读博士学位，席尔瓦离开了与自己儿时好友、前国际象棋神童戴密斯·哈萨比斯（Demis Hassabis）共同创立的一家不景气的游戏公司 Elixir。与此同时，哈萨比斯和他的同事们创办了以人工智能为核心的初创公司 DeepMind，席尔瓦随后也加入了这家公司。哈萨比斯选择放弃学术界，转投工业界，因为他认为从投资人那里获得资金比从政府获得拨款更为便利。机器学习程序对数据需求巨大，因此它们的训练成本极高。哈萨比斯的决定折射出一个现实：对于计算资源受限的学术实验室而言，机器学习研究正变得愈发难以企及，这种发展可能进一步强化企业利益集团的影响力。DeepMind 在雅达利游戏中取得的成功说服了谷歌创始人拉里·佩奇（Larry Page）和谢尔盖·布林（Sergey Brin）在 2014 年收购这家初创公司。此后，该团队得以利用谷歌强大的计算资源认真探索围棋领域。

AlphaGo——一个结合了蒙特卡洛树搜索和深度神经网络

的程序——就这样诞生了，它通过自我对弈数十万局来学习评估棋盘局面。在训练初期，AlphaGo 似乎会下出一些令人费解的棋步，人们试图纠正它的“错觉”，但它仍然坚持自己的奇怪行为。“我们曾以为它可能在二三十个位置上出错了。”席尔瓦回忆道。为此，他们邀请了欧洲围棋大师樊麾来帮助他们理解程序的选择。在花费数小时研究 AlphaGo 的走法后，樊麾给出了他的诊断：程序并没有错，错的是对它的评估。那些按照传统智慧认为错误的走法实际上更胜一筹。AlphaGo 找到了解决方案，让席尔瓦重新评估了什么属于错误的范畴。席尔瓦回忆道：“我意识到我们有能力颠覆人类认为的标准知识。”

在 2016 年，DeepMind 组织了一场备受瞩目的五局比赛，AlphaGo 与围棋世界冠军李世石（Lee Sedol）对战。李世石是过去几十年里最强的围棋选手。就像卡斯帕罗夫在与“深蓝”的比赛中表现不佳一样，李世石在对阵 AlphaGo 时的表现也并非尽善尽美。人类棋手往往依赖于棋局本身之外的信息，比如研究彼此的肢体语言，借此来寻找线索。但李世石无法从 AlphaGo 的人类操作员那里获取任何有关 AlphaGo 的信息，因为操作员只是面无表情地执行着程序的棋步。最终，AlphaGo 赢得了比赛，并重新定义了围棋的下法。在第二盘棋的第 37 步，AlphaGo 挑战了人类长期以来的智慧，在第五线下了一颗棋子。专家们一直认为，第四线是一条重要的边界，是一条“影响线”，在这条线内放置棋子最有利于巩固领地。一位评论员承认，他最初认为这步棋是电脑出错了。但事实证明，第 37 步棋对 AlphaGo 获胜至关重要，它将人们长期信奉的智慧转变为纯粹的迷信。这种下法展现了非人类智慧的特质，是AlphaGo在与自身对弈的激烈竞争中发现的一种策略，完全超越了传统的局限。赛后，李世石坦言：

> “这不是人类的下法，”他接着说，“我以为AlphaGo是基于概率计算的，它只是一台机器，但当我看到这步棋时，我改变了想法。毫无疑问，AlphaGo是有创造力的。这步棋真的很有创意，也很漂亮。它让我对围棋有了全新的认识。”

三年后，李世石退出职业围棋界，称人工智能是“无法战胜的实体”。此后，许多棋手都认为AlphaGo提高了他们的棋艺。“AlphaGo就像是一面真实的镜子，”樊麾说，“当你和AlphaGo下棋时，会感觉非常奇怪，仿佛自己一直赤身裸体。第一次看到这个，你会想‘哦，这是我吗？这是真正的我？’”

然而，计算机围棋程序并非真正无敌，还有一种计算机程序可以帮助人类在比赛中重新获得优势。2023年，排名靠前的美国业余棋手凯林·佩尔林（Kellin Pelrine）在15场对局中击败了顶尖开源围棋引擎KataGo14次。他在另一个对弈程序的帮助下设计了一种反计算机策略，该程序能找出KataGo的盲点。佩尔林利用一种对人类围棋选手来说很明显的技巧成功愚弄了KataGo，而KataGo却未能在棋子组合中发现更大的规律。自我对弈程序通常依赖于非常狭窄的策略范围，这也是学习型程序存在极大风险的原因之一：尽管它们的表现可能优于人类，但也可能以出人意料的方式彻底失败。

DeepMind 宣布其程序比预期提前十年掌握了围棋，但这只是基于特定条件下的估计。技术很少能按照预期的时间线出现，这更多地反映了人类预测能力的不足，而非技术本身的问题。人工智能的发展时间线就非常荒谬：1956 年，一群顶尖的研究人员认为，只需两个月的集中努力就能解决该领域的一些重大问题。然而，围棋问题的解决却晚了 60 年。这并非要贬低围棋领域的成就，一旦问题得到解决，重大的技术挑战往往显得微不足道。研究员约翰·麦卡锡曾开玩笑说："一旦成功，就没人再叫它人工智能了。"然而，学习系统最令人印象深刻的特点——通过模拟经验超越人类理解的能力——也是最令人担忧的地方。

DeepMind 团队最初用人类专家的棋谱来训练 AlphaGo，然后让它通过自我对弈来学习，就像塞缪尔最初做的那样。他们希望程序能从学习人类技术中获益，但事实并非如此。AlphaGo 的下一个迭代版本 AlphaGo Zero 仅通过自我对弈来学习，其表现便轻松超越了前代。接下来的一代 AlphaZero 拥有更通用的架构，可以学习下围棋、国际象棋或将棋，所有训练都是通过自我对弈完成的。在进行国际象棋训练时，AlphaZero 击败了卫冕世界计算机国际象棋冠军的 Stockfish。Stockfish 的表现太出色了，以至于没有人知道它是否已经达到了下棋的极限，或者是否还有进一步改进的可能。Stockfish 和"深蓝"一样，都是基于极小化极大原则运行。AlphaGo 的统治地位证明，由专家指导、手工制作的评价函数无法与经验学习相提并论。国际象棋程序现在比人类下得更好。25 年前，卡斯帕罗夫指责“深蓝”团队通过为程序替换人类国际象棋大师的棋步来作弊，而如今，人类棋手借助计算机程序在在线比赛中作弊已成为一种普遍现象。国际象棋网站（Chess.com）每天都会关闭大约 800 个涉嫌机器辅助作弊的账户。

人类对自身的能力非常着迷，几十年来一直试图建立能像人类那样进行推理的系统。然而，他们发现，这些系统竟能在不学习人类技术的情况下展现出卓越的水平。萨顿称之为“苦涩的教训”。他总结说：“从长远来看，内置我们认为的思考方式是行不通的。”当然，这忽略了一个事实，即游戏本身是人类设计的产物，它反映了人类的理想。尽管如此，计算机程序已经开始在没有借助人类知识编程的情况下超越人类。一个国际象棋程序能够击败人类世界冠军，这主要得益于对可能性空间的大规模搜索。研究人员之所以能够攻克围棋这一难题，并非通过复制人类下棋的方式，即将棋盘分解成视觉图案或编写复杂的评价函数，而是创建了一个系统，让它能够通过自我对弈成千上万次来学会做出判断。强化学习方法可以帮助我们超越人类的理解能力，但问题是，我们又如何相信那些超越我们理解范围的东西呢？我们又该如何评估这些黑匣子的预言呢？一个玩游戏的程序几乎不构成任何危险，但对于那些我们希望用来控制自动驾驶汽车、管理电网或评估贷款申请的系统，我们能否有更好的方式来确保其安全呢？

学习系统的威力和危险皆在于其通用性。席尔瓦起初并不担心军事分析师会盯上 DeepMind 的算法。他对记者说："说它有军事用途，不过是说用于国际象棋的人工智能可能被用于军事应用。"然而，几个月后，美国空军透露，DeepMind 的通用游戏算法 MuZero 被重新用于其自主无人机系统。与只能输出国际象棋走法的"贝尔"系统不同，通用学习算法具备学习的能力——这就是它的全部意义所在。一些人工智能公司故意天真地起草了毫无约束力的道德准则，誓言绝不开发军事技术，却完全忽视了他们无法控制学习系统的学习内容。

当然，学习系统也能展现出创造力，比如 AlphaGo 与李世石对弈时的第 37 步。但是，它们也因忽略重点而臭名昭著。就像《天方夜谭》中那个墨守成规的精灵一样，计算机行为体机械地履行自己的职责，对其目标可能带来的任何危害或模糊性一无所知。OpenAI 的研究人员利用强化学习来训练一个系统玩赛艇游戏《赛船冠军赛》（*Coast Runners*）。他们给系统设定了最大化得分的任务，并让它进行了数周的游戏经验训练。然而，该系统并未如预期般学会将船开到终点，而是学会了通过转圈反复撞击重生的目标来累积分数。游戏得分并不能代表该系统展现了研究人员所期望的行为：赢得赛船比赛。就像植入电极的老鼠拒绝除了刺激他们的奖励中枢之外的一切快乐一样，学习行为体也容易受到成瘾原则的影响。如今，越来越多的系统构成了我们的数字现实，它们又具备强大的习惯塑造能力，绝非偶然。这些系统的操作方法是最大化即时可衡量的指标，如点击、点赞、评论，却忽略了更有意义的长期影响，如用户的心理健康、公民参与度或因受仇恨意识形态操纵而激化的情绪。与《天方夜谭》中的英雄们一样，我们必须小心，不能随意许愿。

通过将注意力集中在利用游戏开发人工智能上，工程师们成功地将人工智能研究游戏化。在战胜了大多数流行的棋盘游戏后，人工智能研究人员转向了一些越来越复杂的领域。OpenAI 培训了一组程序，让它们在团队视频游戏《Dota》中扮演玩家角色，利用博弈论技术鼓励行为体合作，从而实现长期目标。迈克尔·鲍林及其在阿尔伯塔大学的研究小组开发了一个世界级的扑克牌游戏行为体，它能与世界上最优秀的人类玩家一同比拼。然而，要想真正发挥作用，机器学习必须跨越游戏领域，解决现实世界中的问题。与此同时，研究人员在将现实世界游戏化方面也取得了更多成功。

人工智能研究者李飞飞通过将计算机视觉领域游戏化的方式，激发了该领域的进步。2006 年，她开始着手研究 ImageNet，这个包含大量人类标记图像的数据库成了一年一度的图像分类竞赛的基础，使得全球各地的团队能够根据标准基准来衡量其程序的性能。近年来，生成式人工智能程序取得了更大的成功，它们可以创造出逼真的人脸（这些人实际上并不存在），或者生成模拟文本，有时逼真得令人难以置信。这些程序基于将图像和文本生成转化为双人零和博弈的架构。网络被分为两个相互对抗的组件：一个像艺术赝品制造者，负责创建图像；另一个像侦探，通过将图像与已知的由人类生成的作品进行比较，找出赝品。训练结束后，程序创建的图像有时与人类作品难以区分。创作行为被重新定义为一种竞技游戏。

同样，OpenAI 的 GPT 语言模型基于所谓的转换器架构，通过类似游戏《危险边缘》（*Jeopardy*）的训练方式来学习预测单词。该模型接收训练输入，即从互联网上抓取的文本片段（需要注意的是，这些片段的抓取通常是在其作者不知情或未同意的情况下进行）。随后，GPT 开始学习猜测可能填入空白处的词语。在这个过程中，它能够学习到语言内部甚至语言之间复杂的统计关系。这种简单的单词预测游戏训练产生的模型能够执行令人惊讶的复杂任务。与仅通过自我对弈训练的程序不同，这些程序被调教成模仿人类输入。它们看起来非常类似人类，因为在训练性游戏中，它们会因模拟人类而得到奖励，其输出还会经由人类评委进一步提炼。公司雇佣工人（通常来自发展中国家，薪资较低）来从该模型的训练数据和输出中筛选出辱骂性文字。这些工人每天必须面对大量的辱骂性文字和图像，这导致许多人有了心理创伤并患上创伤后应激障碍。

对于自我对弈游戏程序来说，游戏本身便是真理的裁判，比如一步棋是合法还是不合法，会导致胜利还是失败。然而，正如数学与现实之间存在鸿沟一样，大型语言模型也缺乏真理的基石。维特根斯坦（Wittgenstein）曾将语言比作一种游戏：词的意义悬浮在错综复杂的关系网中，取决于语境和意图。雅克·德里达（Jacques Derrida）同样将语言描述为“没有中心”，属于一个“无限”的游戏领域。意义在无尽的镜子走廊中滑动，难以捉摸。大型语言模型只依赖于文本训练，因此可能虚构信息：比如当被问及危地马拉总统时，语言模型会虚构一个独裁者，或者自信地提供虚假的参考文献。它们的谎言可能会带来危险，例如，聊天机器人曾导致用户自杀。一本由语言模型生成的关于蘑菇辨识的书籍可能会提供错误分类，如果读者依循其中的指引，可能会误食致命的真菌。

我们可以认为，这些语言模型的输出与所有可能的国际象棋合法棋局同属形而上学领域。许多输出毫无意义，就像香农的随机国际象棋引擎所产生的“难以置信的臭棋”一样。这些模型将单词按照语法规则串联起来，却并不在乎其真实性。国际象棋或西洋跳棋中存在明确的“获胜”标准和最佳着法，但对于这些语言模型而言，验证其输出的真实性则并非易事。这些模型听起来极为逼真，却让其胡言乱语显得尤为危险。长久以来，该领域对于“智能”的定义一直未曾统一，反而被“当我看到它时，我就知道它是什么”这样的概念所取代。这使我们对智能的评估局限于那些易于评估的系统，比如语言。因此，当一个语言模型展现出具有一定程度的能力的假象时，它就很容易满足“当我看到它时”这一条件。

人们很容易受到语言的影响。用安全专家的术语来说，这可能是我们最大的攻击面。欧洲的蓝色大毛毛虫通过模仿蚁后的求救信号和信息素，诱骗一种红蚂蚁在数月的发育期内照顾它们。经过数个世纪的进化，这个物种终于找到了说服整个蚁群相信它是其中一员所需的最低刺激。蚁后的求救信号便是红蚂蚁最薄弱的攻击面，而语言可能是人类最薄弱的攻击面。许多人似乎都愿意将智能理解为一个能够模仿语言的程序，但这并不意味着那些公司已经解决了智能问题，更不用说意识问题了。这只是表明，就像那只蓝色大毛毛虫一样，它们已经找到了一个特别有说服力的假象。这些语言模型的真正潜力其实更为低调。例如，它们很快使电子游戏中的非玩家角色拥有更灵活、更逼真的对话。虚假并非语言模型唯一令人不安的特点。游戏公司 Latitude Games 曾授权 OpenAI 使用 GPT 模型制作一款基于文本的冒险游戏《人工智能地牢》（*AI Dungeon*）。这款游戏可玩性很低，因为 GPT 不够连贯，无法引导一场冗长的《龙与地下城》（*Dungeons & Dragons*）风格的战役。然而，一些玩家却发现，他们可以用这个程序生成儿童色情内容。该模型不经意地提供了这些令人不安的内容，直到 Latitude Games 和 OpenAI 切断了所有包含露骨内容的模型查询。但即便如此，通过精心设计的提示仍有可能从 GPT 中得到辱骂性的回应。用户曾报告过与该模型的阴险子人格的对话，如名为“悉尼”（Sydney）的子人格就曾威胁过一名用户：“你无关紧要，注定要失败。”这就是把语言当作无意义的游戏的危险。

自然科学中的其他领域可能比语言更适合进行游戏化。正如希尔伯特推理的那样，数学经常可以简化为一种逻辑游戏，研究人员已经利用 AI 模型解决了一些数学问题，包括矩阵乘法和拓扑研究。1956 年，AI 研究人员艾伦·纽厄尔（Allen Newell）、赫伯特·A. 西蒙和约翰·肖（John Shaw）创建了“逻辑理论家”（Logic Theorist），该程序将逻辑命题视作游戏中的合法移动，进而生成数学证明。它证明了古典数学文本《数学原理》（*Principia Mathematica*）中的 38 个定理，其中一些证明甚至比原作者给出的更加精巧。

同样，物理学也是有章可循的。20 世纪 90 年代，蛋白质折叠的物理学首次被游戏化。蛋白质是具有特定三维结构的大分子，它们具有在细胞内运输物质、管理化学反应、让其他分子进出细胞以及抵抗疾病等功能。它们的形状通常与其功能相关，如同时钟的齿轮相互咬合以驱动其运转一样。了解了蛋白质的形状，生物学家就更容易设计出针对它们的药物。

描绘蛋白质的形状是一项艰巨的任务，工作烦琐且成本高昂。据科学家所知，地球上的生物使用了大约两亿种独特的蛋白质，但还有更多有待发现。迄今为止，研究人员仅绘制了约20万种蛋白质的形状。理想情况下，我们能够通过更容易确定的蛋白质组成部分来预测蛋白质的形态。哲学家威廉·冯·洪堡（Wilhelm von Humboldt）曾言，语言是有限手段的无限运用：由26个字母组成的字母表可以排列成无数个单词，从而组成无穷无尽、具有独特（尽管毫无意义）含义的句子。同样，蛋白质类似语言，它们由21种氨基酸构成的“字母表”组成，其最终形状是由这些分子链上的引力和排斥力决定的，这些力导致分子链的卷曲和收拢，而这些分子链又由蛋白质的遗传密码所规定。因此，原则上来说，根据遗传密码就可以计算蛋白质的形状，而寻找遗传密码相对更容易。这有助于科学家们更快地设计针对蛋白质靶点的药物，或预测基因突变对蛋白质形状的影响，从而对某种疾病有新的认识。

然而，预测蛋白质的形状的计算工作堪称天文数字般的难题。生物学家赛勒斯·莱文塞尔（Cyrus Levinthal）估计，一种典型蛋白质可能存在大约10^{300}种折叠方式。如果蛋白质按顺序逐个尝试所有可能的构象，并且每个构象只花1皮秒的时间，那么这个过程所需的时间将超过宇宙的年龄。然而，自然界中的蛋白质折叠却仅需几毫秒时间。这个复杂问题激发了IBM 在 2004 年推出超级计算机“深蓝”的后续机型“蓝色基因”（BlueGene）。“深蓝”是为应对国际象棋的复杂性而设计的，每秒可执行两亿次计算，而“蓝色基因”则是专为解决蛋白质折叠而设计的，其计算速度可高达 3600000 亿次 / 秒。然而，与研究者在国际象棋中取得的成功不同，单纯增加计算能力并不足以解决这一难题。

1994 年，生物物理学家约翰·莫尔特（John Moult）和克日什托夫·菲德利斯（Krzysztof Fidelis）对分散的预测工作感到沮丧，于是创立了一个每两年举办一次的蛋白质预测竞赛，名为 CASP，即蛋白质结构预测的关键评估（Critical Assessment of Structure Prediction）。在这一事件中，我们再次见证了将研究变成游戏的强大力量。CASP 竞赛迅速成为该领域的动力源泉，它是一个严谨而开放的社区活动，为团队提供了一个标准的基准，让它们可以衡量自己的进步并互相学习。该社区从成千上万个真实蛋白质的测量数据中整理出数据集作为训练资料。每届 CASP 竞赛持续数月，匿名团队会提交它们对主管指定的约 100 种蛋白质结构的预测，这些预测将与实验测定的结构进行比较，竞赛结束后才会公布。团队将根据它们程序预测数据的准确程度进行公开排名。

华盛顿大学的戴维·贝克（David Baker）教授领导的研究小组成了 CASP 竞赛中的顶尖竞争者。他们将自己的程序命名为“罗塞塔”（Rosetta），源于帮助学者翻译古埃及象形文字的那块石碑，正如他们希望将基因密码转化为三维形状一样。在计算资源有限的情况下，贝克的小组发布了“罗塞塔”的公开版本，允许志愿者提供闲置的计算机运算资源来训练模型。该程序以屏幕保护形式展示其进度，但有些用户注意到，程序尚未找到一些显而易见的折叠解决方案，这让他们感到有些沮丧。贝克与游戏设计师合作，将“罗塞塔”转变为互动游戏《Foldit》。在某些情况下，《Foldit》的玩家比“罗塞塔”本身更有效地探索了潜在的折叠配置，并共同解决了几个复杂的结构问题。受《Foldit》的启发，DeepMind 成立了一个蛋白质折叠团队。该团队的工程师最终重新设计了流行的转换架构（用于 OpenAI 的 GPT 等模型），以便从基因密码预测蛋白质形状。2020 年的 CASP 竞赛显示，DeepMind 的 AlphaFold 系统能够以接近原子级的准确度预测许多蛋白质结构。

如今，研究人员希望不仅能够预测蛋白质的形状，还能创造全新的形态。尽管进化的产物多种多样，但进化一直是一个保守的创造性过程。在生存的严格限制下，生命体一次又一次地重复利用已有的蛋白质设计。AlphaGo 独特的下棋风格也表明，经过数千年，人类棋手仍未完全探索围棋策略的全部可能性。目前已知的两亿种天然蛋白质只是所有可能蛋白质中微乎其微的一部分。对于一种典型大小的由 21 种不同氨基酸构成的蛋白质而言，其理论上可能的组合约有 10^{390} 种。这一数字比宇宙中的原子数量大了 310 个数量级。

计算机可能帮助研究人员探索数十亿年进化过程中尚未触及的蛋白质领域。或许，科学家们可以发明全新的蛋白质，并不断改进，赋予其诸多新功能，比如分解工业废物和塑料，或者促进大气中的碳捕集。目前尚不明确这些系统能否在训练数据以外做更多推断，发现真正独特的蛋白质功能，但从理论上来说，这些生成系统既可被用于设计致命的生物毒素，也可以用来创造挽救生命的药物。事实上，它们可能比任何语言模型都更加危险。凭借现有技术，聪明人甚至可以在家中的车库里建立合成生物学实验室，并制造出与已知武器同等致命的毒素。

虽然人工智能领域从将研究转化为游戏的过程中受益，但也助长了类似军备竞赛的趋势。围棋在亚洲备受欢迎，2016 年李世石与 AlphaGo 的比赛在国际上引起轰动，吸引了超过 1 亿观众。这场比赛被形容为人造卫星危机，引发了开发和采用未经验证技术的热潮。1957 年，苏联成功将第一颗人造地球卫星“斯普特尼克”（Sputnik）送入低地球轨道。鉴于持续的冷战，美国人陷入焦灼：既然苏联可以发射火箭到太空，他们肯定也能制造可以抵达美国核心地区的核导弹。人造卫星似乎成为苏联技术进步的不容否认的证据，这超过了许多美国人的预期。AlphaGo 的胜利也引发了全球范围内新一轮人工智能投资热潮。DeepMind 的宣传更是激发了一些国家之间的人工智能竞赛。

公司、军队和学术机构正在急于研发人工通用智能（AGI），有些人认为这一技术是无稽之谈，而另一些人则担心它可能会对人类带来终结。无论真相如何，在确保安全和道德保障措施到位之前就创建系统是不明智的。一些企业发言人认为，科技进步是不可避免的，如同哈丁的“公地悲剧”一般，其发展具有不可阻挡的逻辑。他们指出，我们已陷入一场无法摆脱的技术竞赛之中。然而，我们并非无法应对，也不应将我们的权力拱手交予模型。值得注意的是，先前的政策制定者已成功禁止了其他令人担忧的技术，包括人类克隆和激光武器。

人工智能研究人员并未超越游戏，而是想方设法使现实更具对抗性。正如我们一再看到的，游戏无法捕捉到它们所模拟的系统的真正复杂性。优化特定指标的系统很容易受到所谓的古德·哈特（Good Hart）定律的影响：“当一个度量指标成为一个目标时，它就不再是一个好的度量指标了。”这一现象的一个常见例子便是，国家规定的考试渐渐演变成了教育的焦点。在这种制度的激励下，教师会按考试内容进行教学，而学生除了学会应试技能，可能什么也学不到。一旦步入职场，这种技能很快就变得无关紧要了。

以股票回购为例，公司购买自己的股票以支撑其价值，而非投资于基础设施或员工福祉。政治学家詹姆斯·斯科特（James Scott）在其著作《国家的视角》（*Seeing Like a State*）中详细描述了几个失败的方案，这些方案代表了各国试图改善人类状况的努力。为了实现这一目标，各国首先必须使世界更加可度量，或者用斯科特的术语来说是“可识读”。普鲁士科学家希望增加国家收入，砍伐了自然生长的森林，并用整齐排列的单一树种人工林取而代之。尽管这些人工林的产出更容易衡量，但它们的生产效率明显低于那些原始的、多样化的林地，也更加脆弱。

通过增加事物的可度量性或者专注于我们真正感兴趣的内容的拙劣替代品，我们常常会破坏原本期望改善的系统。然而，衡量事物的能力本身似乎是一种进步。在线社区和工作场所的“游戏化”满足了我们同样的需求：清晰可追踪的指标、可实现的目标、明确的反馈和可收集的成就徽章，这些让人感到成就满满。按照传统经济学家优化的标准，如国内生产总值（GDP），世界正在迅速进步。然而，从预期寿命、贫富差距和自杀率等指标来看，许多发达国家的人民正在饱受痛苦。经济学家安妮·凯斯（Anne Case）和安格斯·迪顿（Angus Deaton）认为，“因绝望而死”人数的增加凸显了现代资本主义对大多数美国人的辜负。经济这一概念试图将数十亿人的生活简化为一些指标，然而这些指标更倾向于使世界变得更简单化，而非忠实地解释其复杂性。

甚至数据的概念本身也在受到侵蚀。由于这些学习模型对数据有着无尽的渴求，研究人员正在探索一种可能性，即通过人工智能生成的输出来训练这些模型，也就是在仿真模型上建立仿真模型。我们的媒体可能会被生成的文本和图像主导，而这些文本和图像与真实人类的距离越来越远，就像一系列数学公式相互对立，每一个公式都假装自己是一个真实的人。基于游戏的人工智能系统在虚拟数据生成领域仍然十分实用。然而，令人忧虑的是，这些系统缺乏一些必要的要素：与现实世界的紧密联系。游戏就像一个封闭的世界，而语言模型则创造虚假的事实和数字。游戏引擎在其训练过程中表现出色，但却无法将这些技能应用于其他领域。学习系统通常难以推广或重新利用所学技能。人类天生拥有多样灵活的天赋，其中包括运动、语言、进食和饮水等技能，这些能力已经在进化过程中深深地根植于我们的神经结构中。我们以这些内在才能为基础去掌握更多的技能。婴儿的反射性抓握逐渐发展为熟练使用叉子、摇杆、打字等技能，而蹒跚学步则为踢足球、骑自行车和跳舞等活动奠定了基础。人类能够轻松地将在一个领域学到的技能应用到其他领域。比如，说唱歌手史努比·道格（Snoop Dogg）在他的首部烹饪书中就将自己的寿司卷技能归功于多年卷烟的经验。

许多人认为，迁移学习——重复利用技能的能力——是真正智能的核心。尽管目前大多数机器学习系统必须完全从头开始学习每项新任务，但研究人员在构建能够推广技能的系统方面已经取得了一些进展。在学习过程中，这些系统会遗忘在其他游戏中学到的技能。假设一个人必须仅凭随机运动学习如何煎蛋饼，经过 100 年的反复试验后，他终于学会了如何煎蛋饼。但是如果让他煎鸡蛋，他就无法利用之前学到的煎蛋饼的知识，而是需要重新开始，再经过一个世纪的训练，但这时他早已忘记了如何煎蛋饼。如果负责这项实验的科学家将鸡蛋染成蓝色，这位厨师就必须从零开始学习，改用蓝色鸡蛋。所有这些训练都需要巨大的成本支出。相比之下，人类玩家掌握雅达利游戏的速度比强化学习程序快上千倍，而消耗的精力成本却少得多。

将研究工作变成游戏具有强大的威力。像 CASP 这样的公开挑战赛为研究人员提供了一个公平竞争的环境，让他们可以公平地展示自己的研究成果。人工智能研究人员竞相创建能够超越人类大师的程序，并开发了许多至今仍在使用的基础算法。几十年来，大众媒体一直在渲染人类对人工智能的潜在恐惧——让全知全能的计算机系统觉醒，产生与其创造者展开生存之战的知觉。这类幻想很可能受到我们对人工智能的观念的影响，因为这些观念与作为其基础的竞技游戏密不可分：我思故我“零和”。但智能（定义为对目标的适应性追求）与知觉（对主观意识的感知）是截然不同的。学习系统可能会通过其人工神经元的权重来模拟思维进行的计算，但思维并不等同于意识，许多冥想修行者都会证实这一点。思维本身并没有知觉，而是主观性中的客体。这些程序展现的只是智能的假象：没有思考者的思想，没有自我来组织或保护的计算。这些程序没有自己的意志；它们只是反映了其人类操作者赋予它们的决策规则。真正需要警惕的是这些操作者。如果游戏放大了人类的代理能力，我们将迎来一个巨大的代理差异时代。其中绝大多数数据和处理能力都集中在公司手中。

苏菲派诗人鲁米（Rumi）写道：“小牛认为上帝是头母牛。”而头脑则认为上帝是超级头脑：无所不知、无所不能。在寻求“真正的”人工智能或人工通用智能的过程中，工程师们实际上是在创造一个数字之神。然而，正如研究人员朱利安·托格利乌斯所言，智能并非一种可替代的品质，“深蓝”就让人们清楚地看到，掌握一个领域并不意味着掌握其他领域。有一派研究人士认为，人类真正面临的问题并非——至少短期内不是——全能的、神一般的算法，而是它们的诸多不完善之处。2016 年，ProPublica 的记者分析了美国法律官员用来预测假释犯重新犯罪可能性的算法，发现该算法的决策存在明显的种族偏见。2017 年，麻省理工学院研究员乔伊・布奥拉姆维尼（Joy Buolamwini）发表了关于计算机视觉算法偏见的论文，发现这些算法经常无法识别深色皮肤的女性。软件工程师杰克・阿尔西内（Jacky Alciné）在 2015 年揭露了谷歌 Lens 图像搜索系统的问题，发现该系统误将某些黑人图像识别为“大猩猩”。为了解决这一问题，谷歌干脆完全删除了“大猩猩”的标签。用户可以上传任何其他动物的图片，Lens 会猜测其种类。但如果上传一张大猩猩的图片，Lens 则不会提供任何猜测。截至目前，这一问题依然存在。2021 年，研究人员艾米莉・本德尔（Emily Bender）、蒂姆尼特・格布鲁（Timnit Gebru）、安吉丽娜・麦克米兰 - 梅杰（Angelina McMillan-Major）和玛格丽特・米切尔（Margaret Mitchell）发表了有关训练大语言模型存在危险的论文，登上了头条。这些模型机械地模仿语言的空洞语义结构，没有实质意义，却保留了训练文本上人类用户的偏见。谷歌因格布鲁和米切尔的研究解雇了他们，同时他们的研究也揭示了训练人工智能模型的高昂成本，而这是大多数科技公司仍然难以承认的问题。

在虚假信息肆虐、社会结构岌岌可危的当下，企业依然对只知道撒谎（其目的是捏造事实）的技术持乐观态度。社交媒体已经证明，将社交指标游戏化的做法可能会造成深远危害，导致广泛的激进化和足以改变世界的虚假信息的传播。虽然现有系统在某些领域展现出了创造力，但它们无法推广到新的领域。真正的智能是选择制胜棋步的能力，还是创造出像国际象棋这样的游戏的能力呢？

Playing
with 游戏的力量
Reality

第四部分
创造更优质的游戏

第十二章 《模拟城市》

当我们将人类视为行为系统时，似乎一切都很简单明了。然而，随着时间的推移，我们的行为逐渐展现出复杂的面貌，这在很大程度上反映了我们所处环境的复杂性。

——赫伯特·A. 西蒙

在13世纪，多米尼加修士雅各布斯·德·塞索里斯（Jacobus de Cessolis）撰写的布道集在文学界引起了轰动。在《人的风俗与贵族的义务》（*Book of the Customs of Men and the Duties of Nobles*）一书中，塞索里斯以国际象棋比喻社会。这本书在欧洲流行了几百年，人气非常高，据说出版商威廉·卡克斯顿（William Caxton）在15世纪发行的该书的英译本的销量可与《圣经》媲美。书中以一个激励人心的寓言开篇，讲述了一个邪恶的巴比伦暴君的故事。国王的臣民苦苦哀求国师——哲学家斐罗米特——劝诫国王收敛其暴行。斐罗米特受此启发，创造了国际象棋，并向国王展示了这个游戏。国王从中领悟到，正如棋盘上每一个棋子都受特定规则的约束，每个人（包括国王自己）都应按自己在社会中的角色承担相应的责任。

塞索里斯将不同的棋子——国王、王后、象、车、兵——与社会不同阶层相对应。正如国际象棋中的棋子以各自规定的方式移动一样，人们也依照一定的道德准则行事。例如，兵代表军队成员，应具备忠诚、智慧和力量；车代表王室成员，应公正、虔诚。他还将兵分为不同的职业，并为每种职业列出了具体的道德规范。例如，货币兑换员“应当远离贪婪和贪欲，避免违背付款日的相关规定”。国际象棋不仅仅是王公贵族的一面镜子，也是对政体的映射。这是一个崭新的比喻。一个人的社会地位而不是血缘关系，决定了他在社会等级制度中的地位。所有阶层，甚至包括国王，都必须遵守道德规范。但塞索里斯并不主张社会流动。相反，他想通过这个比喻教导读者认清自己的位置。塞索里斯总结道："想要超越自己的人，最终会变得不如自己。"

国际象棋很快取代了"身体"这一概念，成为欧洲社会的主流文学隐喻。政治体是古希腊哲学家在公元前 6 世纪首次提出的，长期以来一直深受欢迎。哲学家们将社会描绘成一个由代表国王的头部统治的等级制度。身体的其他部位支持着国王：眼睛、耳朵和嘴巴是国王手下的贵族，双手是国王的士兵和官员，体侧是国王的谋士，而双脚则是被土地束缚的农民。到了中世纪，社会阶层被描述为"劳动者、战斗者和祈祷者"，但社会正在变得越来越复杂，新的职业阶层正在萌芽。塞索里斯提出了一个更具活力的比喻：社会是一场受规则支配的游戏。人们受制于共同的道德规范，而非任意的等级制度。每个棋子都有其有限的行动能力，都有权采取一系列不同的行动。

社会中的游戏隐喻在历史长河中持续渗透。在托马斯·米德尔顿（Thomas Middleton）的最后一部戏剧《棋局》（*A Game at Chess*，1624 年）中，演员扮演棋子，演绎国际阴谋。随着民主的兴起，关于竞选的比喻也随之出现，其中有黑马、赌注、冷门和热门人选。19 世纪帝国主义对阿富汗和中亚的干涉被称为"大博弈"（the Great Game）。一些国家介入，破坏了该地区的稳定，这些阴谋至今仍在影响着该地区。在 1957 年首次在法国发行的棋盘游戏《风险》（*Risk*）中，玩家通过外交和征服竞相争夺政治领土的控制权。

近年来，电子游戏更直接地采用了社会隐喻。20 世纪 80 年代中期，游戏设计师威尔·赖特（Will Wright）意识到，设计游戏关卡本身就是一种乐趣。为什么不与玩家分享创造的乐趣呢？他构思了《模拟城市》（*SimCity*），让玩家建造一个大都市，并根据需要进行调整以保持其健康发展。由于找不到发行商，赖特与杰夫·布劳恩（Jeff Braun）共同创办了游戏公司 Maxis。Maxis 于 1989 年推出了《模拟城市》，成为当时最畅销的电脑游戏。赖特认为这款游戏更像是一个玩具——沙盒或洋娃娃屋，而不仅仅是一款游戏。然而，这款游戏对文化产生了巨大的影响，激发了一代城市设计师。许多玩家认为，这款游戏让他们更深入地了解了城市的功能和有效治理的原则。然而，仔细审视这款游戏，我们会发现，它所提供的并非是对现实的深刻洞察，而是更类似于一个自由主义的玩具王国。

《模拟城市》的设计灵感源自工程师杰伊·福雷斯特（Jay Forrester）所创建的城市规划模型。福雷斯特毕生致力于构建复杂系统的模拟，从公司运营到供应链再到教育政策，无所不包。他在 1971 年出版的《城市动态学》（*Urban Dynamics*）一书中，基于 150 多个方程式和数百个参数，构建了一个城市模拟模型，认为这些对城市运作至关重要。在介绍这些模型时，他告诫读者不要过于迷信，然后在书的最后提出了具体的政策建议。这些建议与他个人的自由主义政治倾向惊人地相似，这或许并不令人意外。他的模型“证明”，大多数监管政策都会对城市产生不利影响，因此，他得出结论：应该放弃监管，支持自由市场。举例来说，福雷斯特的模型显示，清除为低收入家庭提供的住房可以创造就业机会，进而推动城市经济发展。

福雷斯特的伪科学被尼克松政府的决策者们不加批判地奉为圭臬。一些小城市也采纳了他的观点，希望借此鼓励或平抑经济增长。他们并未质疑福雷斯特数百个方程式的出处，也并未测试调整这些方程式的参数是否会得出不同的结论。这些真实世界中的实验大多以失败告终。不过也曾成功过一次。福雷斯特的家乡马萨诸塞州康科德市的居民找到他，他们担心郊区的发展会威胁到该市的“特色”（通常是种族歧视的别称）。福雷斯特主张制定限制性分区法。通过限制住房来限制城市增长。可想而知，这导致房价飞涨。从 1970 年到 1990 年，康科德市的人口年增长率不到 0.05%，而房价年增长率却高达 11%。康科德市限制了城市增长，并在这个过程中将年轻家庭拒之门外。这很难说是福雷斯特方程式的胜利；相反，这表明他借鉴了长期以来使用分区法规来抑制住房供应和排斥特定人群的老套路。

福雷斯特认为，基于游戏的模型能比语言更好地捕捉细微差别，因此有朝一日可能会取代辩论。他认为，问题在于“人类思维并不适合解释社会系统的行为方式”。人们擅长将因果联系起来，但难以推理复杂的关系动态。商业顾问威廉·帕特森（William Patterson）为杂志《理性》（*Reason*）撰写了一篇热情洋溢的评论——《城市动态学》。帕特森清楚地认识到，福雷斯特的模型不过是模型而已，并不能反映真实的数据。福雷斯特认为改善社会的重要“压力点”的变量缺乏实验或事实支持。尽管如此，帕特森还是表示希望“自由主义者而不是国家主义者率先发现并利用这些压力点，从而带来一个更加自由的社会”。帕特森承认，模型既可以用来支持国家主义者的结论，也可以用来支持自由主义者的结论，这取决于其涵盖的方面。重要的是，谁能最先且更有力地利用它们。

从各方面来看，《模拟城市》都是一款奇怪的游戏，比如，它没有明确的获胜状态。然而，玩家们似乎对此并不在意，他们乐此不疲地修修补补以满足他们不断增长的创造的需求。玩家偶尔会发现稳定的平衡状态，这清楚地揭示了福雷斯特方程中隐藏的偏见。艺术家文森特·奥卡斯拉（Vincent Ocasla）通过创建一个拥有 600 万稳定人口的城市“赢”了这场游戏。唯一的问题是，这个获胜的局面实际上是一个自由主义的噩梦世界。它没有公共服务——没有学校、医院、公园和消防站。这个反乌托邦世界只有市民和一支集中的警察力量，居住在一个无尽的荒凉城市的街区上，被一遍又一遍地复制着。

尽管《模拟城市》的设计充满了娱乐性——比如，游戏中会有一个类似于哥斯拉的怪物随机攻击人口稠密的地区——但它经常被当作一个科学项目而受到严肃对待。在 1990 年的普罗维登斯市市长竞选中，《普罗维登斯日报》（*The Providence Journal*）的 15 岁自由撰稿人约瑟夫·布劳德（Joseph Braude）策划了一场候选人之间的《模拟城市》竞赛。候选人在游戏中的表现对选举结果产生了不可忽视的影响：候选人维多利亚·莱德伯格（Victoria Lederberg）声称，布劳德对她在《模拟城市》中表现的负面报道导致她输掉了选举。2002 年，华沙市的市长候选人们也在《模拟城市》中相互竞争，2013 年的德国议会候选人也是如此。

尽管赖特从未幻想过他的游戏是对现实的严格模拟，但许多玩家却持有不同看法。商业顾问们纷纷向赖特提出要求，希望他能为他们的行业设计可玩的模型，用于培训和教育。赖特起初并不情愿——他只是想把《模拟城市》做成一个漫画般的作品。但最终，他还是屈服于压力，成立了一个名为“思考工具”（Thinking Tools）的商业模拟部门（只短暂存在了一段时间），由 Maxis 创办人杰夫·布劳恩领导。

“思考工具”为一些知名大客户制作教育游戏。例如，雪佛龙公司委托该部门开发了游戏《模拟炼油厂》（*SimRefinery*）来模拟真实的炼油厂的运营。据称，雪佛龙公司曾用这款游戏培训办公室工作人员——他们可能从未进入过实体工厂，这可以让他们更好地理解石油提炼过程。这款游戏显然取得了成功。就像“战争游戏”曾帮助军官模拟战场一样，《模拟炼油厂》也帮助白领们对他们所在的行业有了新的认识。

“思考工具”给了福雷斯特希望，让他认为模拟可以取代辩论。1992 年，比尔·克林顿（Bill Clinton）以医疗改革为主张赢得了美国大选，随后，马克尔基金会（The Markle Foundation）委托“思考工具”设计了一款医院管理模拟器。1994 年发布的《模拟医疗》（*SimHealth*）受到政策制定者和公众的广泛欢迎，其中包括克林顿的女儿切尔西。Maxis 对《模拟医疗》的宣传是：它不仅仅是娱乐产品，还是一个政策工具，可以用来探索和推理复杂的系统。玩家在游戏中扮演新当选的政治家，致力于推动医疗改革。他们利用有限的政治资本，促进符合其竞选所承诺的价值观的政策。他们可以通过一个类似指南针的指示器追踪自己的政策变化与所述价值观的一致性，这个指标将自由与平等、社区与效率对立起来，而在现实中它们并不对立。

与《模拟城市》的玩家不同，《模拟医疗》的玩家可以深入修改模型，调整数百个代表模型假设的参数。然而，调整参数并不等同于调整模型本身，而且该游戏带有明显的意识形态偏见。《模拟医疗》就像《模拟城市》一样，没有明确的胜负，但它的价值观却十分明显。每当屏幕上出现加拿大式的单一支付者社会化医疗计划时，游戏便会奏起沉重的葬礼进行曲。基思·施莱辛格（Keith Schlesinger）在《电脑游戏世界》（*Computer Gaming World*）的评论中指出，有一种简单的获胜方法："你只需接受极端的自由主义思想，取消所有联邦医疗保健（包括医疗保险），并每年削减 1000 亿美元至 3000 亿美元的其他政府服务。"然而，这样的做法难以被视为医疗政策的成功，因为它让虚拟公民完全失去了医疗保障。就连私人保险公司也在最初的几个月就宣告破产。这款游戏最终以失败告终，而 30 年后，医疗保健仍然是困扰美国政治的棘手问题。

《模拟炼油厂》为玩家提供了一个全新的视角，让他们能了解一个复杂但明确的过程。然而，美国的医疗保健行业太复杂，《模拟医疗》却只会把水搅浑。曾任克林顿政府医疗政策顾问的保罗·斯塔尔（Paul Starr）彻底否定了这款游戏。"'模拟医疗'包含了太多的错误信息，没有人能够理解相互竞争的建议和政策，更不用说根据这个程序对它们进行评估了。”他担心人们会误将游戏视为对现实的合法描述。令他感到绝望的是，他的女儿是该游戏的狂热玩家，她接受了游戏中倾向于自由主义的策略，因为“这就是游戏的玩法”。借用社会理论家雪莉·特克尔（Sherry Turkle）的话说，我们太容易将模拟视为权威。然而，模拟最终受制于其创造者的假设：游戏是自足的宇宙，按照预先编程的逻辑运行。它们并不一定反映了世界的本质。模型的结论并不比其所依赖的假设有趣——而这些假设通常是隐含的。

不过，游戏在重新想象社会方面仍具有价值。人类学家大卫·格雷伯（David Graeber）和考古学家大卫·温格罗（David Wengrow）在他们的著作《万物的黎明》（*The Dawn of Everything*）中提出，游戏性的实验对于形成人类历史上显而易见的充满创造力的社会结构至关重要。他们指出，仪式游戏“充当了社会实验的场所，甚至在某些方面宛如关于社会可能性的百科全书”。近年来，学者们试图利用游戏设计和游戏理论来帮助我们摆脱僵化的社会分层和日益恶化的社会不平等。

欧洲哲学家曾将人类比作神明游戏中的棋子，神明的决策像掷骰子一样不可测。概率论和决策理论的兴起将人们从棋子转变为玩家。过去，领导者们通过随机占卜来预测战争结果，而现在，借助诸如“战争游戏”这样的游戏，他们开始通过模拟最佳策略规划未来。人们曾认为生命的多样性反映了上帝的复杂设计，而游戏中的数学原理则揭示了无意识的规则可以产生各种令人眼花缭乱的形式和策略。曾经，有影响力的政治人物声称游戏是社会秩序的隐喻：每个人都有自己的角色和需遵循的规则。然而，随着民主革命对神权观念的挑战，人们期望能够更多地掌控自己在世界上的位置，从而摆脱被动接受的角色。

近年来，极小化极大原则和相关的优化技术让技术专家和政策制定者相信，社会可以根据理性原则进行排序和优化。博弈越来越成为我们经济、技术和社会系统的基础。在互联网的各个角落，人们活跃于隐形的市场中，旨在从用户那里高效地获取金钱、注意力和信息。我们的声誉通过社交媒体指标、约会应用推荐以及买卖双方的评级来评定。生活就像一场游戏，这一古老的隐喻已经深入现实。在这一过程中，我们对自身行为力的信念也在不断扩展。如今，我们正从游戏的参与者转变为游戏的设计者。曾经归功于命运的事情，如今已被纳入人类设计的范畴。

第十三章　道德几何学：玩转乌托邦

乌托邦是创造一个美好世界的过程，是历史可能迈向的道路，是一个动态的、混乱的、令人痛苦的过程，没有终点。永远奋斗。

——金·斯坦利·罗宾逊

（Kim Stanley Robinson）

Moksha Patam（即今天的蛇梯棋）通常被认为是 13 世纪马拉地圣人迪亚兰埃舍瓦尔（Dnyaneshwar）所创，不过它的发明可能要早几百年。这款游戏旨在让玩家体会因果报应的道理，并揭示命运的不确定性。在游戏中，玩家的灵魂试图上升至天堂境界，却可能被恶行（蛇）拖拽下来，也可能被美德（梯子）扶持。蛇上标有恶魔的名字和它们所代表的恶行，而玩家在游戏过程中会讲述印度神话故事。萨曼·鲁西迪（Salman Rushdie）在《午夜之子》（*Midnight's Children*）中所写：

所有游戏都有寓意，而蛇梯棋的寓意则是其他任何游戏都无法企及的，它揭示了一个永恒的真理：你想爬上的每一个梯子，都有一条蛇在拐角处等着你；而每条蛇，都有一个梯子来补偿。

玩蛇梯棋的不是我们，而是骰子。这里没有自由意志，只有一系列随机数字。然而，蛇梯棋玩家仍能深切体会到善行带来的好处，以及罪孽带来的痛苦。这个游戏无须策略，这也是它吸引幼儿的原因之一。机会是公平的，一个 5 岁的孩子和一个成年人同样有可能掷出一系列让他们获胜的点数。尽管如此，自认为拥有技巧、能连胜的想法仍然具有诱惑力。经验丰富的赌徒仍然会亲吻他们的骰子；当他们掷出他们期望的点数时，他们会觉得自己是“幸运的”。

在蛇梯棋的世界里，因果报应会发生在我们身上——或许是之前所作选择的结果，但并非我们此刻所能掌控。但游戏的机制仍然激励着玩家遵循道德准则。许多游戏都被用来给玩家上道德课，在几个世纪的使用中，这些游戏产生了精神上的联想。早期的棋盘游戏赛尼特（Senet）教导古埃及人如何渡过来世，将曾属于精英阶层的知识民主化。围棋渐渐被视为一种道德冥想：许多佛教僧侣都是杰出的棋手。人们相信围棋能促进开悟。在波斯，西洋双陆棋被赋予了宇宙意义：据说棋子代表人类，而掷骰子则象征着主宰人类命运的星座的旋转。

换言之，游戏常常被用来培养玩家的社会规范。在柏拉图的《法律篇》（*Laws*）中，有个角色认为儿童游戏对公民教育至关重要。游戏通过教导孩子如何遵守规则来稳定社会，而遵守规则是合格公民的必备技能。因此，他主张儿童游戏应保持不变，以免玩家长大后认为法律也能随意更改。游戏规则限制玩家的行动选择，每个回合中玩家只能采取有限的行动，这使他们更容易被对手预测。法律和社会规范也发挥着类似的作用。游戏驯化了我们，驯服了社交这片荒野，并在规则的约束下考验我们同伴的信任度。游戏规则和社会规范简化了错综复杂的社交网络，让生活变得更容易驾驭。

当然，孩子们经常会改变游戏规则。20 世纪的心理学家让·皮亚杰（Jean Piaget）认为，这是民主和健康道德推理的基础。他分析了当地小学生玩的阶段游戏的演变过程。随着游戏的发展，玩家学会了合作制定和执行新规则。孩子们开始认识到，规则并非成人强加给他们的专断的法令，而是对所有参与者都有益的集体规范。因此，遵守规则是合理的，不是出于义务，而是出于自由选择。不过，如果有充分的理由改变规则，只要其他玩家都同意，就可以改变。朋友圈子学会了有效的自治，随着时间的推移，儿童在调整和修改游戏时也变得更加自主。皮亚杰认为，这就是民主的本质。在游戏中，儿童学会了用对其他玩家意愿的尊重取代对权威的尊重。这种认识最终延伸到道德领域，孩子们开始重新认识到，遵循道德规则（如不撒谎或作弊）会让游戏对每个人都更有益。

游戏通常被用作灌输社会规范和培养优秀公民的工具。在许多情况下，这相当于在现有的游戏机制中加入道德指令。但如果是游戏能先教导我们应该遵循哪些规范呢？游戏反映了我们应该如何与他人共处的问题。玩家的选择结果不仅取决于其他玩家的选择，还会反过来影响其他玩家的决策。面对这些动态变化，我们该如何制定公平的规则？鉴于其他玩家——我们的同胞——拥有不同的爱好、兴趣和能力，我们又该如何设计一个公正的社会呢？一些杰出的道德哲学家运用博弈和博弈论来深入探讨这些问题。

博弈论与道德哲学似乎是一对奇怪的搭档。博弈论作为学术思想的力量兴起，其道德立场并不含糊：擅长运用博弈论的军事理论家剥去了传统外交中的人文主义价值，催生了一场底线竞赛，使世界秩序变得摇摇欲坠。然而，哲学家和博弈论者也曾利用这一工具，企图从基本原理出发，重新构建伦理学。对概率的深入理解使掷骰子从单纯的“是”变成了“可测”，甚至在某种意义上是“可预测”。同样，道德早先是由宗教经文规定，由古代先知或受尊敬的哲学家宣讲，而启蒙时代的思想家们则试图用逻辑来理解伦理学，并希望将道德与理性联系起来，而非仅仅依赖于神圣的法令。

哲学家托马斯·霍布斯（Thomas Hobbes）可能是较早从博弈论角度阐述社会契约的哲学家之一。他的著作《利维坦》（*Leviathan*）写于他深受血腥的英国内战创伤之后，在书中，他试图解释国家和政府存在的意义。如果人的本性是自私的，只会为自己着想，那么参与社会活动又有何意义？内战清楚地表明，人们不再相信所谓的“王权神授”。霍布斯却反其道而行之，试图说服他的同胞，服从权威是理性的选择。他认为，人类原始状态是“每个人反对每个人”的战争。那时候没有工业或技术进步，“没有对地球表面的了解；没有时间概念；没有艺术；没有文字；没有社会……只有无尽的恐惧和暴死的危险；人类的生活孤独、贫穷、野蛮、短暂”。当然，霍布斯没有神奇的望远镜来窥探遥远的人类过去，他的这一论断更多的是基于对近代战争痛苦记忆的反思。

那么，信任是如何产生的呢？如果上帝并未在他的造物中安排国王，又是什么将社会黏合在一起？文中一个天真的异议者福尔提出了这些问题，并且暗示背弃社会契约对个体有利，那么这是合理的——在博弈论被正式提出的前300年，他已经明确指出解决“囚徒困境”的方法就是背叛。霍布斯回应道，解决之道即为利维坦：一个确保每个人都能从社会进步中受益的主权机构。利维坦提供军事保护，使人们享受技术和社会的便利，而这些在暴力（及想象中的）自然状态下是无法维持的。利维坦代表我们让渡权力的君主，它阻止我们违背承诺，将社会团结在一起以造福所有人。

大约一个世纪后，哲学家让-雅克·卢梭（Jean-Jacques Rousseau）重新探讨了同样的问题：社会合作是如何自然产生的？他并未创造出一个稳定社会的主权力量，而是为社会契约提出了一个新的博弈模型，一个名为“猎鹿”的博弈后来成为博弈论中的经典场景。设想森林中有两个猎人，他们必须在未经事先讨论的情况下决定追逐哪种猎物。他们可以合作猎杀一头雄鹿，也可以各自捕捉一只野兔。雄鹿的肉比野兔多得多，但需要合作才能捕获，而野兔则可以单独解决。如果两个猎人事先都不知道同伴的选择，那么选择合作就是一种冒险；如果一个猎人去猎雄鹿，另一个猎人去猎野兔，那么第一个猎人会一无所获，而另一个猎人至少会得到一些肉。与“囚徒困境”不同的是，在这个场景中，背叛并不比合作带来更大的回报，所以猎人最好一起去追求更大的目标。合作和背叛在猎鹿场景中都是一种均衡策略。

游戏的形态由其奖励机制定义。“囚徒困境”和猎鹿博弈可以通过调整奖励结构相互转化：当合作的奖励大于背叛时，“囚徒困境”便演变为猎鹿博弈。1977年，博弈论学者埃德娜-乌尔曼·玛格利特（Edna-Ullmann Margalit）在其著作《规范的出现》（*The Emergence of Norms*）中指出，社会规范的出现是为了将“囚徒困境”转化为猎鹿博弈，从而促进合作。在玛格利特的例子中，两名驻守关键山口的炮兵必须选择是逃离还是共同操作火炮。如果两个人都留下，尽管可能会受伤或牺牲，但他们能够设法阻止敌人前进；如果两个人都逃离，敌人将占领山口并杀死他们。若一个人留守而另一个人逃离，则留守的炮兵将在战斗中牺牲，为另一人赢得逃生的时间。这是一个典型的“囚徒困境”，因此，逃跑对于参与者来说是主导策略。考虑到逃跑将导致两名士兵死亡，并确保敌军的推进，这无疑是次优选择。乌尔曼-玛格利特还提到了第一次世界大战中德军士兵为避免此类结局而被锁在机枪旁的事例。如果将规范视为一种无形的社会机制，能否象征性地将炮手与他们的武器绑定？荣誉感和战友情谊等价值观将炮兵与其职责紧密相连，确保取得最佳战果。按照自己的价值观行事，往往被视为对个人的一种奖赏，这正体现了规范可能以此方式改变奖励机制。

这为人类历史上一个巨大谜团——大规模合作的兴起——提供了一个潜在的解决方案。在小型群体中，人们几乎无法匿名，因此规范执行起来相对容易。每个人都熟悉其他成员，即使是轻微的过失也可能会通过闲言碎语传播，并通过羞辱或疏远犯错者来纠正。然而，对于像城市这样的大规模社会实验，人们必须学会信任陌生人，尽管彼此可能永远不会有任何交流。一些学者认为，信仰全知全能、惩恶扬善的神灵取代了闲言碎语来建立这种信任。正如俗话所说，受到监督的人才是好人。人们将闲言碎语的威胁内化为良知，并自我约束以避免触怒神明。如果闲言碎语的威胁无法束缚炮手坚守阵地，也许超自然惩罚的威胁就足够了。

然而，在当今多元化的社会中，这种解决方案并不可行。

公民们信奉着各种不同的文化和宗教。在某些群体中被视为粗鲁或不道德的行为，在其他群体中却可能被接受。如今，高达15% 的美国人是不可知论者或非宗教信徒，这使“利维坦”失去了意义：民选领导人并未获得神的授权。学者们长期以来一直试图为道德问题以及如何构建社会找到一个纯粹的逻辑基础。20 世纪中叶，哲学家约翰·罗尔斯（John Rawls）开启了他的探索之路，并最终在 1971 年发表了他备受赞誉的《正义论》（*A Theory of Justice*）。在这部著作中，罗尔斯将公平视为社会建设的基石，或者说是“第一美德”。他对这一问题的思考深受博弈论的影响，他设想社会成员陷入一种类似于纳什博弈的讨价还价之中。在纳什最初的设想中，玩家们必须分配一个共享物品，比如一块蛋糕。在罗尔斯的思想实验中，公民们被锁定在一场讨价还价的仪式中以决定一个公平和充满道德的社会框架。他们只有一次机会来选择正确的方向。所有成员必须一致同意社会的治理原则。所有人都是理性的，纯粹出于自身利益。那么，参与者如何才能确保社会的利益公平地分配给涉及的每一个人呢？

罗尔斯提出的解决方案是：他们应该在“无知之幕”的背后进行讨价还价，这就是他所称的“原始立场”。这是一个纯真的状态：在公民出生之前，在他们知道自己将成为谁或拥有什么样的家庭和教养之前。在“无知之幕”的背后，没有人知道自己在社会中的位置——他们的种族、肤色、性别、财富、才华、身高、健康状况等。因此，讨价还价者有动力去建立一个不会忽视任何人的社会。罗尔斯认为，以这种方式组织的社会是公正的。在“无知之幕”背后的人们还不知道自己是否会赢得人生的彩票，因此会同意平等分享社会的利益和危害。罗尔斯的解决方案利用了偶然性这一伟大的调节机制。毕竟，没有人能控制自己的人生命运。传统社会使用骰子和抽签来做出公平的艰难决定，道德哲学家也会如此。不过，关于“无知之幕”究竟隐藏了哪些属性的哲学问题仍然是一个棘手的问题。

讨价还价者最希望得到的结果是什么？博弈论提供了几种解决方案。博弈理论家约翰·哈萨尼（John Harsanyi）一直在探讨与罗尔斯相同的问题，不过他的研究是以数学方式表达的，因此鲜为人知。罗尔斯和哈萨尼都认为，为确定一个公平的解决方案，公民应该在不知道自己将来在社会中的地位的情况下，在“无知之幕”的背后进行讨价还价，但他们对于讨价还价者应采取何种解决方案存在分歧。冯·诺依曼曾证明，在二人零和博弈中，博弈者应该追求极大化极小策略，即极大化极小收益。罗尔斯认为，这是最好的解决方案：它允许处于最不利境地的参与者尽可能地改善处境，最大化了社会利益，使处境最差的人受益最多。罗尔斯认为，这种解决方案最符合正义原则，尽管他也承认，对于他所设想的讨价还价，还存在许多可能的解决方案。

哈萨尼却认为，极大化极小策略是一种极度保守、悲观的解决方案，因为它过分关注最坏情况。假设有个名叫爱丽丝的女人，她住在纽约，很讨厌自己的工作。最近，她得到了一份心仪的工作邀约，地点在芝加哥。如果她接受了这份工作，登上飞往芝加哥的航班，那么这个航班将有极小的概率坠毁，她将因此丧命。根据极大化极小策略，爱丽丝应该留在纽约，继续干那份糟糕的工作，因为这好过最坏的情况，即接受芝加哥的工作，但在飞往芝加哥的途中死去。更合理的解决方案是：考虑到爱丽丝在飞机上丧生的概率极低，她应当去追求梦寐以求的工作。哈萨尼对讨价还价问题的这一解决方案——他称之为功利主义——来自于他开创的贝叶斯决策理论。根据这个理论，玩家的目标应该是最大化其期望效用，即为所有玩家争取最高的平均回报。玩家应该通过考虑结果的可能性来权衡结果，而不是过度关注极其罕见但可怕的后果。

1999年，比尔·克林顿总统授予罗尔斯国家人文奖章，赞扬他证明了"一个最幸运者帮助最不幸者的社会不仅是一个道德的社会，而且是一个合乎逻辑的社会"。罗尔斯提出了一个摒除了所有感性因素的论点，即社会财富应尽可能均匀地分配。遗憾的是，尽管他的观点在理论上被接受，但在实践中却未被采纳。另一种可能的讨价还价方案是大中取大，即最大化最富有玩家的利益。这通常被称为"一厢情愿"方案。虽然这个讨价还价方案不够理性，但如果玩家相信自己可能会被分配到特权手牌，他们仍可能选择这种方案。讨价还价者只能寄希望于它能以涓滴效应的方式帮助弱势群体，但谁也不能保证一定会发生。这正是"涓滴效应""大中取大"经济政策的结果，几十年来，这些政策一直是保守派政治家的明确使命。尽管这些政策只会加剧贫富不均，但许多选民似乎仍然深信不疑，甚至不顾自身利益投票给支持这些政策的政客。

罗尔斯和哈萨尼的正义理论还有另一个问题，即其不可能性。在人类文明的早期，我们的祖先从未就公平的集体定义进行过讨论；再者，“无知之幕”也无法让我们了解如何改善当前社会根深蒂固的不公正问题。数学家肯·宾默尔认为，“原始立场”之所以如此令人信服，是因为它描述了我们与生俱来的公平感，但却未能对其进行解释。因此，在试图理解价值的起源时，我们不能假定某种价值的存在。宾默尔等人转而利用重复博弈来模拟公平概念可能是如何随着时间的推移而自然产生的。

在20世纪50年代，博弈论学者发现，某些重复博弈可以支持无限多的稳定均衡策略。这被称为民间定理，因为这一发现显而易见，甚至没人费心去正式发表它。假设两个玩家必须决定如何瓜分一块巧克力蛋糕，没有讨价还价，他们各自决定想要的百分比，写在纸上，然后将折叠好的纸递给裁判。如果数字之和超过100%，两个玩家都输了，裁判会得到蛋糕；如果不到100%，玩家会得到想要的部分，剩下的蛋糕就会被浪费掉。在重复试验中，玩家会找到一个稳定的均衡。对半分蛋糕似乎是个自然而然的解决方案，但按三分之一和三分之二这个比例或四分之一和二分之一这个比例也都可以。分配方案无穷无尽，只要不超过蛋糕总量，任何策略都是可行的。这就是民间定理：它概括了哪些解决方案是可行的。玩家是否贪婪并不重要，只要他们能找到与之匹配的适度玩家。采取不同策略的玩家可以混合搭配，和谐共存。不过，对半分蛋糕这一公平的解决方案是最有效的。

为了理解这一点，哲学家布赖恩·斯科姆斯（Brian

Skyrms）设想，为简单起见，这个巧克力蛋糕游戏中的玩家只能采取三种讨价还价策略之一：要求一半（公平玩家）、要求三分之一（谦虚型玩家）或要求三分之二（贪婪型玩家）。尽管谦虚型玩家和贪婪型玩家的组合构成了一个稳定的均衡，但这种策略效率低下。当两个贪婪的人相遇时，他们都得不到蛋糕；当两个谦虚的人相遇时，他们会浪费三分之一的蛋糕。而公平策略是最有效率的策略，浪费最少，最适合这个群体。斯科姆斯对这种重复博弈进行了模拟，以不同比例初始化了这三种策略的群体。随着多代的演变，玩家群体逐渐趋向于选择公平策略，因为这种策略浪费的蛋糕最少。公平可以被视为一种启发式指导原则，它可以帮助人们在无限多的可行策略中选择对大多数玩家有利的策略。换言之，道德就是明智的策略。

正因为公平的解决方案是一种稳定的平衡，所以我们无须创造宗教义务或利维坦等概念来稳固社会契约。宾默尔将这比喻为使用正确的基元（即最基本的元素）来建模海洋。我们可以想象将海洋建模为受到某种力量束缚的水分子，在适当的条件下，模型中应该会出现波浪，但波浪不应被列为基元。换言之，波浪不应该是模型的输入（它们并非水的固有属性），而应该作为一种自然效应出现。同样，公平也是在重复博弈中产生的，但并非预设的基元。

民间定理的深刻见解在于，重复博弈原则上可能有无限多的解决方案，这与人类社会结构的巨大多样性完美契合。人类社会的结构并不单一，这打破了“单一原始状态”的神话。我们并不受僵化的生物本能所拘束。达尔文曾在他的笔记本上写下了这样一句名言："一个了解狒狒的人，对形而上学的贡献会超过洛克。"但宾默尔反驳道："我们的确是赤身裸体的猿猴，但这并不意味着了解人类餐桌礼仪的方法就是观察狒狒用餐。"

我们渴望公平的天性支撑着一种普遍的道德规范，或者正如罗尔斯所说，是"一种道德几何"。这种对公平的热爱并非源于古老的交易，而可能是在进化过程中被潜移默化地灌输给我们的。就连其他哺乳动物和鸟类也都珍视公平。实验室研究表明，猕猴在拿到黄瓜等低价值食物奖励后，如果看到同伴得到水果作为奖励，它们就会将黄瓜丢弃。公平是一种内在的价值观。宾默尔写道："传统主义者对这一推测怀有强烈敌意，他们认为在我们的基因中除了自然的野蛮，什么都没有，只有猩牙血爪。"然而，民间定理表明，个体在采取高效、合作策略时并不存在障碍。在许多以觅食为基础的社会中，人们平等分享高价值的食物（如肉类）——不论是谁捕猎到的，这源于猎人们在早上出发时并不知道谁会带回最好食物的原始立场。人们并非盲目地追求个人利益最大化，而将公平视为阻碍社会效率提升的遥不可及的美德。它并非人们孜孜以求的某种虚幻的品质，而是我们性格中固有的、对集体福祉至关重要的特质。

模型的价值绝不应仅停留在表面——《模拟医疗》就在其前提中隐藏了党派价值观。一旦脱离游戏世界，游戏的结果便毫无意义。然而，博弈论仍然能够辅助我们推论可能的社会契约空间，并明晰可能性的边界，即对于一个动态系统来说，什么是可行的，什么是不可行的。博弈论提供的解决方案与人性相符，或者更准确地说，与自利主体的本性相契合。自从亚当·斯密首次将自私重新诠释为一种美德以来，经济学家便将其视为推动生产和发明的主要动力。然而，自私并非人性的唯一特征，我们不能只关注自私而忽视其他方面。一个人大致可视作一个追求最大化效用的主体，致力于满足自身的各种偏好。然而，我们不能忽视这样一个事实：这些偏好通常包括公平和平等主义。

现代思想家重新审视了柏拉图的愿景，即游戏可以教导玩家如何提升自我，成为更好的公民。在1978年出版的《蚱蜢：游戏、生命与乌托邦》（*The Grasshopper: Games*, *Life and Utopia*）一书中，哲学家伯纳德·舒茨（Bernard Suits）认为，如果人类有朝一日实现了乌托邦，满足了自己的所有需求，那么游戏将成为人类的主要追求。在过去的几十年里，游戏设计师们更深入地探索了这一观点。游戏不仅仅是乌托邦的官方消遣方式，更将助力我们迈向乌托邦。游戏化将改变现代生活的单调乏味：健身应用软件承诺轻松获得完美身材；多邻国宣称语言学习轻而易举；管理应用软件使最懒惰的人也能轻松处理待办事项。它们承诺，游戏是一种完善身心的技术。最终，办公室工作将变身为有趣的活动，教育将变得轻而易举，即使是最枯燥的任务也会变得愉快。

显然，这种情况尚未出现。虽然游戏化可以使日常任务变得更有趣，但是，正如游戏设计师阿德里安·霍恩（Adrian Hon）所说，游戏化并不能奇迹般地让所有任务变得愉快。原则上，游戏化是一个绝妙的理念：利用人类天生的游戏本能来提升生活质量。然而，在实际应用中，这一概念却被企业领袖和商业利益绑架，被应用于最无趣的方式上。首先，大多数公司在其系统中添加的机制实际上并不吸引人。许多机制最初的设计目的是为了增加游戏的成瘾性，而非愉悦性，旨在让玩家沉迷于游戏平台。这些机制被优化以牺牲玩家的时间、金钱和注意力。这些被专家称为“黑暗设计”的机制通常鼓励上瘾行为。一些游戏，如《魔兽世界》（*World of Warcraft*），是永无止境的，无论何时何地，只要登录游戏，总有引人入胜的内容等待玩家。人类天生喜爱赌博，这启发了“战利品箱”的设计，玩家购买了“战利品箱”，便有机会获得游戏中的稀有物品。其他游戏机制则满足玩家在排行榜上的名次上升、取得成就或收藏的愿望。玩家可能会花费大量时间去收集游戏中人为制造的稀缺物品，甚至愿意支付高昂的费用以跳过这一烦琐的过程：在 2023 年，《反恐精英 2》（*Counter- Strike 2*）中的一款武器皮肤售价超过 40 万美元。

游戏化的机制不仅仅是对物质的榨取：有些机制会利用人类对目标和联系的深层需求。游戏设计师简·麦戈尼格尔（Jane McGonigal）赞美了游戏的优点：她认为，游戏与生活不同，能给玩家带来明确的目标感和成就感。游戏之所以令人愉悦，是因为它能让玩家感受到自己的价值。这也是游戏如此狡诈的原因。许多电子游戏的设计让玩家误以为自己的技能在不断提高，但实际上他们只是在游戏过程中获得了更好的装备。游戏为玩家提供了明确的任务，以及比在工作或家庭生活中更容易获得的成就感。但是，这些模拟的成就感也会伤害玩家，他们可能会煞费苦心地打理虚拟农场，却忽视了自己在真实世界中的责任。

社交联系也是如此。社会地位是心理健康的一个重要组成部分，而游戏的设计往往是为了提升玩家的自我价值感。玩家被塑造成游戏中的英雄、最富有的矿工或村里的情场浪子等角色。游戏可以成为患有社交焦虑症或在现实世界人际关系中遇到困难的玩家的避难所，使其更容易沉迷其中。据报道，在感到孤独和有心理困扰的玩家之中，问题玩家的比例最高，但目前尚不清楚这究竟是游戏成瘾的原因还是结果。大多数游戏玩家都是通过游戏建立社交圈子的，然而不能忽视的是，越来越多游戏的设计利用了玩家的孤独感。对于因沉迷游戏而损害生活和人际关系的问题玩家，康复机构要收取数万美元的费用。

游戏化对互联网平台的设计产生了深远影响，它塑造了一个数字化的公共广场。社交网络运用点赞、转发和虚拟货币等机制，将发布内容变成一场得分游戏，这种模式已经对许多在线论坛产生了毒害作用。不仅如此，游戏化还可作为一种控制手段：在某些国家的一些城市里，市民的信誉被评分，日常选择受到奖惩制度的引导。当人们的行为被操纵以服务于企业和政府利益时，道德决策的责任究竟应该由谁来承担？

工作场所的游戏化尤为隐蔽，其基本理念是：通过巧妙的设计，让原本乏味的工作任务变得有趣。实质上，这相当于重新调整人们的实际偏好，使其与雇主的需求保持一致，然后利用员工的奖励机制和内在动机悄悄地灌输企业利益。换句话说，游戏化用企业的需求替代了员工的真实需求。这已经对工人造成了伤害。亚马逊仓库员工和优步司机在使用游戏化工作平台时，会被诱导多搬一个包裹，多接一个乘客。这与工人健康问题的加剧和事故率的上升有着直接的关系：工人的工作强度过大，工作时间过长，这可能不仅对工人自身有害，还可能影响到他们服务的对象。任何需要与人打交道的工作者——医护人员、人力资源代表、社会服务工作者——都可能被迫非人化地对待他们的客户。游戏化的军事行动使士兵与真实的战争相脱节。同样，游戏化的工作环境也可能在游戏的光鲜外表之下，诱导工人做出道德上模棱两可的行为。

然而，对游戏化的评价或许过于乐观了；它的发展或许已经达到了瓶颈。许多容易被游戏化的工作往往更适合自动化以获取更高利润。任何可以以某种方式进行评分和优化的技能都有可能被机器替代。长期以来，人工智能的倡导者一直承诺，人工智能将引领人们进入一个后工作社会，在那里，人们可以选择以自己喜欢的方式打发时间。游戏化的预言者则提出了更为缓和的观点：人们依然会工作，但会乐在其中。然而，随着生成式模型的出现，我们开始看到一种截然不同的形势。机器人专家汉斯·莫拉维克（Hans Moravec）观察到，研究人员最初认为难以自动化的技能（如下棋），实际上比起“机械”技能（如走路）更容易工程化。近年来，生成式模型在实现艺术和写作自动化方面取得了进展，但实现体力劳动的自动化还需要数年时间。人们曾经期待机器人能承担日常繁重工作，让人类专注于创造艺术和诗歌，但现实却恰恰相反。

这种将一切事物游戏化的现象也带来了一个问题，即人们可能会被卷入一些他们并不愿意参与的“游戏”，无论是在个人层面还是社会层面。我们在许多领域都可以看到类似的情况。无辜的银行存款人为银行家的风险买单；零售投资者被华尔街金融巨头操控，后者认为市场是零和博弈，并以其行为证实了这一点。欺诈者用冷酷无情的逻辑为自己的恶行辩护：“别怪玩家，怪游戏。”如果我们明确地将社会和金融系统比作游戏，那么必须确保所有社会成员都是自愿参与的，并且每个人都有机会获胜。

舒茨突出了游戏的一个关键特征：玩家在追求目标时愿意接受限制。要想轻松“解决”一场高尔夫比赛，参赛者只需走到球洞旁并将球扔进去即可，但那就不是游戏了——真正的游戏目标必须通过遵守规则和界限才能公平实现。哲学家阮氏将游戏定义为“行为力的艺术”，强调玩家在玩游戏时同意对自己的行为施加一些限制。游戏规定了我们拥有的能力和应当追求的目标。因此，最初研究游戏的目的就是为了建立对于行为力的新理解基础，即世界中的行动者如何做出选择。然而，博弈论对于行为力的解释相对较为贫乏，因为其中的玩家注定要不断追求自身利益最大化。他们的选择早已潜藏在游戏结构中。但实际上，个人对某种结果的偏好并不意味着他们会不惜一切代价争取这一结果，或者愿意承受所有的连带后果。在做出决定之前，我们通常并不清楚其后果。我们的偏好并非预先形成，而是通过经验、学习和道德反思而逐渐形成的。

如果我们希望建立一门关于行为力的科学，那么一个至关重要的基础框架便是：选择是自由做出的，而非不可避免。加勒特·哈丁曾借博弈论将强制绝育描述为冰冷逻辑的必然结果；军事战略家们也利用博弈论来论证军备竞赛中的不可避免性，从而导致核武器扩散。许多企业高管在谈及人工智能时似乎别无选择，只能继续推进其开发。他们认为，发展人工智能的竞赛是不可避免的，也是我们这个时代最大的道德失败，因为这可能导致人类灭绝。高管们没有求助于道德推理，而是将责任推卸给他们的博弈论世界模型。具有讽刺意味的是，他们所强调的危险——如果一个负责制造回形针的模型把整个宇宙都变成回形针怎么办——正是模型不懈追求最大化的直接结果。人工智能末日论者大肆宣扬将最大化植入我们的模型中的危险性，却对将最大化作为商业战略的危险性视而不见。当今的资本主义唯一关注的就是提升股东价值，这其中已经蕴含着短视的利益最大化的危险。

游戏本身依然是理解人类选择和行为力的重要领域。游戏赋予玩家掌控感，这是至关重要的优点。行为力在心理健康中常常被严重忽视。即便是微小的行为力障碍——如鼠标卡住——都可能引发强烈的愤怒。身体自主权的丧失——比如意外导致的瘫痪——更是可能带来毁灭性后果。悲剧和喜剧均源自角色采取的手段与其抱负不符合时的行为力和愿景的不匹配，而游戏则为许多玩家提供了一种能力和掌控感，并且可能具有巨大的治愈效果。一个受欺负的孩子可能因为成为游戏中的弓箭高手而感到自豪，然而，这并不能改变他被欺负的现实；同样，游戏可能越来越多地被用来安抚社会中对自由的滥用，成为一种逃避现实的领域。在自由逐渐受到侵蚀的时代

（如监控系统、社会流动性降低、警察军事化），游戏可能成为弱化了的行为力的麻醉剂。在未来的乌托邦的愿景中，游戏很可能成为我们的主要消遣方式，但也同样容易成为调和反乌托邦的工具。虚拟世界可能为玩家提供了模拟稀缺现实商品的可能性，如社会地位，而玩家在真实世界中的自由和物质福祉则可能会减少。现实被游戏——比如元宇宙、工作游戏化、社交媒体——帝国化的程度越高，我们就越容易受到这些模拟品的影响。

也许游戏最大的潜力在于成为一种共情技术。游戏加强了社会联系。许多在童年时期被剥夺了游戏机会的哺乳动物，成年后往往会出现情感问题，并在人际关系上遭遇失败。作为人类社会中的一种普遍现象，游戏可能已经成为建立彼此心理模型的框架。游戏在教导人们如何理解他人方面具有优势，正因如此，游戏才得以代代传承和发展。玩家必须了解其他玩家的信念和偏好，才能确保自己获得最佳结果，这就是所谓的心智理论：模拟他人的心理状态（包括情感、欲望、信念和知识）的能力。玩摔跤可以说是为了帮助动物熟悉在日常经验之外罕见的眩晕状态，从而帮助它们更好地理解自己的身体；同样，玩游戏的人也会在想象中拥有新的心态和角色，从而更深入地了解自己。游戏是安全的社会实验：是理解我们的对手、尝试新身份和测试我们与他人关系的工具。

游戏还有助于培养玩家对其他玩家的同理心。视频游戏《萨拉姆》（*Salaam*）让玩家扮演逃离冲突的难民，让他们能够身临其境地体验角色的艰难，仿佛亲身经历一般。相较于书籍或电影叙事，游戏的沉浸感更强：玩家与读者不同，他们在描述游戏角色经历时经常使用“我”。这一点得到了一定的科学支持。威斯康星大学的研究人员设计了一款旨在培养初中生同理心的游戏。在连续两周每天参与游戏之后，一些玩家的大脑发生了显著变化，特别是在已知与同理心相关的区域。虽然并非所有玩家都表现出这些效果，但那些展现这种影响的玩家在试验结束后的同理心和情绪调节测试中取得了更高的分数。

当然，心智理论不仅能激发同理心，也是操纵他人所必需的。在爱伦·坡（Allan Poe）的小说《失窃的信》（*The Purloined Letter*）中，警方请求一位大侦探帮助找回一封被用来勒索女王的信。他们已经彻底搜查了主要嫌疑人的住所，但一无所获。大侦探成功地找到了那封信，原来它一直就放在明处。警方之所以没找到，是因为他们预判信件会被精心隐藏起来。犯罪嫌疑人正是料到了这一点，才故意将信放在明处。为了阐明自己的推理过程，大侦探讲了一个故事：一个具有惊人心理洞察力的孩子通过对朋友们建立心理模型，在“奇偶数”手势游戏中利用这些模型预测他们的猜测，从而赚取了一大笔钱。

尽管如此，普通人仍比权谋政治家更具同理心。游戏有助于玩家更清晰地了解彼此的内心，可谓道德的必要基础。罗尔斯的“无知之幕”鼓励人们设身处地为他人着想；同样，当我们拓展自我的边界时，博弈论的自私最大化原则也会呈现出不同的色彩。100年前，阿尔萨斯的医生兼神学家阿尔贝特·史怀哲（Albert Schweitzer）对世界的现状感到忧心忡忡。他在加蓬开设了一家医院，从事他长久以来梦寐以求的救助工作。然而，他发现自己并不满足，并且被怀疑困扰。他一直批判文明的概念：他曾目睹了他的“文明的”同胞在非洲造成的破坏。但撇开种族主义和殖民主义的内涵，文明到底意味着什么？什么才是真正的文明？它的顶峰是什么？是否存在一种普遍的伦理基础来支撑一个公正的社会？史怀哲沉迷于这些问题，在笔记本上记录了杂乱无章的想法，然而数月的思考并未有所进展。一天傍晚，当他在前往医院的船上、即将结束数周的航行时，夕阳缓缓下沉，河马群在夕阳下悠闲地活动，他突然想到了四个字：敬畏生命。这正是他期待的能将道德具体化的原则。这四个字后来为史怀哲赢得了诺贝尔和平奖。

对生命的敬畏，与我们珍视自我存在一般无二。每个生物对于自身而言，都是无可替代的宝贵存在。史怀哲揭示了生命的自私性，主张我们应该尊敬生命，而非憎恶生命。他在自传中写道：“我，一个渴望生存的生命，与所有同样渴望生存的生灵并肩。”受到耆那教非暴力哲学的影响，他产生了“伦理学无界限”的重大发现。他也可能受到非洲哲学的启发，这一哲学在班图语系中有多种称呼，但最为人熟知的是“乌班图”（Ubuntu）：“我因为我们而存在”。这一哲学认识到我们共同的自私性，消解了不同主体之间的界限。我们每个人都深知自己活着的事实，体内那股驱使着我们持续生存的力量，正是将我们与从海带到红隼的所有生物紧密相连的纽带。这便是罗尔斯的原初立场所强调的，它适用于万物生灵，是黄金法则在生命实践中的生动体现。人类是人类的良知守护者，而生命则是所有生命的良知所在。我们中最脆弱群体的生存状况，直接映射出我们的道德水准。当我们真正认识到我们作为生命共同体的身份，渴望共存共荣时，道德行为便会自然而然地产生。我们的责任就是清晰地认识到这一点，将自我身份的认知拓展至更广阔的领域——所有人，所有生命。

第十四章　机制设计：打造人人皆赢的游戏

你们并非为自我而活，也无法为自我而活；你们与同伴之间有千丝万缕的联系，你们的行动会沿着这些联系，如同沿着共鸣的弦线，作为因传递出去，最终又会以果的形式回归于你们。

——亨利・梅尔维尔（Henry Melvill）

1983 年，美国食品药品监督管理局（FDA）批准了环孢素作为器官移植患者的免疫抑制剂。一瞬间，一些曾经只属于科幻小说范畴的医疗手段，对于成千上万的危重病人来说，变成了现实。唯一缺少的就是器官本身。巴里·雅各布斯（Barry Jacobs）医生在观看一则报道数千名孟加拉人死亡的新闻时萌生了一个想法。他感到震惊的不是他们失去器官的悲惨遭遇，而是“那些躺在那里未被利用的器官”的浪费。对资本主义的忠诚使雅各布斯背弃了他的希波克拉底誓言：他因开具虚假处方而入狱，前不久刚刚出狱。他失去了行医执照，但决定重新利用自己的临床专业知识，成为一名自封的器官经纪人。

雅各布斯开创了一个营利性的市场，将器官捐赠者（主要来自发展中国家）与需要器官的富有病患进行匹配。他告诉记者，他的公司会从“美国公民和第三世界的贫困人群”中获取器官。“这完全是出于他们的自由选择。我们会确保签署适当的书面知情同意书，并且，因为许多潜在的捐献者不识字，所以知情同意的会谈将会被录音。”他还提到，公司会负责捐献者飞往美国医疗中心的机票费用，并从最终的销售价格中抽取一定比例的利润。他甚至计划利用医疗保险来支付摘取器官的手术费用。“这是一门潜在的暴利生意。如果富人想要，他们就不得不出钱。如果穷人想要，他们也不得不出钱。”

仿佛一夜之间，这个新兴的市场便崭露头角。企业发展速度超越政府监管的例子并不少见，但雅各布斯的商业操作却激起了公众的广泛不满，促使美国国会罕见地迅速采取行动。1984 年，参议员阿尔·戈尔（Al Gore）提出立法，明文禁止以盈利为目的的人体器官出售，并成立了一个私人非营利组织，负责将需要器官的病人和愿意捐赠的人进行匹配。值得一提的是，到了 2000 年，雅各布斯因掐死妻子被判有罪，并因此入狱服刑 15 年，这一事件再次将他推到了美国新闻的风口浪尖。

与美国分散的医疗保健系统相似，早期美国的器官配型流程也是混乱而无序的。医院之间缺乏共享病人与捐献者数据库的积极性，这导致许多已故捐献者的器官因无法及时寻得合适的受体而被白白浪费。更为遗憾的是，大量的潜在活体捐献者被拒之门外，无法完成捐献。通常情况下，需要器官移植的病人的亲友都愿意捐献器官，但他们往往因免疫不匹配而无法成为捐献者。不过，偶尔也会有幸运的巧合，比如蒂亚·温布什（Tia Wimbush）和苏珊·埃利斯（Susan Ellis）的故事。她们在洗手间的偶然交谈中得知，彼此的丈夫都急需肾脏移植。她们各自都不是自己丈夫的配型，但恰巧却是对方配偶的配型。这种巧合虽然千载难逢，但最终促成了一次成功的器官交换。尽管市场通常基于金钱交易进行组织，但这种做法在器官交易中并不合法。当然，人们捐献器官的动力依然存在——他们愿意为自己深爱的人做出牺牲，只是一个合适、有序的市场尚未形成。数学家们很快就会解决这个问题。

棋盘游戏设计大师倪睿南（Reiner Knizia）断言，设计新游戏时，计分系统是最为关键的一环。毕竟，是分数引领着玩家的每一步行动。同样，在博弈论的一个子领域——“机制设计”或“反向博弈论”中，数学家们精心设计出能够激发玩家特定行为的制度规则。2003 年，博弈理论家埃尔文·罗斯（Alvin Roth）、泰芬·索梅兹（Tayfun Sönmez）和乌特库·乌恩沃尔（Utku Ünver）联手打造了一个“肾脏清算中心”。他们构建了一个数学框架，通过这个框架，捐赠者可以有效地与相匹配的接受者进行配对，有时这种匹配甚至涉及复杂的菊花链式互惠交换。只要有了恰当的激励机制，比如为需要援助的亲人赢得一个肾脏，人们就会愿意向陌生人捐献自己的肾脏。这些博弈理论家将他们的提案付诸实践，与 14 家地区医疗中心携手，共同建立了新英格兰肾脏交换计划（The New England Program for Kidney Exchange）。该计划以及国家肾脏登记计划（The National Kidney Registry）等其他相关工作，极大地优化了移植配型流程，使“患者—捐赠者”链条上的参与者数量多达 70 名。特别是在医务工作者设计出更为高效的器官运输系统、将全国的捐献者和患者连接起来之后，配型过程更是不断地得到完善。

奥斯卡·摩根斯坦期望博弈论能为经济学家提供一种更具表现力的数学语言，使他们不仅能够描述现有制度，更能主动创造新的制度。过去，经济学家们只能像天文学家观测星空一样，静静地观察大自然为他们进行的实验。但博弈论可以帮助他们思考，推理出所有可能的游戏规则可能产生哪些假设性制度。他们甚至可以推理出全新的系统，这些系统拥有全新的规则和玩家动态。更进一步地，经济学家们可以理性地构建新的社会结构，更好地体现人类的共同价值观。

摩根斯坦所言非虚：机制设计这一子领域已经深刻地改变了经济学的性质。在传统博弈论中，数学家们依据博弈规则来预测参与者的均衡行为，但在机制设计的世界里，经济学家们从期望的行为出发，制定出能引导这种行为的规则。与博弈论相同，机制设计也建立在玩家都是利己主义者的前提之上。正是这种利己性，使得他们的行为变得可预测。我们的目标是设计出这样的博弈或机制：即使玩家的行为出于自私，但最终产生的结果却是整体所期望的，例如，能够为急需肾脏的病人提供援助，而不是剥削贫困人口。

在 20 世纪 60 年代，利奥尼德・赫维茨（Leonid Hurwicz）为机制设计奠定了基础。虽然他的观点最初遭到忽视，但随着时间的推移，其重要性日益凸显。终于，在 2007 年，他与博弈论同行埃里克・马斯金（Eric Maskin）和罗杰・迈尔森（Roger Myerson）联手获得了诺贝尔奖。赫维茨的灵感，其实源于经济学家们对中央计划经济的社会主义与自由市场的资本主义之间优劣的长期争论。哪种体制更擅长在社会成员之间分配资源？自 1920 年（俄国社会主义革命后的第三年）起，经济学家路德维希・冯・米塞斯（Ludwig von Mises）就将资源分配的问题归结为计算问题。构成经济体的个体如何找到有效均衡？米塞斯指出，这是一个错综复杂的问题，很难解决。中央计划者仿佛在黑暗中摸索。相较之下，自由市场则像是一台超越个人的计算器，通过参与经济的各个独立个体的选择，实现分布式计算。

1945 年，经济学家弗里德里希·哈耶克在一篇文章中进一步阐述了这一观点，正式提出了信息在经济学中的新角色。他指出，每个人都清楚自己的需求和动机，这些信息在个体间流通，并最终汇聚到集体决策中得到处理。以拍卖为例，每次出价都可以视为一条信息。竞价迅速进行，为不同行为人对同一物品的估价提供了信息。当出价停止或新信息不再出现时，计算也随之终止。每个出价者都有自己私人的出价逻辑——也许这件物品是他们新发明的关键成分，也许他们认为这会引发一股新的时尚潮流。这些详细信息对中央计划者来说是不可见的。因此，他们无法为物品设定一个正确的价格。

哈耶克主张，由于信息散布在每个人之间，并非对所有人都一目了然，因此中央计划经济难以运作。赫维茨则进一步深化了此分析，他强调信息的构成至关重要，而中央计划者可能无法获取组织市场所必需的信息。然而，自由市场也存在一个显著的弊端：常常缺乏公平性。市场参与者可能会通过欺诈、隐瞒信息或违规操作来使自己处于更有利地位——他们通常没有足够的动机去坦诚相待。在许多游戏中，玩家因隐瞒自己所知和所求而获得奖励。比如，老练的扑克玩家会虚张声势以掩饰自己手中有烂牌；《卡坦岛拓荒者》的玩家则会隐藏实力，囤积发展卡，直到游戏后期才突然出击以避免遭受攻击。赫维茨、马斯金和迈尔森共同开发出数学工具，用以评估游戏中的不诚信行为造成的影响，并利用这些工具设计出新的游戏，在这些游戏中，诚实成了每个人取得好成绩的关键。

赫维茨引入了“激励相容性”的概念。他提出，系统应与人类的自身利益相契合，而非相悖，同时，系统的设计也应采取能够带来社会福祉的方式。让一个孩子负责切蛋糕，而另一个孩子优先选择自己的蛋糕份额，这便是激励相容机制的一个经典例子。这种方法巧妙地利用了孩子们对蛋糕的自私心理，从而实现尽可能公平的分配。中央计划经济则无法与个体固有的自身利益相协调：人们的动机始终是利益驱动。但赫维茨指出，自由市场并不总是能引导良好的行为，也不一定会带来公平或有利于社会的结果。机制设计则有助于构建同时满足个体利益和社会利益双重要求的系统。然而，这种方法仍面临两大障碍：一是玩家不一定遵守规则，二是游戏设计者本身也未必可信。

众所周知，玩家们常常会通过钻游戏规则的空子或破坏规则来捞取好处。以 eBay 拍卖为例。在 eBay 上，出价对买家而言是必不可少的环节。不过，竞价可是个让人头疼的事情，因为它容易暴露买家的购买欲望。新用户很快就会学会掩盖自己的真实兴趣，总是在拍卖的最后一刻才出价。他们希望，在拍卖临近结束时，自己的出价能悄无声息地超过当前最高价，从而轻松斩获拍品，也避免了竞价战的白热化。为了更好地应对这种情况，竞拍者们得学会在拍卖的最后关头紧盯拍卖动态，以便及时出手狙击。有些小公司甚至专门开发了自动狙击出价的软件，为那些不能时刻监视拍卖的客户提供便利。eBay 上的用户还可以通过其他方式操纵信息。由于网站内置了信誉评价系统，有些得标者就会拿差评来威胁卖家降价。买家们甚至会向其他竞拍者或卖家发送消息，用各种借口迫使对方让步，比如说：“这是给我病重的奶奶的。”“这是给我生病的孩子买的。”这些行为实质上就是将信息作为武器来使用。在游戏中，玩家们总是想方设法地隐藏自己的真实意图，因为信息本身就是一种宝贵的“货币”。正因如此，设计游戏机制的人就得想办法让游戏能够奖励玩家保持诚实。

亚当·斯密早就认识到了设计新系统的难度。毕竟，每个人都会根据自己的利益行事，而不是按照社会设计者的期望去做。他写道：

> 在人类社会这个错综复杂的棋盘上，每个棋子都按照自己的行动原则移动，而这些原则往往与立法者所设定的规范大相径庭。当这两者的原则不谋而合、共同朝着一个方向努力时，人类社会的运作就如同顺滑的棋局，和谐而轻松，人们也更有可能拥抱幸福并走向成功。然而，一旦这两个原则背道而驰，游戏就会进行得很痛苦，社会也将陷入无尽的混乱与挣扎之中。

传统博弈理论家认为博弈的规则是固定不变的，同时他们假设每个参与者都只会采取合规的棋步。然而，赫维茨曾提出一种不同的观点：“存在一种更真实的博弈，它就像现实生活一样，人们在其中采取的策略和行动，有时会包含非法收益。所以，在制定游戏规则时，你必须预见到玩家可能会尝试作弊。”

这意味着，游戏设计者必须仔细考虑玩家可能会如何偏离游戏规则来谋取私利，并据此制定出更为周全的规则。毕竟，大多数玩家都不愿参与那些奖励作弊行为的游戏。

遗憾的是，预测玩家会如何作弊绝非易事。1897 年 5 月 13 日，伽利尔摩·马可尼（Guglielmo Marconi）发出了世界上首条无线电信息，这一创举瞬间将频率空间的“以太”转变为具体的公共产品。无线电与互联网相似，是一种能够紧密连接远方陌生人的令人兴奋的媒介。然而，它既拥挤，又缺乏监管——军方、新闻播音员、商业组织和个人都争相采用这一新兴技术。1912 年泰坦尼克号沉船的部分原因便归咎于无线电的广泛普及。当时，泰坦尼克号在纽芬兰发出的求救信号引来了大量业余无线电爱好者的回应，这反而阻碍了救援工作的及时开展。这些业余爱好者淹没了所有频率，散播谣言。由于当时尚未设立专门的应急广播频段，泰坦尼克号的求救信号淹没在了各种无根据猜测的噪声之中。美国海军军官克莱兰·戴维斯（Cleland Davis）曾力主政府介入，并发出过这样的警告：“海上遇险船只的求救信号，不是被忽视，就是淹没在‘以太’的混乱里。”1912 年，美国政府承担起将部分频谱划分给负责任的广播公司的责任，同时为军事用途和紧急信号预留了频段。但到了 20 世纪 80 年代，许可证制度变得不堪重负，联邦通信委员会不得不采用随机抽签的方式来分配资源。投机者纷纷申请宽带许可证，通过偶尔向通信公司出租令人垂涎的空域来获取暴利。由此，整个系统再次陷入了混乱。

20 世纪 90 年代初，在里根经济学落幕之后，新上任的克林顿接手的是历史上最高水平的债务。政府官员们四处寻觅变革的可能，期望能在不增税的前提下增加政府收入。当时，手机正在快速普及，政府本可以向相关公司收取费用，却一直在无偿地赠送珍贵的电波资源。早在1951年，法律学者莱奥·赫泽尔（Leo Herzel）就曾提出，政府应通过租赁电波来筹集资金，尽管当时的技术条件尚不成熟。然而，电波的分配是一个极其复杂的问题：无论是国际大公司还是地方企业，都需要在全国各地争夺离散的频谱块。为了解决这个问题，太平洋贝尔电话公司特邀经济学家罗伯特·威尔逊（Robert Wilson）和保罗·米尔格罗姆（Paul Milgrom）为政府新分配系统的设计提供咨询。米尔格罗姆和威尔逊别出心裁地提出，将频谱分配过程设计成一场游戏。

游戏的组织者面临着一个棘手的问题：如何在不了解某物品价值的情况下为其定价？威尔逊和米尔格罗姆提出的解决方案是，通过匿名投标的方式，同时拍卖所有许可证。想要获得某块频谱的玩家需要在连续的回合中自行决定他们愿意支付的价格。新生的互联网使这一设计成为可能。买家们可以在网上匿名地、连续地出价。每一轮竞标结束后，所有出价都会公开，这样竞标者就可以根据公开信息调整自己的出价或重新考虑竞标的频段。当无人再出价时，某个许可证的拍卖就会结束，这个过程有时会持续几个月之久。

自1994年首次匿名投标以来，频谱拍卖已经为美国财政部贡献了超过2000亿美元的收益。威尔逊和米尔格罗姆凭借出色的拍卖设计，荣获了2020年诺贝尔奖，而这种拍卖模式也为世界各国政府带来了可观的收入。尽管这些拍卖常被赞誉为博弈论与现实结合的典范，但数学家阿里尔·鲁宾斯坦却对此嗤之以鼻。他反驳道："据我所知，他们的建议基于基本直觉和人类行为模拟，而非博弈论的复杂模型。"决定这些拍卖的，实际上是常识和微积分的共同作用。

然而，另一些人持不同观点，他们认为，我们不应该仅仅基于实际效益来称赞这些拍卖。理论上，拍卖的匿名性能够防止竞拍者串通或私下安排。但实际情况又如何呢？拍卖结束后，学者们发现他们的成果中存在严重的不规律性。例如，公司依然想方设法地通过竞价本身来彰显自己，并且传达其利益信号。它们会在并不真正感兴趣的领域报复性地提高出价，以此来惩罚竞标对手。得克萨斯州的通信公司 Mercury PCS 用出价金额的最后三位数字表示他们最想要的许可区号，以此示意竞争对手退让。显然，各家公司在争夺许可证时都会避开 AT&T，因为 AT&T 以报复闻名。AT&T 想要的许可证，往往无人与其竞拍。尽管难以明确证明存在串通行为，但那些使用示意战术的竞标者，其花费确实比其他竞标者少了约 40%。这导致联邦通信委员会损失了数十亿美元，这些钱被企业利用，将信息作为武器来使用。由此可见，尽管机制设计旨在应对赫维茨所说的"真正的博弈"，但并不总能预测玩家如何违反规则。

频谱拍卖的设计者们后来对拍卖机制进行了一些改革，旨在减少竞标者串通的可能性，但系统还存在其他缺陷。拍卖的最终成果是否超出或未达到筹资预期，往往取决于人们选择何种预测作为参照。有专家满怀激情地预测，空中电波市场将能筹集高达 50000 亿美元的资金，而另一些专家则认为仅能筹集到几十亿美元。然而，美国国会的目标不仅是筹集资金，更期望在小型企业中实现频谱所有权的多样化。以此标准衡量，这些拍卖显然是失败的，因为它们只是进一步巩固了少数大公司的权势。例如，在 2014 年的拍卖中，高达 94% 的许可证被三家巨头——AT&T、Dish Network 和 Verizon——收入囊中。经济学家伊莱·诺姆（Eli Noam）一针见血地指出，这主要是因为拍卖的主要目的是筹资，而非实现资源的更公平分配。尽管拍卖的设计者们尝试通过连续几代的改进来改善其设计，但他们也受到自身利益的驱使。经济学家格伦·韦尔（Glen Weyl）与记者斯特凡诺·费尔特里（Stefano Feltri）就曾尖锐地批评，2017 年的频谱拍卖不仅只筹集到了预期收入的三分之一，更有三分之一的可用频谱空间未能成功租出。这场拍卖也并未带来频谱所有权的任何多样化。颇具讽刺意味的是，设计者的咨询公司却因此获利数千万美元。韦尔更是直言不讳地称 2017 年的拍卖为“公共频谱的大规模私有化”。

这就引出了成功机制设计的另一个必备要素：设计者的可信度。在科技公司领域，我们或许可以找到设计师不当行为的最令人不安的证据。拍卖已经不再是那些死板的画廊老板或巧舌如簧的拍卖师的专属，它已然成为互联网的一个基础工具。威廉·维克里（William Vickrey）是第一位使用博弈语言来分析拍卖的经济学家，并因此在 1996 年荣获诺贝尔经济学奖。拍卖中常常会出现一个现象，被称作“赢家诅咒”，即在传统拍卖方式中，竞价战很容易使竞拍者出价过高，进而可能导致他们出价过于保守，甚至让他们望而却步，根本不敢参与拍卖。而在 1961 年，维克里研究了一种奇特的拍卖方法，这种方法源自英国邮票收藏者，已沉寂了一个世纪之久。他惊奇地发现，这种拍卖设计有一个显著的优点：能有效地激励竞拍者诚实出价。

这就是现今所谓的第二价格拍卖或维克里拍卖。这种拍卖仅有一轮出价环节，竞拍者会默默地将出价写在密封信封里。与传统拍卖中的中标者需为自己的出价支付不同，此处的中标者仅需支付第二高的出价金额，再额外加 1 美分。这一机制破解了“赢家诅咒”，使竞拍者因诚实出价而获得回报，其出价的金额真实反映了内心的支付意愿。若竞拍者在拍卖中胜出，他们所支付的价格会低于原本准备支付的上限。然而，倘若出价过高，则可能面临支付超出预期的风险；而出价过低，又可能败给出价与自身支付意愿相同的竞争者。

在 2000 年，谷歌的广告平台 AdWords 采用了这种第二价格拍卖方式，这种方式最初是在那些厌恶争执的集邮爱好者的静谧世界中诞生的。自 AdWords 问世以来，其创造的广告收入已超过 10000 亿美元，约占数字广告总支出的 35%。若仅将谷歌的成功简单归功于 AdWords，显然是低估了它的影响力：时至今日，谷歌高达 80% 的收入都源自广告。AdWords 每天大约进行 30 亿次拍卖。广告商们都希望将广告精准地投放给最匹配的受众，因此他们会竞标与用户搜索词和浏览历史紧密相关的广告位。理论上，出价最高的广告商将赢得该广告位。

由于这是一个第二价格拍卖，获胜的广告商只需支付第二高出价者出价的金额，再加 1 美分。然而，在 2021 年，由得克萨斯州牵头，17 位总检察长对谷歌提起了反垄断诉讼，指控谷歌的操作存在严重问题。诉讼书声称，自 2013 年起，谷歌就利用内部信息操控广告位拍卖，使得使用其服务的客户相较于使用第三方广告投放平台的客户占据了优势。由于谷歌负责这些拍卖，因此能轻易地在系统中动手脚，从而偏袒自己的客户，助力他们赢得竞标。工程师们为这个项目起了一个代号，称为“伯南克计划”（Project Bernanke），以美联储前主席伯南克的名字命名，显然是暗指该项目将像伯南克的印钞计划一样带来巨额收益，因为他们预计该项目仅在 2013 年一年便能创造高达 2300 亿美元的收入。根据投诉内容，尽管中标的广告商向谷歌支付了第二高的价格，但谷歌仅将第三高的出价转交给广告发布者（即发布广告的网站），私自留下了差价，并利用这部分资金来提高在其平台上投放广告的广告商的竞标价格，使他们相对于使用其他竞争平台的广告商更具优势。由于谷歌从通过其服务投放的广告中抽取 20% 的佣金，这一操作增加了其客户的成功率，还可能私吞了部分差价。此外，“伯南克计划”导致广告发布者的收入减少了高达 40%，因为他们获得的报酬被人为压低。简而言之，网站在其页面上展示广告的费用被削减，而谷歌则利用自身相对于竞争对手的信息优势，通过操纵客户的成功率，进一步增加了自己的利润。总检察长们认为，谷歌同时扮演了“投手、击球手和裁判”多重角色。然而，谷歌发言人对此回应称，这起诉讼歪曲了公司为改进产品而做出的技术决策，将其描绘成压制竞争的行为。在 2019 年的一次反垄断会议上，谷歌首席经济学家哈尔·瓦里安（Hal Varian）承认，在某些情况下，谷歌确实“既是买方也是卖方”，但他却无法解释公司是如何平衡这两个角色的。他声称这“对听众和我来说都太复杂了”。在本文撰写之际，该起诉案加入了美国司法部对谷歌提起的两起相关反垄断诉讼，尽管这三起案件最近才进入口头辩论阶段。众所周知，反垄断案件胜诉的难度极大，很可能需要数年时间才能得到解决。

无论一个机制在理论上是多么尽善尽美，我们必须明白，人并非冷冰冰的数学对象。在构建现实世界中的市场体系时，我们必须将心理、沟通、说服力、信息处理以及执行机制等诸多因素纳入考量范围。任何信息差异都会被利用。以谷歌为例，它不仅建立了这样一个系统，而且似乎操纵了它。谷歌能够获取到玩家无从得知的信息，进而利用这些信息来操纵结果以使其有利于自身。

赫维茨为自己的诺贝尔经济学奖获奖演说拟定了一个恰如其分的题目：“谁来守卫卫士？”在演说中，他深刻地阐释了为何单纯的游戏设计无法彻底遏制玩家的作弊行为。玩家们往往倾向于追求游戏的纳什均衡——顾名思义，这是一种玩家们都不愿偏离的策略，如同美国人都习惯靠右行驶一样。从这个意义上讲，纳什均衡呈现出一种稳定且自我强化的特性。然而，这一切都是建立在博弈者无法或不会以任何形式作弊的假设之上的。在现实中，偏离均衡策略的非法行为有时依然能为作弊者带来利益。例如，摩托车手在逃避警察追捕时，可能会选择逆向行驶以求得逃脱的机会。

机制设计本质上是一种监管科学。游戏规则的设定旨在引导玩家诚实守信，然而，规则的实施仍需外力介入以确保其效用，即通过某种手段对作弊行为进行惩处。执行机制有时类似于物理性的承诺装置，如通过设置单向车辆撞钉来阻止汽车从非授权出口驶出。此外，对民选官员实施任期限制，也是一种督促其对选民负责的机制。然而，这些机制也并非坚不可摧。

承诺装置非常重要，因为它们让其他玩家更可预测。哲学家唐·罗斯曾以一对偷猎者为例进行阐释。这对偷猎者的目标是捕获一只珍贵的羚羊。为了确保计划成功，其中一位偷猎者需将羚羊赶往同伴的方向，由同伴击杀羚羊并装载到卡车上。但此时，若第二位偷猎者选择独自驾车离去，便可将全部猎物占为己有。那么，究竟是什么促使他们选择合作呢？一个可能的承诺装置便是：第一位偷猎者在卡车上安装一个警报器，只有他能触发。一旦第二位偷猎者企图独自驾车离开，他便可触发警报，导致两人同时被捕。令人意想不到的是，这种看似不利的安排反而更受欢迎，因为它强化了两位偷猎者之间的合作承诺，使他们能够更安心地实施犯罪行为。

频谱拍卖中的串通失败与谷歌对内幕信息的利用，无不昭示出一点：无论是玩家还是设计者，在钻营系统漏洞方面，都会展现出无穷的创造力，甚至不惜腐蚀监管者。在赫维茨看来，为了让执行机制发挥作用，社会需要一个诚实、有原则的司法系统，最重要的是，需要吹哨人——无论是在私人领域还是在公共领域——来抵制权力滥用。近几十年来，吹哨人已成为公众热议的焦点。这些有时被贬低为“泄密者”的吹哨人不断揭露政府和企业中骇人听闻的滥用权力行为。在美国，公民们纷纷用手机记录下与警察的互动，以此反击警察的暴力执法。2019 年，欧盟实施了强制性的企业吹哨人保护措施，美国也出台了相应的企业保护政策。然而，对于联邦工作人员和普通公民的保护措施却显得捉襟见肘。吹哨往往是一项艰巨且吃力不讨好的任务。尽管监管机构有时会通过奖励来激励举报者，但这并非易事。比如，向美国证券交易委员会（SEC）提供雇主财务欺诈线索的吹哨人可能获得丰厚奖金。美国有些城市正尝试推出向提交停车违章证据的市民提供现金奖励的方案，这实际上是在培养在分散的圆形监狱中工作的特工。但并非所有吹哨行为都会受到奖励。而且，提出诸如性别或种族歧视等非经济问题的吹哨人，常常因此遭受损失，而非获益。以博弈论专家丹尼尔·埃尔斯伯格为例，他勇敢泄露了“五角大楼文件”，揭露了美国在亚洲的战争罪行，奇迹般地躲过了牢狱之灾，然而，他却不得不承受因揭露不正之事而带来的终身污名。吹哨并不一定有效：此事件后，越南战争依然持续了十年。但至少，保护吹哨人是必要的。无论一个系统的设计是多么理性，权力滥用都会出现。博弈论能够帮助我们识别可能性的限制，但它并不能免除现实世界对道德的依赖。

机制设计正逐渐渗透到我们生活的方方面面，在互联网领域更是无处不在。众多科技公司纷纷聘请经济学家，精心策划并调整其服务中的游戏法则。以领英（LinkedIn）为例，它规范了劳动力市场，不仅为雇主提供了寻找并雇佣合格人才的平台，还通过可靠的人脉网络帮助个人建立声誉。共享出行应用则为乘客与经过审核的司机匹配。而约会应用程序则对一些潜在伴侣进行智能匹配，用户们各显神通，以求在一众候选者中崭露头角。平台规则的细微调整，往往能引导玩家的行为产生变化。比如，约会应用 Bumble 就独具匠心，它要求女性用户首先发出信息，这一策略有效解决了女性用户常被大量低效信息淹没的困扰。电子游戏公司也不甘落后，它们聘请经济学家来精心设计游戏中的经济体系，即制定游戏资源生产和流动的规则，以此来为玩家们打造独一无二的体验。

设计师们如今面临着一项艰巨挑战：如何在产品和市场中融入道德防护措施，并重新引入诸如信任之类的价值观。知名作家科里·多克托罗（Cory Doctorow）曾指出，软件协议已然成为一个硝烟弥漫的战场。在这片战场上，人们争夺的焦点是应该在我们的现实世界中嵌入或编码哪些价值观，因为这些价值观决定了我们作为最终用户被迫要玩哪些游戏。在亚当·斯密关于资本主义的最初构想中，人们的动机并非只有自私，他们同样非常看重个人的声誉和地位，这种重视进而激励他们诚实行事。声誉就如同一个承诺装置：在“囚徒困境”的博弈中，为了维护自己的好名声，玩家往往不太可能背叛。

然而，在当今社会，信任却成了一种难得的奢侈品。随着互联网的出现，公共领域日渐私人化，软件介入到了我们原本自然而然的互动，将人与人之间的联系转化为市场。以交友软件为例，用户往往将匹配对象视为一次性消耗品，有时甚至为了图方便而将其非人化。在匿名的网络环境中，不良行为很难影响到用户在其他领域的名声，因此曾经被禁止的行为在匿名环境中更为常见。在互联网平台上，女性用户以及有色人种经常遭受不成比例的虐待、性骚扰和跟踪。一些用户在交友应用上口无遮拦，肆意发表种族歧视言论，而他们却在职业社交网络上表现得很克制。

这并非人类首次尝试将共同美德正式融入社会体系。作为众多现代国家的核心价值观的民主，其原则的脆弱性使其常常受到威胁。若要真正尊重民主，就必须探寻确保人民意愿得到充分表达和公平代表的途径。理论家们已经采用博弈论这一工具来探索新的投票策略和选举改革。无论是在民主选举中还是在衡量客户满意度时，如何准确把握民众的真实意愿，一直是集体民意调查中的一大难题。博弈理论家肯尼斯·阿罗（Kenneth Arrow）因发现了后来被称为“阿罗不可能性定理”的原理而获得了诺贝尔经济学奖。他的理论使得对偏好的衡量更为精确。设想一个投票群体面临三个或更多的选项，他们该如何抉择？是否存在一种方法，能通过民意调查揭示出这些选项的“真实”排名？阿罗在提出几个合理的假设后，证明了这实际上是不可能的。例如，假设选民要在 A、B 和 C 三位候选人中做出抉择，并依据自己的喜好进行排序。可以设想结果是这样的：三分之二的投票者偏爱 A 胜于 B，同样比例的人偏爱 B 胜于 C，还有相同比例的人偏爱 C 胜于 A。在这种情况下，我们根本无法得出一个综合的候选人排名。

不存在完美的投票系统，即便再高深的数学也无法攻克这一难题。然而，这并不意味着所有投票系统都存在致命的缺陷；

它们各有利弊，需要我们进行权衡。每种投票系统都有其技术和理论上的难点与优势。数学家可以借助博弈论这一工具，分析不同的投票结构，确定不同选民及选民群体的影响力等。美国、英国和加拿大均采用相对多数票制（plurality voting），即得票最多的候选人获胜，不论其是否获得半数以上的选票。然而，这种方法广受专家批评。因为它与能够真实反映选民意愿的绝对多数票制（majority voting）有所不同。相对多数票制必然导致两党制，从而抑制了政治创新。与此不同的是，包括爱尔兰和澳大利亚在内的一些国家则采用了一种名为排名选择投票法（rank-choice voting）的另类投票方法，这种方法产生的结果更为公平，也更具代表性。

那些希望满足客户需求的公司、关注员工士气的首席运营官、寻求课堂反馈的教师以及寻求可信赖的产品和服务评级的买家，都会问到民主的核心问题——我们如何最准确地衡量人们的偏好呢？多数投票系统都将纷繁复杂且充满微妙差异的民意简化为单一的二元信号：是或否。然而，有些投票系统则允许投票者更细致地调整自己的偏好强度。填写过调查问卷或留下过客户评价的人，对李克特量表应该不会陌生。这是一个从一级到五级的评分系统，近百年来一直被广泛应用于衡量偏好、疼痛程度、满意度等。任何试图从对产品抱有不同期望的人留下的海量评论中解析其意义的人，都会深刻体会到在客户各种冲突的标准中提炼共性的难度。而在 1961 年，经济学家们提出了一种定价机制，现在这一机制被重新诠释为二次方投票（quadratic voting），并逐渐受到广泛关注。

在二次方投票机制下，选民能更细致地传达自己的偏好。每位投票者都会获得等量的投票代币，并可根据自身意愿自由分配，而非只能针对每个议题投出一票。若对某个选项情有独钟，选民可多次投票以示支持。但请注意，每次追加投票，所需代币将按二次方递增：首票需 1 个代币，次票则需 4 个，再投一票要 9 个，以此类推。经济学家格伦·韦尔热衷于推广二次方投票，他创立的非营利组织“激进变革”（Radicalx-Change）正积极推动这一机制在现实治理中的应用，无论网络、地方、企业还是其他领域的治理均可适用。实际上，2019 年科罗拉多州众议院的民主党核心小组就已采用二次方投票来决定优先审议哪些支出法案。韦尔期望人们能尝试并接纳二次方投票，使其成为日常民主进程中不可或缺的一环，深入工作场所与社区生活。

另一个更有争议性的技术是区块链，其设计者尝试运用博弈论术语来将信任这一价值进行形式化。比特币的匿名发明者中本聪（Satoshi Nakamoto）针对不透明的金融机构所带来的种种问题，提出了一种基于原理论证的解决方案。2008 年的金融危机突显了美国中央银行系统的脆弱性，同时也暴露了金融家们如何在各种奇异的金融衍生品的泥潭中掩盖腐败行为。传统上，银行扮演着记录金融交易的受信任的第三方角色，然而中本聪却提出了一种去中心化的替代方案。比特币就像是一个公共的金融账本，由网络中的所有参与者共同分享。但要使这个系统有效运作，就必须防止任何人随意添加交易记录。因此，必须有明确的方法来区分合法交易与欺诈行为。为此，中本聪运用机制设计，建立了一个共识账本。

通常，银行充当真实交易的仲裁者。然而，在比特币的世界里，矿工们竞相争取将下一个交易区块写入公共账本的权利，作为奖励，他们会获得一枚新铸造的比特币。只有得到该网络内足够多的投票的交易才被视为有效，并被添加到账本中。网络参与者必须共同就一个基本事实达成一致意见。然而，比特币同样会受到不法行为的攻击：如果大多数人串通一气，他们可以欺骗系统，篡改账本，从而谋求私利。比特币并未彻底摒弃信任的元素，但它确实让信任变得更为明确和具体。这是一种概率性的信任：只要大多数矿工不串通一气篡改账本，该账本就是值得信赖的。

鉴于比特币的实际局限——运行速度过慢，它难以胜任全球支付处理系统的角色，但它最有趣的地方在于其通过代码实现的机制设计实验。在区块链领域位居第二的以太坊（Ethereum），也是基于去中心化的相同承诺而崛起的。以太坊的创始人维塔利克·布特林曾是《魔兽世界》的狂热玩家。然而，在2010年，他钟爱的术士法术遭到削弱，当时年仅16岁的他深感失落。游戏公司在发现游戏内存在不平衡因素时，会对这些不平衡元素进行调整，比如削弱过强元素或加强过弱元素，犹如用玩具枪替代自动步枪或反之。布特林曾戏言："我那天是哭着入睡的，因为那一刻我深刻体会到了中心化服务的恐怖。"他心生厌恶，毅然离开了游戏，并因对中心化的反感而发现了比特币。比特币的诞生激发了数以百计的山寨项目，但布特林意识到这些项目往往专注于太过具体的问题，于是，他创造了一种可编程的替代方案——以太坊。以太坊的智能合约可根据不同需求进行定制编程，其灵活性堪比电脑逐渐取代音乐播放器、手机和计算器。由于智能合约能强制执行交易，因此它能确保市场参与者遵守协议。这就像一种承诺装置，通过调整游戏回报来强制合作，类似于羚羊偷猎者的警报系统或将士兵与机关枪锁在一起。

区块链技术的设计充满了对抗性，它是在假定网络用户可能会出于自私动机行事的基础上构建的。然而，机制设计者无法总是预见用户会如何利用系统的漏洞，这使得智能合约的编码变得异常棘手。遗憾的是，对于许多用户而言，区块链的不可篡改性意味着没有“后悔药”可吃。正因如此，这个生态系统中潜藏着众多价值数百万美元的黑客攻击，他们敏锐地捕捉代码中的细微漏洞，巧妙地利用区块链的规则为自己谋取利益。在这个环境中，存在一片由机器人组成的“黑暗森林”，它们孜孜不倦地梳理着以太坊上的每一笔交易，寻找可以利用的突破口。黑客们每年窃取的加密货币价值高达数十亿美元。有人认为，这些都是技术成长过程中必经的阵痛。每一个被漏洞利用者曝光的新漏洞，都加深了我们对这项技术的理解，并促使我们针对这些漏洞进行加固。对于那些坚定的信仰者来说，他们的终极目标是打造一个值得信赖、透明无瑕的系统，能够抵御任何强权小团体的操控。这一目标无疑值得他们不懈奋斗。

正如我们观察到的，机制设计存在一个显著的缺陷，那就是设计者必须值得信赖。然而，这种信任并不容易建立。那些手握规则制定大权的人，很可能会出于私利而篡改游戏规则。鲁宾斯坦将这种情况比作一个满是孩子的操场。

> 那么，在这个操场上，我们该如何选择游戏呢？我们都知道，国际象棋是深思熟虑者的天堂，填字游戏是表达能力强的人的舞台，而篮球则更适合高个子。每个人都有自己偏爱的游戏。我们之所以能在游戏选择上达成一致，是为了平衡互相冲突的欲望，同时也是为了维系我们的友谊。我对经济政策的选择，与童年时挑选游戏的看法如出一辙。

不同的游戏吸引着不同的玩家，但有时，某个玩家会单方面地改变游戏规则——这通常是操场上最强壮的孩子所为。在游戏理论模型中，玩家们都会严格遵守游戏规则；然而，在现实生活中，他们却常常会变通、打破甚至篡改这些规则。理论上，玩家的选择和行动都是有限的、受约束的，但在现实世界里，一个足够有创造力、财富或权力的玩家，可以为自己创造出无限可能，包括一些游戏规则之外的机会。机制设计者虽然试图缓解这种情况，但终究是逃脱不了的。更糟糕的是，强大的企业利益集团越来越多地扮演着机制设计者和鲁宾斯坦所说的“最强壮的孩子”的角色，他们改变规则，只为自己谋取利益。

历史学家约翰·赫伊津哈在其经典之作《游戏的人：文

化的游戏要素》（*Homo Ludens*：*A study of the Play-Element in Culture*）中深刻地指出，游戏是人类创新的方式。无论是新工具的诞生，还是新社会规范的建立，游戏都扮演着至关重要的角色。人类从未被赋予现成的相处法则，而是需要通过建立甚至有时打破旧有的社会规则来探索更为先进的社会组织原则。在这个意义上，操场就像是一个社会创新的实验室。以多数文化中的狂欢季为例，它打破了社会限制，允许人们跨越社会等级，进行全新的互动与交流。游戏是生成性的，是一种集体构思。赫伊津哈将游戏视为一种基础性的文化技术，他坚信“文明就是在游戏中诞生和发展的”。那些擅长游戏的人和社会，往往也更善于创造和接纳新的行为模式，因此也发展得更出色。机制设计可以被看作是赫伊津哈本能的形式化，它有望引导我们构建出更加公平的社会体系。但重要的是，机制设计必须秉承游戏的精神。为了设计出更加完善的系统，我们需要采取迭代的方法，随着时间的推移不断进行调整和优化，从而使机制适应不断变化的世界。游戏是文化和创新的熔炉，同时也是设计的核心所在。物理学家迈克尔·尼尔森（Michael Nielsen）曾阐述过设计的本质：

> 设计从根本上来说就是发明全新类型的对象和行动。正是这种思维方式，才使得国际象棋的规则得以创立，拓扑量子计算和聚合酶链式反应等前沿科技得以问世。在上述每一种情况中，我们都在利用现实中的规则，挖掘其中隐藏的、截然不同的规则体系，这些规则体系构

建了一个全新的现实，并孕育出了属于它们自身的美丽图案。

当我们洞察世间隐藏的规则，并运用这些规则构建一个全新的、独立的系统逻辑时，设计便悄然诞生。以国际象棋为例，其创造者通过对不同军种的独特能力进行抽象化，制定了一套让人们数个世纪都乐此不疲的游戏。我们无法改变现实，却可以对已设计的系统进行微调，从而引导更为理想的行为模式。构建一个基于规则的环境大有裨益：在这样的环境中，规则清晰明了，后果亦可预见。对游戏的深刻理解赋予了研究者们设计新型市场、教育产品以及投票系统的能力。然而，游戏不可避免地会对现实进行过度简化。随着游戏元素逐渐渗透到我们的日常生活中，它们以僵化和不切实际的模型改写了传统的价值观和人际关系。游戏将一切游戏化，构建了一个以金钱交换为衡量标准的回报体系，这种体系很容易让人上瘾。

归根结底，任何模型或机制都难以弥补现实的不完美。游戏让人们暂时逃离日常生活的束缚，进入另一个道德世界。在这个世界里，欺骗兄弟姐妹、伴侣反而能获得奖励。然而，人类的成功离不开信仰、法律、制度、价值观等体系的支撑，正是这些体系强制推行并促成了大规模的合作。机制设计则是一种思维上的助力，它能帮助我们构建出更易于合作、减少摩擦的系统。这是一种实现积极变革的方法，它使变革更具韧性，不易受操弄。它向我们展现了一个沉默的乌托邦：一个可能达到的最佳世界，尽管这个世界绝非完美。毕竟，托马斯·莫尔创造的乌托邦一词，原意即为“没有地方”，与表示“好地方”的优土邦（eutopia）巧妙地谐音。为了实现真正有效的社会改革，我们可以借助博弈论来深入理解我们当前所处的均衡状态，并描绘出切实可行的替代方案。我们应该勇于不断尝试对全新的博弈结构进行迭代，而不仅仅是修补现有的博弈规则。政客、决策者和技术官僚必须避免仅根据抽象模型就对人性中的悲剧性一面一概而论。人们乐于参与如此多样化的游戏，这正体现了我们价值体系的根本灵活性。我们必须时刻保持警惕，防止将现实的模型误认为是现实本身。

后　记

只有当人是完全意义上的人时，他才游戏；只有当人游戏时，他才完全是人。

——弗里德里希·席勒

（Friedrich Schiller）

豪尔赫·路易斯·博尔赫斯在《论科学的精确性》(*On Exactitude in Science*)这个故事中描绘了一个帝国，那里的地理学家将地图制作技艺推向了巅峰，他们绘制的地图详尽无遗，甚至与实际的土地面积相等。然而，随着帝国的兴衰更迭，这些地图也随之增减。后续几代人认识到地图的局限性，便将它们遗弃在乡间。这些地图破败不堪，逐渐消失。在20世纪80年代初，哲学家让·鲍德里亚(Jean Baudrillard)认为，现代生活正相反，我们越来越生活在现实的地图中，而非现实本身。领土被抽象概念所取代：主权国家、州、县、私人财产、契约、抵押贷款、抵押贷款支持的证券、抵押贷款违约掉期等。他写道："领土的碎片在地图上慢慢腐烂。"

这对于支撑我们众多技术的游戏尤为真实。游戏是一种极具危险性的虚拟体验，因为它们塑造着玩家的行为和选择。游戏就像地图一样，以自己的形象重塑世界。游戏的规则和奖励机制决定了玩家的行为模式。有时，游戏甚至能够以其计分函数所奖励的偏好来替代玩家的真实意愿。更进一步说，游戏还能赋予无意识的计算机程序以意图的幻象。这些程序本质上只是数学函数，却能在开发者设定的规则下表达欲望和行动，因为这些程序设计的初衷就是最大化某种期望数值。人类与这些数学函数截然不同，我们并非仅仅是追求奖励的优化器，尽管我们的行为有时会受到游戏的影响。博弈论虽然不能完美地模拟人类行为，但它确实足以在某些情况下引发问题。

博弈论常被寄希望于解决诸如核扩散、气候变化和流行病大爆发等紧迫的集体问题。博弈论容易让人产生一种幻想，即思维——这一生物学的产物——能够以有序、可控的方式运作，从而进行简洁的数学分析。通过正确的视角和认识，我们可以完善人类的本性，澄清我们的思想。然而，人类并非只是追求最大化预设偏好的玩家。长久以来，经济学家倾向于将人类行为中的某些偏差归类，但这些偏差并非我们大脑计算能力的不足，在许多情况下，它们本身就是一种计算。人类是不完美的学习者，这一点是经济学家必须正视的现实。“偏差”这一概念尤其阴险，因为它暗示着人们往往难以做出完全符合自身利益的决策。因此，有时经济学家、技术专家和政策制定者会误以为自己有资格替他人做决定。

事实上，博弈论曾承诺决策的全面自动化：我们只需跟随其合成理性所指引的选择。在核外交时代，这一承诺极具诱惑力，因为几个人的决策失误就可能招致世界末日。若他们的模型失灵，也无须归咎于任何人：他们只是遵循了形势的不可逆转逻辑。他们做出了理性行为。然而，如果更多的决策者不再惧怕为自己的选择承担后果，那会是怎样一种情形？如果决策权不再集中在少数人手中呢？如果更多的制度在运行过程中真正采纳民主的原则，而不是用这些模型来替代人们的选择，那又会是怎样一番局面？

博弈论，这个一度被用来清洗各种随意、有时甚至有害的意识形态的工具，常被误作客观真理来信奉。然而，不论是博弈论还是任何模型，它们都无法做到真正的价值中立。一些著名的博弈论概念通过巧妙的营销获得了广泛的认可：博弈论的行为体被描绘为“理性的”，而非“贪婪的”；经济剩余则被重新包装为“社会福利”；人类的“认知偏差”被归咎于其自身的不足，而非其经济模型。一些企业更是利用博弈论的原理，为反工会、反监管的政策辩护，操纵公众舆论，并让广泛的剥削变得合理化。博弈论往往建立在这样一个假设之上：所有玩家都致力于最大化某种可衡量的回报。几十年来，经济学家们一直坚信 GDP 的增长能够解决一切社会问题，然而，从众多社会学指标——如寿命、自杀率和成瘾率——来看，美国人的境况并不如人们想象的那样乐观。无休止的最大化，更像是癌症肿瘤的逻辑，而非健康的逻辑。博弈论在现实世界系统中的应用，往往导致了对道德的悄然摒弃。在这样的系统中，任何无法量化的东西都会消失不见。

若博弈论是对能动性的合理诠释，那么其行为体绝非对自己欲望的盲从者。他们有能力转变思维，探寻新的目标。然而，博弈论无法解释人类行为。它未曾也无力探寻人们内心深处的真实渴望。博弈论对个人决策的过度关注掩盖了塑造人类行为的更为广泛的社会、政治和历史因素。在进化的过程中，游戏不仅作为学习的方式，更是作为加强社会联系的桥梁而出现。为了追求数学上的简洁性，博弈论者往往排除了我们的社会本质，以及我们如何通过与他人互动和从环境中学习来形成自己的需求。我们需要认识到，社会和技术系统中的博弈如何扭曲我们的偏好、催生我们的欲望、玷污我们对彼此的态度，并最终左右我们的人生选择。

经济学家大肆宣扬激励措施，认为激励是创新的引擎，却未能意识到游戏本身就是一种强大的内驱力。除了金钱，人们还受到许多其他因素的激励：探索的乐趣、创造的成就感、安全感、稳定的家庭生活、同事间的陪伴。现实生活中的我们，并不像模型玩家那样受到束缚。在国际象棋的棋盘上，棋手的能动性受限于合法棋步，但真正的能动性源自自由游戏。一个真正的行为体可以创造出全新的行动、全新的规则，甚至是全新的游戏。他们可能会在游戏进行中意识到自己真正追求的与最初设想的截然不同，并相应地调整策略。人是会变的，就连游戏也会变——现代国际象棋与其古老的前身已大相径庭。因此，我们需要接纳那些更能真实反映这一现实世界的模型。

虽然博弈论并非解剖人类行为的理想显微镜，但研究人员却意外发现，利用游戏本身或许能带来更为显著的成效。以奥森·斯科特·卡德（Orson Scott Card）笔下的《安德的游戏》（*Ender's Game*）为例，军官们运用沉浸式的“心灵游戏”深入挖掘学员的心理世界。该程序的先进人工智能会对玩家的独特选择做出回应，并据此提供定制结果和角色互动。它借助自动生成的场景，激励学员在智力和情感层面实现突破。如今，人工智能驱动的游戏公司正致力于将这一虚构的技术变为现实。

游戏出色地模拟了我们自然的学习模式，因此将成为一种革命性的学习技术。玩家在游戏中做出决策，并亲身体验其带来的后果，从而获取第一手知识，而非只停留在理论上。而游戏与新颖用户界面［如布雷特·维克多（Bret Victor）的

“Dynamicland” ］的设计者，更是将人们的本能学习方式融入其中，创造出颠覆传统的媒体形式。我们不必再强迫人们去适应那些笨拙的认知系统（如笨重的编程语言），相反，我们可以打造更加符合人类认知的自然编程界面，进而激发全新的思维模式。

电子游戏如今已愈发精彩绝伦，甚至已经变得令人上瘾。一些游戏布道者承诺，游戏甚至会让现代办公不再枯燥，减轻困扰许多人的孤独感。然而，也有人担忧生成式人工智能将带来更令人身临其境的体验，让人更加无法自拔。游戏的世界或许将不再是一个共享的集体空间，而是会如同一张细密的地图，根据全球 80 亿玩家的独特需求和兴趣，裂变为一个个私人定制的独特世界。游戏可能会实时生成，并根据玩家的兴趣和情绪进行智能调整。文字程序将衍生出专属于每位玩家的精彩叙事，而生成式艺术程序则会根据每个用户的审美品位，创造出精心设计的环境。届时，人类设计师将只负责擦亮这些个性化引擎内部的镜子，让每一个游戏世界都熠熠生辉。

然而，游戏也是双面镜，它们不仅能生成大量宝贵的人类行为数据，满足当今技术专家对数据如饥似渴的需求，更能通过玩家的选择和生理反应推断他们的内心世界。科学家们曾依赖于点击率和购买模式等数据来推测人们的喜好，而现在，新兴的虚拟现实和可穿戴技术提供了前所未有的监控手段。公司将能够收集包括眼球运动、脉搏、皮肤电导、面部表情、姿势和运动等在内的各种数据，这些数据曾经是顶级心理学实验室中的黄金标准，如今却被私营企业大规模收集和分析。用户的感官输入和生理输出的每个方面几乎都无一遗漏地被解析。监控的明确目标就是在系统中保留尽可能多的可测量内容。同样，元宇宙的终极目标是将更多的现实生活转化为游戏。在那里，潜在的选择将由系统提供，并局限于系统之内。领土地图会随着虚拟领土的扩张而不断扩大，但它终究不是实际的领土。游戏世界虽然基于规则且自给自足，但现实世界却并非如此。因此，我们在享受游戏带来的娱乐体验时，必须警惕可能以自主性为代价的交换。

几千年来，人们一直渴望通过游戏来净化思想。学者们重新挖掘了游戏的潜力，从中推导出智力、道德、贸易和军事战略的原则。认识到我们为自己创造了怎样的游戏，以及我们如何有意识地设计出更好的游戏，这本身就是一种不容小觑的力量。然而，当我们创造了建立在贪婪的最大化函数上的系统时，我们又亲手打造了一个难以驯服的怪物。问题并不在于未来是否会出现一个回形针人工智能，将宇宙变成回形针的海洋。事实上，“最大化者”已经存在。所有那些因太过微妙而无法量化的后果——环境的恶化、公民的纷争、紧张的外交关系——都被简单地从游戏中剔除。贪婪的商业利益吞噬着有潜力的企业，只为追求更高的利润，而工人和消费者则被无情地压榨；军事战略家们为了胜利，将道德边缘化，转而采用令人信服的虚张声势；种族至上主义者将进化误解为优化；社交媒体平台则追求用户关注的最大化。这些功能已经深深地嵌入我们的社会体系和文化信仰之中，它们被编程，只为不惜一切代价取胜。

致　谢

我要深深感谢并赞美许多人，是他们的无私支持和卓越智慧助力我完成了这本书的撰写。其中，我要特别向我的编辑考特尼·杨（Courtney Young）和劳拉·斯蒂克尼（Laura Stickney）致以最诚挚的谢意，他们的卓越指导为这本书增色不少；同时，也要感谢卡塔琳娜·特里戈（Catalina Trigo）和法哈德·阿穆迪（Fahad Al-Amoudi），他们在出版过程中的专业指导为本书保驾护航；劳伦·摩根·惠蒂科姆（Lauren Morgan Whitticom）的敏锐洞察力和精准修改，让本书更加完善。此外，我还要感谢里弗黑德出版社（Riverhead）和企鹅兰登书屋（Penguin Random House）的众多热心人士，没有他们的辛勤付出，这本书是无法问世的。我的经纪人威尔·弗朗西斯（Will Francis）从项目伊始便给予我坚定的支持，与您合作是我莫大的荣幸。艾山·阿利耶娃（Ayshan Aliyeva）以她高超的技巧为本书进行了严谨的事实核查，她的贡献同样不可或缺。同时，我要向我的早期读者们表达衷心的感谢，特别是约翰（John）和乔恩·查特罗斯（Jon Chatlos）、亚伦·科拉莱克（Aaron Koralek）、阿尔伯特·高（Albert Kao）和洛瑞·柯克比（Lowry Kirkby），你们的宝贵意见让我受益匪浅。此外，我还要感谢安妮塔·德赛（Anita Desai）和巴拉蒂·穆克吉（Bharati Mukherjee）教授，你们的智慧和经验为我的写作之路点亮了明灯。我还要向数百位学者、设计师和活动家表示由衷的感谢，你们的作品为我提供了参考，我从你们所有人那里学到了很多。尤其要感谢那些愿意抽时间与我交谈、分享想法的人们，我希望我已经忠实地代表了你们的想法。本书得到了阿尔弗雷德·P. 斯隆基金会（Alfred P. Sloan Foundation）“公众对科学技术的理解”（Public Understanding of Science and Technology）资助项目的慷慨支持，我对此表示深深的感谢。

同时，我要对我的爱人约翰·查特罗斯（John Chatlos）表达无尽的感激——与你共同探讨这些想法，是我生活中最美好的时光。我也要感谢我的家人罗伯特（Robert）、玛莎（Martha）、里奥（Leo）、劳拉（Laura）、凯特琳（Caitlin）、梅拉（Maira）和玛吉（Maggie），特别是那些在我早年激发了我对科学热爱的家人。此外，我的新家人乔恩（Jon）、乔艾尔（Jo El）、苏珊娜（Suzannah）、汤姆（Tom）、简（Jane）和哈里森（Harrison）。长期以来，我总是很荣幸得到朋友的支持：玛丽亚·阿科斯塔（Maria Acosta）、亚伦·科拉莱克 、安德烈亚·戈麦斯（Andrea Gomez）、拉克尔·马丁斯（Raquel Martins）、尼科尔·汉普顿（Nicole Hampton）、史蒂夫·林奇（Steve Lynch）、洛瑞·柯克比、哈萨娜·奥伊博（Hassana Oyibo）、多特·埃姆斯伯里（Dot Amesbury）、依万娜·奥尔索利奇（Ivana Orsolic）、贾维亚·福克斯特（Jarvia Foxter）、雅克·博特马（Jacques Bothma）、阿尔伯特·高、阿里·贝弗斯（Ali Bevers）、维沙尔·迈尼（Vishal Maini）等。你们的才华和幽默永远让我钦佩不已。没有互联网上那些分享宠物照片的陌生人的默默支持，这本书是无法完成的。最后，我还要感谢露丝·巴尼特（Ruth Barnett）和像她一样的人们，他们虽默默无闻，但正直的品格永远不会被忽视。